青出於藍

一窺雍正帝王術

陳捷先 著

三民書局

國家圖書館出版品預行編目資料

青出於藍：一窺雍正帝王術 / 陳捷先著.－－初版一
刷.－－臺北市: 三民, 2017
面；　公分.－－(說史)
ISBN 978-957-14-6324-7　(平裝)
1.清世宗 2.傳記
627.3　　　　　　　　　　　　　　　106013440

© 　青出於藍
　　　——一窺雍正帝王術

著 作 人	陳捷先
責任編輯	江紹裕
美術設計	李唯綸
發 行 人	劉振強
著作財產權人	三民書局股份有限公司
發 行 所	三民書局股份有限公司
	地址　臺北市復興北路386號
	電話　(02)25006600
	郵撥帳號　0009998-5
門 市 部	(復北店)臺北市復興北路386號
	(重南店)臺北市重慶南路一段61號
出版日期	初版一刷　2017年9月
編　　號	S 620690

行政院新聞局登記證局版臺業字第〇二〇〇號

有著作權‧不准侵害

ISBN　978-957-14-6324-7　(平裝)

http://www.sanmin.com.tw　三民網路書店

謹以此書獻給
劉董事長振強先生

前　言

　　清朝強盛時期的皇帝當中，雍正在位最短，僅有十三年，比起他父親康熙、兒子乾隆四分之一都不到；不過這位「短命」的帝王受人議論的事情很多，而且有些在他生前就發生了：例如謀害親父、逼死生母、弒兄屠弟、誅忠貪財、疑忌好殺、任佞喜諛，甚至還有人說他酗酒淫樂，似乎是一個集千萬惡事於一身的人。不過在清朝覆亡之後，由於宮中檔案文獻逐漸公開，不少歷史學家根據史實為雍正辯護，認為他的才智勝過一般人，在政事方面的表現、功勞也有很多應受肯定，如打擊貴族特權、提高賤民地位、實行公平稅收、建立養廉制度等等，多是前史未見的。雍正對邊疆事務也十分關心，並多予改進，本書中有一篇禪濟布巡視臺灣的事蹟，就清楚說明了他對邊疆事務的態度。雍正自己說：「朕反躬內省，雖不敢媲美三代以上聖君哲后，若漢唐宋明之主，實對之不愧。」他的話雖不能盡信，但他的確勇於任事、勤政愛民。此外，他生性好疑、喜怒無常、善用權術、迷信方士仙丹等等，都是缺陷，我們也應予以注意。

　　最後我謹在此感謝三民書局的長官與同事們，協助出版本書；更感謝前董事長劉振強先生的約稿，祝願他悠閒快樂的生活在天堂。

一○六年夏　陳捷先於加拿大

青出於藍

——一窺雍正帝王術

目次

前　言

從諭摺看雍正性格

雍正在位時非常注意臣工進呈的奏摺,他不但勤於閱覽,並且也熱心加批 (批語也可以視為他的諭言)。所批內容動輒百言, 精彩妙絕, 故雍正朝的硃批奏摺確是研究雍正的主要原始資料之一。我們可以從而研究雍正的政治理想和行政措施;也可以藉以了解雍正的學術思想或日常生活。由於雍正是清代傑出的君主, 而他的言行舉止又特出於一般清代的帝王;所以本文只擬就雍正的顯著性格加以描繪分析, 作為對這位著名君主的初步研究。

從雍正硃批奏摺中, 我們大概可以對雍正的性格得到如下幾點印象:

一、喜怒不定

「喜怒不定」這四個字原是雍正父親聖祖給他的評語。康熙四十七年 (1708) 年底, 聖祖論諸子時說:「四阿哥 (案: 指胤禛, 也就是後來的雍正) 朕親撫育, 初年時微覺喜怒不定, 至其能體朕意, 愛朕之心, 懇懃懇切, 可謂誠孝。」[1]雍正最初

1.華文書局 (輯),《大清聖祖仁皇帝實錄》(臺北: 華聯出版社, 1964), 卷235,

覺得這樣的評語關係他的生平，所以懇求恩免記載這番話。
聖祖後來也同意「此語不必記載」。雍正即位之後，為了仰遵
庭訓，他的「一喜一怒，慎之又慎，未敢輕忽」，同時由於自
信自己的氣質已經陶鎔，所以在雍正四年 (1726)，他又命實錄
館添錄這些記載，以表示他在這方面的改進❷。不過，就雍
正朝的硃批奏摺來看，雍正喜怒不定的本性在他做了皇帝以
後似乎並沒有澈底改正，這也許是天生的秉賦，改移不是一
件容易的事，以下是一些從硃批奏摺中見到的例子，也許可
以幫助我們說明這方面的事：

　　年羹堯是雍正早年得力的助手，也是他最寵信的臣工之
一。雍正御極後對他的禮遇特隆，到雍正二年 (1724) 春間，
雍正還說閱覽年羹堯的奏摺「比是什麼更喜歡」。同時他們彼
此慶幸私意相得，要「做個千古君臣知遇榜樣，令天下後世
欽慕流涎就是矣」❸。可是為時不久，到雍正二年年底，雍
正在硃批裏對年羹堯說：

　　　凡人臣，圖功易，成功難；成功易，守功難；守功易，
　　　終功難。為君者，施恩易，當恩難；當恩易，保恩難；
　　　保恩易，全恩難。若倚功造過，必致返恩為仇，此從

頁 25 上。

2. 見允祿（等編），《上諭內閣》，雍正四年十月初八日第二諭；及華文書局
　　（輯），《大清世宗憲皇帝實錄》（臺北：華聯出版社，1964），卷49，頁8上－
　　9下。

3. 〈奏謝自鳴表摺〉，收入：故宮博物院（編），《文獻叢編》（臺北：國風出版
　　社，1964），上冊，頁 132；孟森，《明清史論著集刊》（臺北：世界書局，
　　1980），頁 551–554。

來人性常有者。

可見態度已經轉變，語氣中已深含警戒的意味了。雍正三年 (1725) 的硃批則更明確表示他們情誼的終結：「可惜朕恩，可惜己才，可惜奇功，可惜千萬年聲名人物，可惜千載奇逢之君臣遇合！若不知悔，其可惜處不可枚舉也。」❹後來年羹堯雖哀求「留作犬馬自效，慢慢的給主子效力」，但已終不可得，在九十二大款的罪名下被賜死。年羹堯的旦夕禍福，正說明了雍正的喜怒不定。

田文鏡是雍正朝的名臣，雍正對他的寵信可以說無以復加。李紱、謝濟世等人雖連疏參劾，但未見譴黜。在現存雍正朝未刊硃批奏摺中，我們常看到很多雍正對田文鏡滿口胡柴的批語，戲謔親暱，兼而有之。不過雍正喜怒輕忽的個性，也可以在這些批示中反映出來。例如有一次雍正要田文鏡悛改任性尚氣之舉，田文鏡在上書謝恩說明一定恭敬照旨遵行的時候，雍正不但不予嘉獎，反而批說：「你也不體量，朕那裏有工夫看你幕賓們寫來閑話。」❺又有一次田文鏡因雍正以前硃批的鼓勵，所以又恭進河南的名產紵綾等物，希望得到更大的歡心；雍正卻對田文鏡說：「前朕獎卿能知朕心，何尚未覆奏，而使不達朕意。至此紵綾之類，豈應進獻之物也。」❻雍正的喜怒由此又可見得一斑。

4. 《世宗憲皇帝上諭八旗》，國立故宮博物院藏本，卷2，頁36下，年羹堯摺頁17上31下。

5. 國立故宮博物院（編），《宮中檔雍正朝奏摺》，第5輯，頁629（臺北：國立故宮博物院，1976）。

6. 國立故宮博物院（編），《宮中檔雍正朝奏摺》，第26輯，頁350。

雍正十年 (1732) 秋間，廣州城旗營武官毛克明因為上小報告而升官得寵，但是他在應付雍正方面顯然也費了一番苦心。雖然皇帝一再讚譽他「不負任用」、「可信無疑」，要他「據實再奏，方不負朕之任用」；但是硃批也經常罵他「此奏荒唐」、「此論實為鄙見」等等，甚至有時也會因為毛克明報告事項太多而在硃批中呵責：「太繁瀆，能不念及朕日理萬機也。似此三兩五錢，一名二名毫無益之奏，未知汝具何忍心也！」❼

又如雲南巡撫沈廷正在雍正批令要他效法鄂爾泰行事以後，他回奏說：「惟有殫精竭力，不敢自暴自棄，諸凡倍加敬誠，效法督臣鄂爾泰存心行事，以圖上報。」可是雍正卻在字旁批「亦不過醜婦效顰耳，亦屬大言不慚」❽。福建巡撫毛文銓因為犯了專擅之罪，本來要受處罰，雍正認為他還可造就，特別赦免了他；毛文銓理應上摺謝恩，雍正並未加勉，卻批著「可謂顏厚矣」❾。像這一類的例子雍正朝硃批諭旨中很多，我們可以從而了解這位君主確是一位喜怒無常、捉摸不定的人。

二、任性無忌

一般說來，專制時代的帝王應該是莊嚴高貴的，一切言行舉止有常度。君臣之間的若干關係也各有禮法相繩檢，不可越亂。清聖祖就是這樣的一位君主，他注重體制，凡事都

7.國立故宮博物院（編），《宮中檔雍正朝奏摺》，第 18 輯，頁 344。

8.國立故宮博物院（編），《宮中檔雍正朝奏摺》，第 11 輯，頁 706。

9.國立故宮博物院（編），《宮中檔雍正朝奏摺》，第 6 輯，頁 308。

按規定辦理，即使是在大臣密摺上的硃批，他也一絲不苟，合乎禮儀。雍正則不然，他的硃批雖然不乏擲地有聲的名言宏論；但也有不少是極失人君之體的。他在不自覺中常常流露了真感情，任放無忌的表示他對大臣的喜愛和憎惡。

他曾經對年羹堯說過這樣的情話：

> 覽卿奏謝，知道了。從來君臣之遇合，私意相得者有之，但未必得如我二人之人耳。爾之慶幸，固不必言矣；朕之欣喜，亦莫可比倫。總之我二人做個千古君臣知遇榜樣，令天下後世欽慕流涎就是矣。朕實實心暢神怡，感天地神明賜佑之至。❿

他也對田文鏡表示過這樣的關切：

> 有人新進朕此一方，朕觀之甚平和通順，服之似大有裨益，與卿高年人必有相宜處。可與醫家相酌，若相宜方可服之，不可因朕賜之方強用也。卿雖年近七旬，朕尚望卿得子，此進藥人言，此方可以廣嗣，屢經應驗云云。⓫

又岳鍾琪領兵出征西陲時，雍正向他說：

> 今此命將出師，出朕情勢之不得已，乃卿之悉知。國

10.故宮博物院（編），《文獻叢編》，上冊，頁132。
11.國立故宮博物院（編），《宮中檔雍正朝奏摺》，第16輯，頁485。

家建功立業，必賴不世出之名臣，與夫卿遠涉沙漠，
風霜汗馬之勞。朕只得忍心扼情，而皆不顧矣！[12]

另外陝西地方同知汪元仕虧空，岳鍾琪當時代理陝撫，
雍正特賜優容，沒有罰岳鍾琪俸銀，對這事曾硃批說：

雖係照例處分，但處分二字，朕實不忍加之於卿。朕
想有此一身，除喪心病狂、滅盡本良，料再無罪卿之
理也。[13]

像這一類的批語以專制時代的皇帝對大臣的體統言，實
在有些過分了。同時，雍正的任性無忌還可以在一些呵斥大
臣的批語中看出來，像「不學無術」、「無知小人」、「良心喪
盡」、「滿口支吾」等等都是他常用的口頭禪。有時他會用更
嚴重的詞句責罵臣工，甚至叫人無地自容。有一次廣州左翼
副都統吳如譯就地方事務敬陳意見時，雍正看了以後批寫道：

胡說，看你有些瘋顛！[14]

甘肅巡撫石文焯為帑項久懸未補，提供賠還意見時，雍
正在他奏摺的封面上批著：

12.國立故宮博物院（編），《宮中檔雍正朝奏摺》，第 13 輯，頁 142。

13.國立故宮博物院（編），《宮中檔雍正朝奏摺》，第 13 輯，頁 790。

14.國立故宮博物院（編），《宮中檔雍正朝奏摺》，第 13 輯，頁 513。

> 無恥之極。難為你如何下筆書此一摺！ ⑮

雍正六年 (1728) 七月二十五日蘇州巡撫陳時夏上奏陳事，雍正乾脆在硃批裏告訴他：

> 朕實厭汝與卜蘭泰二令瑣屑卑鄙！ ⑯

還有一次，雍正竟對河南開歸河道沈廷正寫過這樣的一段硃批：

> 既做河南官，他省與朝中未有除皇帝之外另有主人上司也。君臣大義，千古名節，時刻不可忘。你的姪兒沈竹，將來此人是要要頭的！ ⑰

這番話雖是快人快語,但也未免通俗得有失人君之度了。雍正的任性尚氣，相信從以上的這些批語中已經可以看出他個性的一個輪廓來了。

三、高傲自負

就雍正親手批寫的文字看，這位君主不僅在學問的造詣上有相當的深度，他性情中的孤傲自負也常在字裏行間表露出來。他經常看不起臣工：

15.國立故宮博物院（編），《宮中檔雍正朝奏摺》，第 5 輯，頁 381。

16.國立故宮博物院（編），《宮中檔雍正朝奏摺》，第 10 輯，頁 935。

17.國立故宮博物院（編），《宮中檔雍正朝奏摺》，第 3 輯，頁 662。

青出於藍
——窺雍正帝王術

你知道什麼！（見雲南按察使常安摺）

你非長才之人！（見甘肅巡撫石文焯摺）

你的見識朕實信不及！（見福建巡撫毛文銓摺）

看你伎倆實屬特平常！（見四川巡撫法敏摺）

或者批寫一些：

你乃窮書生！（見吏部右侍郎嵇曾筠摺）

朕實為汝愧之！（見湖廣總督邁柱摺）

什麼文章格式，自己不能也不尋人問問！（見定海總兵張溥摺）

所見甚淺矣！**⓲**（見陝督岳鍾琪摺）

由此可見雍正的狂傲自大。

然而雍正對自己充滿自信，無論處人、行事或是論學，他都覺得自己的看法比別人為高。就以知人和用人兩端來說，他對臣工時有訓示。有一次岳鍾琪上了密保用人一摺，他就批上：

卿所見二人，若有未共事覿面，曾有聞人言及可有大用人物否，不必論言者之可信與否，只管奏朕，朕自有主見。不知者，少留心便可知其的理矣！**⓳**

18. 雍正宮中檔依次為第二〇二八號、一五八二六號、一五三六四號、一四三三五號、一四二一二號、一一五八一號及一二七七號（以上「不錄」）。及「未錄」一六七號。

19. 國立故宮博物院（編），《宮中檔雍正朝奏摺》，第 11 輯，頁 185。

可見他對引薦人的資料根本不重視，他的知人方法在「留心」二字。根據他多年「留心」的結果，雍正大概對滿洲人的觀感就是秉性固執、「尚氣」而不知圓通。漢軍他則不敢遽然信任，總是認為「汝等漢軍，人人如此，奏如出一口，言行相符者百無一二」，或者說「汝輩習氣，文章二字從來可觀，但未知力行二字何如也」[20]。至於用人，他也有一套理論。他說：

> 接人之道，不逆詐亦當不逆不詐。爾等封疆大臣只勉以不被人欺，何事不能辦理也。不被人欺之道，非疑也，總令人欺覺後不以被人欺為恥；少不粉飾瞻顧，方能得不被人欺之本原也。此朕向來用人之一得。[21]

雍正曾經說過：「朕生平不掩人之善，亦不讓己之長。」由此可見，他確信自己有「長」處，而且還要表現他的「長」處。這句話可能是他高傲自負個性的最佳詮註。

四、精嚴刻薄

在《清宮遺聞》和《清稗類鈔》等書中記載了不少雍正密設緹騎、四出偵察的故事，如王雲錦作葉子戲、王士俊有健僕隨任以及供職內閣的富陽人藍某補授廣東河泊所官等等的，給人的印象是雍正對臣工窺伺過嚴，有失厚道。現在我們在他親筆書寫的硃諭中，似乎也能看到一些有趣的事實，

---

20. 國立故宮博物院（編），《宮中檔雍正朝奏摺》，第 26 輯，頁 186。
21. 國立故宮博物院（編），《宮中檔雍正朝奏摺》，第 7 輯，頁 866。

可以證明雍正確是一個非常精細的人。

他對於臣僚可以說極為注意，幾乎注意到任何一個小節。雍正五年 (1727) 三月二十五日，岳鍾琪上奏陳事，奏文中先引錄此前的一段硃批，可是他在引錄時只寫「雍正五年三月初□日奉到硃批，……」其中初幾的日期未填，雍正閱後便在摺內「初」字與「日」字之間用硃筆劃了一個圓圈，並且加批了「不必介意，戲圈來的」㉒八個字。雖說是「戲圈來的」，但是岳鍾琪卻是非常緊張，怎麼能不感到「惶恐萬狀」？還有一次，浙江觀風整俗使王國棟上了一份請安摺，雍正閱覽時把摺子弄髒了，他事後在王國棟的摺子上批說：「朕安，此朕几案上所污，恐汝恐懼，特諭！」㉓這些小事一方面可以說明雍正的仔細，同時也反映了他的嚴厲。

在康熙時代，聖祖的硃批常是一些鼓勵臣工上進、或是激發臣工多作報告的話；很少見到人君用刻薄寡恩的詞句來譏諷或辱罵大臣。雍正時代的情形則顯然不同，他除了隨意任情的在硃批中發洩感情，表示愛憎以外，有時則非常刻薄的為難臣工。例如雍正二年八月廿四日原任山東巡撫陳世倌因為雍正賜賞給他荔枝而上奏謝恩，並說了一些誇張諂媚的話；雍正不以為然，批說：「知道了。你乃浙江人，離福建不遠，果然不曾嚐過（案：指荔枝）麼?」㉔雍正五年七月廿四日，蘇州巡撫陳時夏恭獻地方土產，並上摺請安。雍正竟回他這樣的一個硃批：「覽。進獻之物，因汝出於至誠，家人之情，

22.國立故宮博物院（編），《宮中檔雍正朝奏摺》，第 7 輯，頁 680。
23.國立故宮博物院（編），《宮中檔雍正朝奏摺》，第 25 輯，頁 741。
24.國立故宮博物院（編），《宮中檔雍正朝奏摺》，第 3 輯，頁 74。

勉強收納數件，亦未令廷臣觀看。若論物之好醜，實宮中棄置之物較之亦不及也。」㉕本來大臣進獻方物是一種定制，在奏摺中誇張聖恩也是一般臣工必需要作的逢迎，實在是無可厚非，可是經雍正這樣一批，確是叫人有些難堪了。

　　雍正在硃諭裏斥責臣工，不但用詞絕妙，行文的技術也很可觀。雍正七年 (1729) 二月初九日漕運總督張大有對漕運船沿途僱用短縴事上了一摺，雍正深為不滿，對他批說：

　　　　書奏此摺，能自不發哂乎？㉖

　　河東總督王世俊報告豫省開墾有成效事時，雍正借題發揮，罵了其他直省的督撫一頓：

　　　　嘉悅之外，無可批諭。直省督撫聞此，而不發慚愧者，蓋未具面皮人也！㉗

　　另外，他直接了當的罵湖廣總督邁柱的一批，也是值得一讀的：

　　　　一切吏治，湖廣不及他省，自然事；邁柱、王國棟不及他人也，朕實為汝愧之。總之，一不誠諸凡不可問矣。㉘

25.國立故宮博物院（編），《宮中檔雍正朝奏摺》，第 8 輯，頁 575。

26.國立故宮博物院（編），《宮中檔雍正朝奏摺》，第 12 輯，頁 428。

27.《世宗憲皇帝上諭八旗》，國立故宮博物院藏本，卷 2，頁 36 下，年羹堯摺頁 17 上 31 下。

這是寫在邁柱奏摺上的硃批，真叫人哭笑不得。

總之，從他的硃批諭旨中，我們可以了解雍正確是一位精密嚴厲的人。精密到了無微不至，嚴厲到了刻薄寡恩的程度。

五、詭辯成性

儘管雍正常對大臣說：「朕生平不知心口互異，凡自問不可以對天地神明者，從不輕出於口也。」但是據我們目前的了解，他並不是一位心口如一的人，而且雍正的性格裏似乎還有「矯飾詐偽」的素質。這一素質可能是他喜愛詭辯的主要原因。

在康熙末葉，太子初廢之時，康熙諸子公然角逐儲位，只有雍正反其道而行，佯裝不爭，並且還為廢皇太子保奏，給康熙一個「性量過人、深知大義」的好印象。然而當康熙為這件事向諸子和廷臣讚揚他的時候，他又在御前詭辯從無保奏之事[29]。雍正二年，雍正對內閣說：「戊子年（案：指康熙四十七年），二阿哥（案：指皇太子允礽）得罪，令伊保全者，誰之力歟？雖二阿哥亦知感激也[30]。」康熙在日他強辯沒有保奏太子，而即位兩年後則又以此事自居其功，可見他的好辯和多變。

在雍正朝的硃批諭旨中，我們也能找出一些實例來說明雍正這方面的性格。

28.國立故宮博物院（編），《宮中檔雍正朝奏摺》，第 14 輯，頁 793。

29.華文書局（輯），《大清聖祖仁皇帝實錄》，卷 235，頁 27 下。

30.允祿（等編），《上諭內閣》，二年八月二十二日條。

雍正四年，雍正曾經對內閣大學士說過：「戴鐸、沈竹皆八阿哥屬下之人。」[31]可是故宮博物院以前出版的《文獻叢編》第三輯中刊有戴鐸奏摺十件，戴鐸自稱「奴才」，稱雍正為「主子」，而且奏摺內容都是一位門下幕客為主人四出奔走的一些報告，可見戴鐸並不是八阿哥允禩的舊人，而是雍正早年藩邸的屬下。另外關於沈竹其人，未刊的硃批諭旨中也有幾處有關他的記載，現在抄錄如下：

雍正三年一月二十一日河南開歸河道沈廷正上奏，說明他姪兒沈竹幼失教導，以致行為乖張，懇求雍正寬宥。雍正硃批：

> 前次方有旨，何為業已做出殺身之事來矣！[32]

到同年二月二十二日，雍正在沈廷正的另一個奏摺裏批語就嚴重多了：

> 不但你是他親叔無暇訓他，朕當日在藩邸何嘗不教導他。一字不聽，只以錢之一字，命都不顧的。況他行為，朕深知者，即往來如此嚴飭……，仍然毫不忌憚。又做這樣事，還可留於天地間乎？誠所謂下愚不移者也！可憐其孽障也。[33]

31.允祿（等編），《上諭內閣》，四年八月三十日條。

32.國立故宮博物院（編），《宮中檔雍正朝奏摺》，第 3 輯，頁 738。

33.國立故宮博物院（編），《宮中檔雍正朝奏摺》，第 3 輯，頁 869。

　　由此可見，沈竹確是雍正早年藩邸舊人，雍正在密摺的
硃批中已經明白承認了。不但沈竹是雍親王藩邸舊人，就連
沈廷正自己也是早年雍正的幕客，以下一段硃批可以為證：

　　　勉之，莫負朕從來之恩，莫壞今日諭旨顏面。若少有
　　所負，常賚、傅鼐、博爾多皆係前車之戒。當自思當
　　日之效力，知遇較數人若何？不但當盡臣子之誼，報
　　答數十年受朕深恩，便以利害言之，亦當倍加敬誠，
　　勉一千年人物。若少礙朕聲名顏面，若希冀私恩袒護，
　　斷不能也。竭力務一誠字，諸事效法鄂爾泰存心行事
　　可也。[34]

　　這是雍正六年八月間的事，當時沈廷正已任雲南巡撫兼
署貴州巡撫，因此雍正要他向鄂爾泰效法行事。硃批中有「從
來」、「當日」、「數十年」等語，都是指早年藩邸之事，而以
常賚、傅鼐、博爾多等人為戒，則更明證沈廷正係雍正門下
屬人無疑。總之，雍正性好詭辯，甚至說謊也在所不惜。他
雖強辯沈竹不是他早年門下奔走的人，但在硃批中卻披露出
事情的真象了。

　　另外，從田文鏡的事蹟中我們可以看出雍正是一位好作
詭辯的人。雍正四年十二月初八日雍正在上諭裏談到他與田
文鏡關係時竟說：「朕在藩邸時，不但不識其面，並不知其姓
名。」[35]這些話實在是欺人之談，因為同時代的人都說：田文

34.國立故宮博物院（編），《宮中檔雍正朝奏摺》，第 11 輯，頁 93。
35.華文書局（輯），《大清世宗憲皇帝實錄》，卷 51，頁 9 上。

鏡是雍正藩邸的「莊頭」❸。現在我們在硃批奏摺中還可以看到一些珍貴資料，不僅說明田文鏡與雍正的關係，同時足以表明雍正「驕飾詐偽」的個性。

雍正四年五月二十九日河南巡撫田文鏡為恭謝天恩上奏雍正說：

> 竊臣於雍正四年五月二十六日據新陞福建布政使臣沈廷正到豫傳奉皇上面諭：沈廷正你從河南一路去，朕有賞給巡撫田文鏡的鼻烟壺、荷包交與你給他。你對他說：他若自己信得過自己，任憑有人說，朕總不信，叫他只管放心，包管他平安兩個字。他如不信，你說這樣皇帝你是信得過的（以上自「他如不信」起十六字被雍正用硃筆劃掉）。如若他自己信不過，他自己有出不好的（「出不好的」四字被刪，改為「不法欺隱之」五字）事來，朕也自然有不好到他身上（以上自「事來……上」諸字都被刪掉，硃筆改為：就畏懼亦不能免朕不治罪。況他多次見朕用人行政之心，難道這兩年他的主子變了性了麼）。他如還信不的實，著他有閑的時候，不妨來走走（硃筆又加：再看看朕就是了）。欽此。❸

上文是田文鏡引述沈廷正過豫時口傳的上諭，雖是口語，但很傳神，尤其經過雍正用硃筆刪改以後，它的史料價值更

36.袁枚（著），冒廣生（校點），《批本隨園詩話》（上海：中國圖書公司，1916），卷上，頁 15 下。

37.國立故宮博物院（編），《宮中檔雍正朝奏摺》，第 6 輯，頁 84。

形珍貴。雍正自己既然寫了「難道這兩年他的主子變了性了麼」，他們二人之間的關係由此不難想見。況且傳奉皇上面諭給田文鏡的是沈廷正，沈是雍正早年屬下之人，田文鏡的身分當然從而可以看出一點端倪來了。再說，這份奏摺是雍正四年五月底上的，雍正還親批他是田文鏡的「主子」。到同年十二月初，當雍正傳諭內閣的時候，卻說對田文鏡其人「不識其面、不知其姓名」了。這位「生平不知心口互異」的君主竟詭辯至此！

六、偏好迷信

雍正雖然是一位剛毅明察的帝王，但他偏好迷信，侈談神仙，可以說是一位宿命論者。硃批諭旨裏有不少這方面的記載，現在選錄幾則，以說明他對這事的興趣：

雍正二年七月初二日，雍正在年羹堯一摺後的硃批中說：

京中有一姓劉的道人，久有名的，說他幾百歲壽不可考。前者怡王見他，此人慣言人之前生。他說怡王前世是個道士。朕大笑，說這是你們前生的緣法，應如是也。但只是為什麼商量來與我和尚出力？王未能答。朕說：不是這樣，真佛真仙真聖人，不過是大家來為利益眾生，栽培自己福田，那裏在色像上著腳。若是力量差些的，還得去做和尚、當道士，各立門庭才使得。大家大笑一回，閒寫來令你一笑。[38]

38.故宮博物院（編），《文獻叢編》，上冊，頁135-136。

可見雍正是偏愛此道的,而且他相信自己前世是位和尚,且是位道行極高的和尚。

由於雍正喜歡看相算命,他自己對人的八字有所研究。他在位期間,凡用人大概都必先看其人的八字,命不好的可能他就不予重用了。他曾經在鄂爾泰的請安摺上批過:

> 朕躬甚安,自入夏來更覺好,你好麼。將你八字隨便寫來朕覽。[39]

當時鄂爾泰還只是雲南巡撫,官位不算頂高。後來一帆風順,倚信極專,說不定就是看了八字的結果。

在岳鍾琪奏摺中也看到夾附的硃批說:

> 王廷瑞補用他沅州副將矣。朕記得卿開列八字內似有此人之名,記得不準。

可見雍正宮中收集了很多官員的八字資料。雍正不僅收集八字,並且還真的研究各人的八字。雍正六年岳鍾琪因靖遠協的副將馬龍失察,擬請將趙顯忠補授時,雍正在硃批裏就提到這件事:

> 馬龍部引新例未至於調用,若無應得之罪,亦不至於特旨降調也。趙顯忠可另候缺題補,將伊八字寫來朕覽。趙顯忠光景是一出格好的,鄂爾泰深惜他,請留

39.國立故宮博物院(編),《宮中檔雍正朝奏摺》,第27輯,頁242。

滇省，朕未允。王剛八字已看過，命甚好，運正旺，
諸往協吉，命中一派忠直之氣，將來可至提督之命，
但恐壽不能高，非言目前，乃望六之時說話。朕不知
看命，看他光景想來自然好的，果應朕言矣。看諸人
命，朕再不露一些好惡，令其仰合也。

雍正雖然會算人的八字，但是他似乎還用了專人幫他評
析。他在同一硃批裏就提到這事：

此人看命，大有些奇異，所以令他看過，求萬全之意
耳。所看之命，鑿鑿有驗，不可枚舉，朕甚疑訝不解。
向在藩邸，甚喜看命消遣，從未遇如此人者，總不應
其言，甚覺無味寒心。此人不然，大有所據，有許多
人朕皆不能挽回，已經多次，今竟信他幾分，但恐其
知覺生事，時常留心教導防範也。再者，陞轉官員，
觀其人才可成器者，多將八字諭問；今又恐其本人捏
成好命相欺也。若有此光景，朕亦自覺也。今尚未。[40]

據此可知，雍正用人都以其人的八字作陞轉的參考。八
字中可以看出人的命運流年，也可以看出人的氣質和壽命。
雍正雖辨白他斷不「依命用人」；但是在上引文中已清楚地說
明了他確是注重官員八字的。

雍正的迷信還可以在行軍征伐等方面看出來。岳鍾琪在
西北邊疆督師的時候，常向雍正請教出師日期及行軍方向等

40.國立故宮博物院（編），《宮中檔雍正朝奏摺》，第10輯，頁467。

等，雍正的答覆經常富於迷信色彩。例如有一次岳鍾琪問出師時刻等事，雍正就用硃筆另寫了這樣一個答覆給他：

西寧路查郎阿等出行吉日　四日皆稱上吉擇一日用皆利
　四月十一日辛卯宜用卯時初動喜迎西南方
　四月二十一日辛丑宜用寅時初動亦喜迎西南方
　五月初一日辛亥宜用午時亦迎西南方大利
　五月初六日丙辰此日甚為吉利宜用寅時亦向西南方利
松潘路周瑛等出行吉日　三日內擇一日用皆吉
　四月二十一日辛丑宜用寅時喜迎西南方大利　上吉日
　五月初一日辛亥宜用午時初動迎西南方利　上吉日
　五月初六日丙辰宜用寅時初動亦迎西南方　中吉日

又有一次，岳鍾琪將要領兵出征，雍正特別派人送了一塊寶石和一道瑞符，並且附了一件親筆書寫的硃諭：

此一塊寶石，乃大內舊物，聖祖當年曾有旨言：此寶行陣之間佩帶，甚有利益，曾暫賜允禔來者。西海之役，朕曾賜卿佩帶，卿想認得。再此一道符，當年章家喇嘛所與，言此符之利益，不可勝數，亦係衝鋒破敵之寶篆。朕又向他再三懇求，可再與一道。喇嘛曾甚有為難之色，方又與一道，乃朕預備或有自用者。今將二十餘年，皆用匣供在佛堂，今亦賜卿來佩之。

再一道賜富爾丹，仰仗天佛慈恩，自邀安平之佑也。
朕見方外人甚多，超出於常人者，惟見章家喇嘛一人，
可敬重佩帶之。此二物凱旋時仍交還。❹

雍正的迷信於此又可看出一斑。

正如歷代的英明君主一樣，雍正也好求長生之術。在硃
批諭旨中常可以看到他命令臣工到處探求神醫的記載，同時
也叫地方官員為他留心廣訪「異人」。四川巡撫憲德在雍正八
年 (1730) 八月初六日曾經向雍正推薦了一位道士王文卿，結
果被雍正譏為「可笑之極」，因為王文卿根本不是什麼「奇
人」，只是一位「捏騙棍徒」❷。田文鏡有一次在奏摺裏訴苦
說「內外科名醫與深達修養之人」，不易訪得，雍正卻安慰他
說：「此二道人非求之即得者，必俟機緣之遇耳。且留心訪
問，朕亦不敢望其必得也。」❸儘管如此，雍正朝由各方推薦
入內供奉的方士奇人仍然很多。著名的有文覺禪師、妙應真
人、賈士芳、張太虛、王定乾等輩。一時禱祠林立，封神殆
遍，直到雍正崩逝以後，這批「異人」才被驅返故居。這一
現象，當然是雍正偏好迷信的結果。

綜合上述，我們可以了解，清代官書中所描繪出來的雍
正只是一位極為嚴厲的君主，一位高不可攀的偶像。可是從
他的硃批中，我們不難看出他實在是一位講實際而不重形式

41.雍正硃批諭旨多批寫在大臣奏摺的摺尾或行間，有時因意猶未盡，他常另用紙
　批寫，附在奏摺中交回，給提奏人收看。此處所引出行吉，賜佩大內寶石出
　征等等批片，都是屬於這一類的。
42.國立故宮博物院（編），《宮中檔雍正朝奏摺》，第16輯，頁770。
43.國立故宮博物院（編），《宮中檔雍正朝奏摺》，第16輯，頁497。

的人。他雖然嚴厲高傲，但對於某些大臣來說，他簡直是位平易近人的長官，甚至是位親暱的密友。雍正充滿自信，有時表現出凌人的自負，因而他好強辯，甚至為了達到某些目的，他都願意扯謊；但是他也有服輸的時候，他能表現出驚人的認錯勇氣。雍正擁有刻苦奮鬥的精神，這是滿洲帝王的典型傳統；但是他的任勞而不任怨可能是他性情上的一大缺陷。總之，雍正具有我們北方人憨直和率真的個性，富責任感，有進取心。但是他畢竟是一位受漢人文化影響很深的滿洲君主,在他樸真的本性中已經滲雜一些道學虛偽的質素了。

從諭摺看雍正治術[1]

　　雍正十年 (1732)，雍正為了表明他早年加強密奏制度的純正心跡，決定把歷年來經他手批過的大臣奏摺選錄刊行，頒賜廷臣，俾使天下臣民都能藉以了解他「圖治之念，誨人之誠」，庶幾「人人觀此而感動奮發，各自砥礪，共為忠良，上下蒙福」。這一措施雖然是雍正本人倔強個性的一種表現，也可以說是他統治臣民的一種權術；不過就清代奏摺制度而言，顯然的這與康熙年間不准大臣私自刊行硃批奏摺的政策相去甚遠，不能不說是一種進步。然而在雍正有生之日，這一計劃只實現了一小部分，僅僅編輯了幾本，沒有能成書。直到乾隆三年 (1738)，高宗才根據他父親檢錄的資料，彙注為目，刊印行世。當時出版的書中，一共選輯了二百二十三人的重要奏摺，分為一百一十二帙，定名為《硃批諭旨》，後世人為明確起見，多稱這部書為《雍正硃批諭旨》。

　　這一部諭摺的彙編，並不是雍正在位十三年中所批奏摺的全部，他自己就曾經說過：撿出付之刊刻的「計算實不過

1.原文為：陳捷先，〈雍正硃批諭旨——控制臣僚的一種工具〉，《國立中央圖書館館刊》，4.2（臺北，1971）：1–9。

十之二三」。然而，終清之世，由於這批珍貴檔案深藏大內，外間不得共見，甚至連供職史館的人也無緣目睹，所以雍正朝硃批奏摺的實際情形一直不為人知。民國以後，故宮博物院成立，清宮原藏珍玩與書檔悉歸院方保管，雍正朝的這批舊檔才真正與世人見面。經過博物院專家多年整理的結果，發現《雍正硃批諭旨》的原件共分「已錄」、「未錄」和「不錄」三大部分。「已錄」部分的內容與乾隆三年出版的「硃批諭旨」一書很相近；「未錄」與「不錄」兩部分則為從未公開過的珍貴原件。民國二十年前後，故宮文獻館同仁曾為文簡介，並編製「不錄」奏摺總目，且在《文獻叢編》等專刊中零星刊露「未錄」與「不錄」部分內容，不過為數不多，且未從事深一層的學術研究。故宮文物遷臺以後，即著手整理編目，根據目前資料，大約「已錄」的硃批諭旨有七千多件，「未錄」與「不錄」的數量約在一萬四千件之譜。雍正所謂的「十之二三」是近乎事實的。

「未錄」與「不錄」兩部分，顧名思義就是在雍正末期準備刊行這批奏摺時覺得有不妥之處，所以「未錄」，或者乾脆「不錄」。現在我們就兩者的內容來看，「未錄」和「不錄」的奏摺內文確有不少是瑣碎的密報，也有一些是雍正硃批不得體的，因此當時未予編目刊行。不過這兩部分資料，除了對清代地方吏治及實況有詳盡的描述外，對於雍正本人以及他與臣僚之間的關係等等，我認為也有很多極為珍貴的記載，值得我們重視。

同時，由於雍正是清代傑出的君主，他勤於政事，而且嚴格認真，對於大臣奏摺的處理也是一樣。他曾經說過：「雍

正六年以前，畫則延接廷臣，引見官弁。傍晚觀覽本章，燈下批閱奏摺，每至二鼓三鼓，不覺稍倦，實六載如一日。」而「每摺或手批數十言，或數百言，且有多至千言者」；君主既是這樣的勤勞負責，臣僚的報告當然也就不敢草率行事了。所以，雍正一朝的硃批不但空前出色，奏摺的內容也比較接近實況，不像其他朝代的那樣粉飾鋪張，敷衍了事。這是《雍正硃批諭旨》值得我們重視的另一層原因。

　　然而，時至今日，史家對於這一珍貴史料作過深入研究的人實在不算很多，而利用過「未錄」和「不錄」部分的更屬少見❷。其實這批原始資料可供我們作多方面的研究，例如有關雍正朝的民刑兵馬等問題以及雍正本人的一切，都是值得研析的對象。本文擬就雍正的治術一端，加以描述分析，作為對這位君主的初步研究。

　　雍正在位雖僅有十三年，但他能訂定制度，並且嚴格執行，所以一時吏治澄清，時弊革除。在整個清代史上，這一朝

2.有關雍正硃批諭旨的論著請參見：王善端，〈雍正硃批奏摺述略〉，收入：故宮博物院（編），《文獻專刊》，頁 63；黃培，〈雍正時代的密奏制度〉，《清華學報》，3.1（新竹，1962.05）：17-52；吳秀良（Silas Hsiu-liang Wu），"The Memorial System of the Ch'ing Dynasty (1644-1911)" *Harvard Journal of Asiatic Studies*, 27 (Mass., 1967): 7-75；吳秀良，*Communication and Imperial Control in China: Evolution of the Palace Memorial System, 1693-1735* (Mass.: Harvard University Press, 1970)；宮崎市定，〈雍正硃批諭旨解題：その史料の價值〉，《東洋史研究》，15.4（京都，1957.03）：365-396。日本學者佐伯富、安部健夫、岩見宏、荒木敏一、小野川秀美等也利用乾隆版《硃批諭旨》寫過不少有關雍正一朝民刑兵馬的論文，散見於《東洋史研究》第 12、18、22 及 29 諸卷中，很值得參考。不過以上諸先生似乎只有吳秀良一人引用過故宮珍藏的部分原件。

實在有其特殊的地位與作用。以往史家常把雍正描繪成一個
極為嚴厲的帝王，甚至是一個生性冷酷的暴君，他在政治上
的一切成就似乎都是以高壓政策獲致的；然而從他自己當年
所批的硃諭中，我們不難看出他確是有一套處事治人的方法，
而他的硃批諭旨可以說就是實行這套方法的一種有效工具。

儘管雍正常說他鼓勵臣工多上奏摺和他熱心加批是含有
教育意義的，他想藉以「教人為善，戒人為非，示以安民察
吏之方，訓以正德厚生之要，曉以福善禍淫之理，勉以存誠
去偽之功」；然而，在他對大臣常用的「上不負祖考，下不愧
子孫」、「惟宜務一實字，盡除虛偽習氣」、「虔誠勤敬，焉有
不感於上蒼，獲蒙神明垂佑之理」、「當從減節」、「公清二字
時刻置於懷抱」……等等含有品德教育作用的訓詞以外，我
們在他的硃批諭旨中至少還可以看出如下幾種控制臣僚的方
法：

一、用硃批來增進君臣之間的感情

奏摺原是臣下對君主言事的一種報告，主要作用在使君
主了解天下實情，供給各項參考資料。硃批是君主就臣工報
告內容所作的答覆或指示，是臣工辦事時遵循的依據。可是
到雍正之世，雍正顯然用硃批來增進他與大臣間的感情，以
達到御下的目的。他時常在大臣的奏摺上批些讚揚或鼓勵的
話，使大臣看了會更盡心盡力的為他辦事。例如他在鄂爾泰
的請安摺上批過：

　　實出望外之事，朕惟以手加額，感謝上蒼神明之德，

聖祖賜佑之恩耳。欣幸覽之。❸

他也對李維鈞寫過：

目今卿乃朕之第一個巡撫。勉之！❹

李衛密薦直隸按察使寶啓瑛調補湖北按察使時，雍正批道：

此等之奏可謂進獻真實也，朕之所貪者，唯此一件
耳！❺

像這一類的批語實在很多，不勝枚舉。然而這樣的「灌米
湯」，雖屬過分，並且有失人君之體；但是對統馭大臣所發生
的作用卻是相當可觀的。

雍正時常喜歡賜贈食品和用物給大臣，贈品有：人參、
鹿尾、松糕、茶糕、元宵、月餅、金蘭茶、九頭柑、奶酥餅、
蜜荔枝、哈密瓜、紅粳米、貂皮、羽緞、寧紬、綵絲、鼻烟
壺、東珠帽、御書詩扇、五色花籃、銅暖端硯、水晶眼鏡、
《駢字類編》、《大清會典》……等等，真是包羅萬象。同時
在大臣收接禮物以後，奏謝恩賜的時候，他常以硃批來聯絡
大臣，說些「朕待卿實不及卿之效力也」，或是「此些小寄意
之微物，謝奏皆屬多也」；甚至有時更親切的說些家常話，叫

---

3. 國立故宮博物院藏，《宮中檔雍正朝奏摺》，第 14703 號。
4. 國立故宮博物院藏，《宮中檔雍正朝奏摺》，第 13564 號。
5. 國立故宮博物院藏，《宮中檔雍正朝奏摺》，第 16245 號。

你感激莫名。例如雍正七年 (1729) 正月他親自書寫一對春聯「歲歲平安節」、「年年如意春」給岳鍾琪，岳鍾琪恭摺謝恩的時候，硃批卻寫道：

> 逐日隨手批寫奏摺，總無暇作書，字法甚不及從前矣！❻

秘曾筠為恩賜眼鏡事上奏，雍正批道：

> 此朕案邊親用之鏡，本日批閱畢，隨便拈來賜卿者。若對眼，則卿之目力尚好，朕深為欣悅。❼

態度這樣謙虛，受贈的人怎麼能不感動呢？

雍正對大臣的生活起居以及家庭狀況等等也是注意的。大臣病了他會藉硃批說：「加意調攝，不可勉強從事！」甚至他自己會開個藥方給生病的臣工治療，或是寄些大內的補品給大臣進補，可說是無微不至。鎮守山西大同等地的總兵官王以謙身體不太好，雍正對他說：「好生養著，不知你吃酒否？若飲可戒之！」❽田文鏡七十高齡的時候，雍正竟對他表示了如下的關切：

> 有人新進朕此一方，朕觀之甚和平通順，服之似大有

---

6. 國立故宮博物院藏，《宮中檔雍正朝奏摺》，第 402 號。

7. 國立故宮博物院藏，《宮中檔雍正朝奏摺》，第 12802 號。

8. 國立故宮博物院藏，《宮中檔雍正朝奏摺》，第 3063 號。

裨益，與卿高年人必有相宜處。可與醫家相酌，若相宜方可服之，不可因朕賜之方強用也。卿雖年近七旬，朕尚望卿得子，此進藥人言，此方可以廣嗣，屢經應驗云云。❾

雍正還常在硃批中流露出他的真感情，有一次他對嵇曾筠批說：

回憶書房課讀，倏忽十有三年。每聞績著河防，聲譽卓卓，宸衷優眷，深所倚任。現因浙江海塘工程緊要，……是以命往經畫，此乃皇考最關心之事，知自能辦理妥協。……書法至今未進，慚愧！❿

對於這樣的學生，相信任何老師都會喜愛的。又有一次他向年羹堯說：

從來君臣之遇合，私意相得者有之，但未必得如我二人之人耳。爾之慶幸，固不必言矣；朕之欣喜，亦莫可比倫。總之我二人做個千古君臣知遇榜樣，令天下後世欽慕流涎就是矣。朕實實心暢神怡，感天地神明賜佑之至。⓫

9.國立故宮博物院藏，《宮中檔雍正朝奏摺》，第 12052 號。

10.國立故宮博物院藏，《宮中檔雍正朝奏摺》，第 12770 號。

11.有關年羹堯的硃批奏摺原件，故宮博物院現藏數量不多，可能仍存大陸。所幸民國二十年前後已刊行了一批，見《文獻叢編》及《史料旬刊》等專集。本文此處所錄硃批均採自《文獻叢編》及孟森先生《明清史論著集刊》中所引者。

以專制時代的皇帝對大臣的體統言，這樣的批語實在是有些
過分，不過對增進君臣間的感情來說，這當然是無上的法寶。

有人以為雍正這類滿口胡柴的批語，可能與他忙碌枯燥
的政治生涯有關，他是用這些富感情和夠刺激的話來調劑無
味的帝王生活的。不過這一想法未必正確，像年羹堯這樣的
大臣，雍正不知道和他在奏摺中談過多少「情話」，兩人關係
之深，甚於一般家人。可是最後年羹堯雖欲「留作犬馬自效，
慢慢的給主子效力」而終不可得，在九十二條大罪狀之下賜
死了。岳鍾琪的例子也是一樣，在雍正年間，岳鍾琪與年羹
堯齊名，他曾因平青海而封為三等公，後來又因苗疆與準噶
爾等役的勝利而獎敘。他不是旗人，但雍正最初對他的信任
是很專的，對他的關切與愛護是相當特殊的。譬如雍正五年
(1727) 春天岳鍾琪生病，雍正慰問關切至深，閏三月十一日岳
鍾琪專摺謝恩，奏中有：「臣非草木，敢不欽遵恩旨，黽勉供
職，稍竭涓埃。」雍正批說：

> 愛惜量力而為之，少不節養，即是負朕。如精神當得
> 起，便分外料理何妨乎？如少勉強，微小之事，可托
> 屬員為之也。[12]

關切之情，溢於言表。

雍正喜歡給大臣賜贈物品，對岳鍾琪也不例外。雍正五
年十二月間，岳鍾琪在屢蒙賞賜之餘，感激莫名，便上奏說：
「清夜自思，不禁感泣涕零，雖肝腦塗地，亦無以上報皇仁

12.國立故宮博物院藏，《宮中檔雍正朝奏摺》，第 405 號。

於萬一也。」雍正在摺後批寫：

> 卿之感謝之誠，自不在言表，朕知卿感激之衷，亦不
> 從此言奏而會也。卿以朕恩為過厚，而朕之心只覺不
> 及。各盡其心，上天自鑑。朕惟以手加額，實為慶幸，
> 料卿自亦如是也。❸

又有一次，雍正甚至為賞賜物品事對岳鍾琪說：

> 些須食物亦皆各省大臣進獻者，當與內外諸卿共之。
> 況卿更為諸大臣中朕不忍忘者，隨便寄念何必過謝。❹

溫情至此，可謂無以復加！

雍正六年 (1728) 八月初一日，岳鍾琪病痊上奏，感謝雍
正此前對他的安慰。皇帝對他批道：

> 卿一片至誠感謝處，朕全覽矣，亦不必待卿之奏朕始
> 知也。至於子孫之祝，除非卿之子孫負朕，即朕之子
> 孫負卿耳，但將千古嘉話一句共勉之耳。可將朕諭田
> 文鏡之批諭一觀，自知朕待諸大臣之心也。然朕亦不
> 以卿等知否為意，只務天祖之照鑑，力行之心可保不
> 移動也。朕生平積一些福基處在不負人三字，實可自
> 信者。❺

---

13. 國立故宮博物院藏，《宮中檔雍正朝奏摺》，第 415 號。
14. 國立故宮博物院藏，《宮中檔雍正朝奏摺》，第 407 號。

由此可見，雍正與岳鍾琪之情誼基礎，至少一部分是由奏摺與硃批的往還而建立起來的。雍正六年八月正是曾靜派他徒弟張熙向岳鍾琪投書的時候，這個「腐儒」還以為岳鍾琪是岳飛的後人，一定會以滿洲族眾的世仇，而帶兵反正，推翻清廷，沒有想到岳鍾琪與雍正之間已經有了密切的交往，他怎麼能不記著「只務天祖之照鑑，力行之心可保不移動也」這些話，怎麼能不重視雍正所謂的「不負人」這三字福基呢？

曾靜與張熙的文選之獄發生以後，雍正對岳鍾琪的信任更勝於前，賞賜更多，並且在岳鍾琪的謝恩摺上寫道：

> 上天之恩惠，不與卿如此大臣分甘共肥，更賜何人也？但以朕逐日飲食未能時頒卿為不足耳！然每遇適口之物，賜與廷臣時，實常念及卿與鄂爾泰、田文鏡諸大臣也。[16]

鄂爾泰與田文鏡是雍正最寵信的大臣，岳鍾琪現在也躋身於其中了，恩遇之隆，由此可見一斑。

第二年閏七月初三日雍正給岳鍾琪的另一個硃批說：「卿言天海之恩，而朕實愧尚未酬卿金石之志也。」[17]很顯然地這「金石之志」是指他忠誠不貳，沒有被曾靜等人說服反清。照理說雍正對他也應該寵愛不渝才對，可是岳鍾琪最後還是沒有得到好下場，硃批只是一些應酬話，並不代表真感情。

　　總而言之，雍正常用硃批作工具，給大臣寫些讚美的話，或是在臣工臥病之後，受賞之餘，再給溫情安慰，以增進他與大臣之間的情感，使大臣感激，矢志忠貞，為他服務。

二、用硃批來紐合大臣之間的關係

　　這類資料也有不少，現在以最著名的幾個大臣為例，略述如下：

　　雍正元年 (1723) 正月初二日年羹堯上了一份〈會陳軍務事情請先具稿奏陳摺〉，雍正的硃批有：

> 朕安，朕原不欲爾來，為地方要緊。今覽爾所奏，爾若不見朕，原有些難處，難處者軍務總事結局處。舅舅隆科多奏，必得你來同商酌商酌地方情形。汝可以來得，乘驛速來。再舅舅隆科多，此人朕與爾先前不但不深知他，真正大錯了。此人真皇考聖祖忠臣，朕之功臣，國之良臣，真正當代第一超群拔類之希有大臣也。其餘見你之面，再細細問你。[18]

　　雍正二年 (1724) 六月十五日年羹堯有〈謝賜詩扇〉的摺子，雍正又對他批說：

> 朕已諭將年熙（案：年羹堯之子）過記與舅舅隆科多作子矣！年熙自今春病只管添，形氣甚危，忽輕忽重，各

18.故宮博物院（編），《文獻叢編》（臺北：國風出版社，1964），上冊，頁 132 等；孟森，《明清史論著集刊》（臺北：世界書局，1980），頁 551–554。

樣調治，幸皆有應，而不甚效。因此朕思此子非如此
完的人。近日著人看他的命，目下並非壞運，而且下
運數十年上好的運。但你下運中言刑剋長子，所以朕
動此機，連你父不曾商量，擇好日即發旨矣。此子總
不與你相干了，舅舅已更名得住，從此自然全愈健壯
矣！……將來看得住功名世業，必有口中生津時也。
舅舅聞命，此種喜色，朕亦難全諭。舅舅說：「我二人
若少著兩個人看，就是負皇上矣。況我命中應有三子，
如今只有兩個，皇上之賜，即是上天賜的一樣，今合
其數。大將軍命應剋者已剋，臣命應得者又得，從此
得住自然全愈，將來必大受皇上恩典者。」爾父傳進宣
旨，亦甚感喜，但祖孫天性，未免有些眷戀也。特諭
你知。[19]

我們知道：雍正的繼承大位，得力於隆科多和年羹堯之
處很多，這幾乎是近代史家公認的事了。可是這兩位第一號
功臣在雍正初年彼此並「不深知」，而且「隆科多以私怨年羹
堯之故，百計阻撓，不顧軍國之重務」，在雍正御前常常「從
中掣肘」。[20]因此雍正只好從中紐合，甚至把他們結成親家，
以睦感情，以增關係。

然而年隆二人的寵信為時並不久長，並且很快的先後遭
了整肅。雍正朝倚信最深最久的大臣還是鄂爾泰、田文鏡和
李衛幾個，雍正自己也常說：「今天下督撫諸臣中，朕所最關

19.故宮博物院（編），《文獻叢編》，上冊，頁134。
20.《世宗憲皇帝上諭八旗》，國立故宮博物院藏本，八年五月初九日條。

切者鄂爾泰、田文鏡、李衛三人耳！」田文鏡有一次上密奏參劾李衛，摺中所指李衛的惡行，真是歷歷如繪；但是雍正因為田李都是他的親信，他沒有處罰李衛，反而用硃批來紐合他們兩人的感情，雍正為這事對田文鏡硃批說：

> 此奏朕嘉悅之懷，筆難盡諭。內外大臣皆肯如此互相愛惜琢磨，非卿等相愛，實愛朕也。況朕每以卿與鄂爾泰、李衛三人為督撫標榜，亦關卿顏面。李衛向有嬉戲之不檢點處，朕所深知，但未料如此之過。此番陛見，朕加以訓誨，料伊必能領會改革，朕可力保，豈不美玉去瑕，成一全人乎？默默中卿乃李衛之大恩人也。❷❶

這樣紐合大臣的關係，目的當然是在使他寵信的臣工不致互相磨擦，而維持統治的力量。

三、用硃批來收集大臣的各項資料

雍正確信「治天下之道，除求得人之外，無二法也」。他對官員的任命、考核、生活等等都非常注意。除了對他們的學養能力關心以外，甚至還參考到官員們的生辰八字。他對鄂爾泰就硃批過「將你八字隨便寫來朕覽」。❷❷他也要岳鍾琪把王廷瑞等的八字開給他。雍正不但收集八字，而且認真的研究各人的八字。雍正六年岳鍾琪因靖遠協的副將馬龍失察，

21.國立故宮博物院藏，《宮中檔雍正朝奏摺》，第 6755 號。
22.國立故宮博物院藏，《宮中檔雍正朝奏摺》，第 14733 號。

擬請將趙顯忠補授時，雍正批著：

> 趙顯忠可另候缺題補，將伊八字寫來朕覽。趙顯忠光
> 景是一出格好的，鄂爾泰深惜他，請留滇省，朕未允。
> 王剛八字已看過，命甚好，運正旺。諸往協吉，命中
> 一派忠直之氣，將來可至提督之命，但恐壽不能高，
> 非言目前，乃望六之時說話。……看諸人命，朕再不
> 露一些好惡，令其仰合也。㉓

可見八字能推知人的官祿壽命，而雍正用人常以其人的八字
作錄用或陞轉的參考。

官員任職以後，雍正也不時的用硃批來調查他們的官箴，
收集他們的情報。他曾經向范時繹打聽過「噶爾泰何如？其
操守品行朕可力保，但未知可勝任否」㉔；他也問過孔毓珣
有關劉廷琛、白洵等人居官供職的事，要孔毓珣「絲毫不可
容隱，隨便奏來」㉕；田文鏡向他報告河臣齊蘇勒的辦事情
形時，雍正還不太相信他的話，而說：「所奏甚公。但一塵不
染果然乎？再細訪，據實密奏。」㉖雍正既然隨時利用硃批收
集大臣資料，因此他雖深居宮中，但對各地的人事情況了解
甚多。雍正八年 (1730) 廣西提督張溥奏陳副參將遊擊等官的
賢能與否時，雍正在字裏行間批寫了他的了解和看法。張溥

23.國立故宮博物院藏，《宮中檔雍正朝奏摺》，第 247 號。
24.國立故宮博物院藏，《宮中檔雍正朝奏摺》，第 18228 號。
25.國立故宮博物院藏，《宮中檔雍正朝奏摺》，第 19231 號。
26.國立故宮博物院藏，《宮中檔雍正朝奏摺》，第 11985 號。

說：

> 桂林城守副將董芳，才情幹練，操守俱好（硃批：好
> 將才，但冒險處不必用）
> 慶遠協副將潘紹周，人明白，可以受教，辦事勤謹（硃
> 批：料伊不肯玷辱前人也，但中年人，訓導之）
> 平樂協副將胡灝，才具頗優，操守中平，現在教導改
> 過（硃批：此人大可望成人之材，當將朕恩重他緣由
> 說與知之，著令勉操守）
> 思恩協副將尚清，才技可觀，辦事虛浮，正在著實教
> 導（硃批：亦係上等資格之人，若虛浮，則可惜矣！
> 訓誡之）
> 梧州協副將張榮，人欠明白，辦事平常（硃批：非欠
> 明白人也，莫非有病）
> 永寧營參將施善元，人去得，營伍練達，辦事勤慎（硃
> 批：好的、好的、好漢子。實誠效力人也，但恐福基
> 差些）
> 鬱林營參將顧純祖，才猶老練（硃批：此人朕不知）
> 賓州營參將高攀鱗，辦事未能練熟，尚須教導（硃批：
> 不過伶達時人耳，尚未知走何路也，教導看看）
> 左江鎮標左營遊擊羅玉秀，辦事謹慎，可以上進（硃
> 批：人甚秀健，有出息人，只恐聰明大過也）

以上這些批語，雍正說是「就朕一時所見之記載批來」，可見
他印象中的人事資料有多齊全❷。

雍正八年八月，四川巡撫憲德因為雍正要他廣訪人物，他就上奏推薦一位道士王文卿，憲德認為這道士是位「奇人」，雍正則批說：

> 好！王文卿乃一捏騙棍徒，何須道及。可笑之極！[28]

由此可見：雍正不但了解一般官員的人品操守，就連道士一類的方外之人他也有充分的資料。當然這些資料都是由平素各地官員報告中得來的。

四、用硃批來監視大臣的言動

奏摺原是可以用來指參文武官員貪污枉法、暴戾殃民以及其他不法情事的，不過雍正時期的密奏似乎還有一些其他的妙用。諸如廣州城的副將毛克明，在故宮博物院現存的七十八件密奏中，我們不難看出他所報告的事項，雖然多是有關當地營務方面的，但是上至將軍的操守起居，下至營弁雜事，無所不包。有時雍正都認為太「繁瀆」了，說他盡奏些「三兩五錢，一名二名」的小事。雍正十年七月十三日，他上了一件密奏，報告廣州將軍到任後的情形。他說這位栢芝蕃將軍操守還好，只是到任後從不操閱，每天誦經到夜間四鼓才入睡，下屬稟見的都說「難以佇候」，因此旗營兵事顯然日漸懈怠等等。雍正閱後，批說：

27. 國立故宮博物院藏，《宮中檔雍正朝奏摺》，第 987 號。
28. 國立故宮博物院藏，《宮中檔雍正朝奏摺》，第 13055 號。

如此據實直陳，方不負朕之任用，勉之。朕已有嚴諭
訓誡，並不及汝之奏，汝可再加訪視，如仍不能改革，
據實再奏！❷⁹

　為了酬庸，毛克明不久以後就被任命為廣州城的副都統
了。同年九月二十九日，雍正給毛克明這樣的一個硃批：

已用你副都統矣！有何可指示？但取出良心，拿來辦
事，銀錢不如性命顏面要緊。只此兩句粗俗之語，能
諸凡保汝協當也。❸⁰

　同日，毛克明又接到另一件硃批：

勉之。莫移所奏之志，汝漢軍習氣，言行總如天淵。
至於汝內外如一與否，朕實不敢預定。行與朕看，自
然得知。❸¹

毛克明後來雖被證實是個「可信無疑」的人，但是雍正對他
多少有幾分「不敢預定」。有一次福建巡撫趙國麟為恭繳硃批
上了一個奏摺，雍正對他說：「毛克明何如？看來居心尚好，
似不甚曉事。」❸²意思當然要趙國麟提供給他一些有關毛克明
的資料，以從旁探聽監視。

29.國立故宮博物院藏，《宮中檔雍正朝奏摺》，第 4092 號。
30.國立故宮博物院藏，《宮中檔雍正朝奏摺》，第 4126 號。
31.國立故宮博物院藏，《宮中檔雍正朝奏摺》，第 4109 號。
32.國立故宮博物院藏，《宮中檔雍正朝奏摺》，第 17016 號。

　　綜觀有關毛克明的奏摺與硃批，可知雍正朝的言事制度
有了新的妙用：

㈠毛克明因上小報告而升了官，奏摺實可為進身之階，求取
　榮祿的工具。同時雍正在任命毛克明為副都統以後，要他
　「取出良心，拿來辦事」，這表示雍正給他升官是有條件
　的，要他「莫移所奏之志」，要據實直奏，不然就是「負朕
　之任用」了。

㈡毛克明雖然一邊被信任為雍正打聽當時廣州旗營軍務，但
　雍正又命福建巡撫在另一邊暗訪毛克明的行動。硃批確有
　牽制、監視和控制臣工的作用。

　　前面已經提過：雍正要田文鏡密報總督河道大臣齊蘇勒
的官箴，並且還要田文鏡再細查密奏，可是在雍正二年十二
月間雍正竟給齊蘇勒這樣的一件硃批：

　　　近來舅舅隆科多、年羹堯大露作威作福、攬勢之景，
　　　朕若不防微杜漸，將來必不能保全朕之此二功臣也。
　　　爾等當遠之。況舅舅止說操守不好，而年羹堯前歲數
　　　奏你不能料理河務，言不學無術。今歲已安瀾告成，
　　　今陛見來言大奇，皆皇上洪福。朕依此知卿之獨立也。
　　　只有怡親王深言汝之好處，況你與王從無交接，朕知
　　　之最悉。㉝

　　齊蘇勒似乎又是雍正的親信了。同時從這道硃批諭旨中，
我們不難看出雍正的硃批極盡挑撥之能事，使大臣與大臣間

33.國立故宮博物院藏，《宮中檔雍正朝奏摺》，第11036號。

猜忌橫生，互相怨恨，達到他便於統治的目的。

五、用硃批迫使官員實心辦事

　　一般帝王在奏摺上的批語常是非常簡單的，如「覽」、「知道了」、「該部知道」等等一類的話，即使有些指示也字數不多；可是雍正的硃批卻與眾不同，不但文情並茂，下筆多言，有時寫些親切感人的話，使臣工不能不為他做事，有時也用些精嚴刻薄的批語，叫大臣不敢不為他做事。他喜歡在大臣奏摺上批「此奏朕嘉悅之懷，筆難盡諭」或是「嘉悅覽之，非一片忠愛之誠，念不及此」等等，逼著大臣繼續有好的表現。有時也採用其他方式，用種種手段迫使臣工實心工作。以下數事，可為說明。

　　對於臣僚誇張和虛浮的奏報，他就拆穿並警告他們。雍正二年雲南巡撫楊名時報告辦理兵民等事時，雍正就批寫：

> 所奏諸務，惟宜實力奉行。莫謂朕之目耳，遠而弗屆也。勉之。❸❹

　　雍正十一年 (1733) 一月朱藻報兩雪事時，雍正的硃批更為嚴厲：

> 覽。汝此奏兩雪之景，未必十分需足，況亦不廣，何用如此誇張？汝每多此虛浮之奏，朕甚不取焉。一處不實，則事事難以為信也。誌之。❸❺

34.文海出版社（輯），《雍正硃批諭旨》（臺北：文海出版社，1965），頁 112。

要想得到雍正信任，只有實心辦事。

對於辦事不力的官員，雍正會以官位利祿恐嚇他們。雍正十年二月十八日，他在四川提督黃廷桂的奏摺上批了：

> 覽。諸凡若如此推卸，可謂勝任提督二字之任矣！ **㊱**

巡撫安慶等地右副都御史王紘也受到這樣的警告：

> 汝甫方到任，地方一切應辦事宜頗煩，不知留神於吏治，何暇諄諄長篇纍牘，而希此沽名釣譽之舉，顧汝不過立意作科甲中一二虛譽之舉，畢汝一生事業之居心矣。況汝自到撫任以來，一切奏對，甚不協妥，似甚不勝任……大負朕之至望！ **㊲**

除非你不想做官，否則只有實心辦事。

對於貪官，雍正是最深惡痛絕的，硃批也最是嚴厲。陝西延綏等地方副將管總兵官事李耀聲名不好，雍正批示：

> 著實小心，做官貪之一字切忌少有，不要連從前都帶出來的。 **㊳**

甘肅巡撫石文焯為帑項久懸未補，亟請著落賠還，以清

35.國立故宮博物院藏，《宮中檔雍正朝奏摺》，第 1135 號。
36.國立故宮博物院藏，《宮中檔雍正朝奏摺》，第 17497 號。
37.國立故宮博物院藏，《宮中檔雍正朝奏摺》，第 2818 號。
38.國立故宮博物院藏，《宮中檔雍正朝奏摺》，第 3674 號。

錢糧一事上奏，硃批是：

> 無恥之極。難為你如何下筆書此一摺！ [39]

河南開歸河道沈廷正的姪兒沈竹，行為乖張，「只以錢之一字，命都不顧」，雍正竟在沈廷正的請求寬宥摺上批了「將來此人是要耍頭的」話來，憎惡之情，畢宣紙上[40]。

其他如「若再負恩、恐非汝福」、「觀汝如此以無憚居心，必以沒福量三字結終也」等等的批語，可以說是屢見不鮮，不勝枚舉。總之，雍正年間，雍正的硃批不論是鼓勵的，或是責難大臣的，常常都有迫使臣工實心辦事的作用。

綜合上述，我們可以了解雍正儘管常說「朕向（在）藩邸時，生平以心口異談，匿怨交人為恥。今君臨此位，而反以權術御下，無此理也」[41]這類的話；但是他確實是非常注重御下權術的，而他的硃批諭旨就是御下權術的重要工具之一。他不時的用硃批來聯絡大臣，紐合大臣，或是用硃批來收集官員的資料，監視官員的言動，甚至迫使官員實心工作，藉以達成控制全國的目的。在中國章奏制度史上，雍正一朝應該是多姿多彩的時代，而帝王對於硃批運用的巧妙和有效，雍正可以說是前無古人，後無來者了。

39.國立故宮博物院藏，《宮中檔雍正朝奏摺》，第 15827 號。

40.國立故宮博物院藏，《宮中檔雍正朝奏摺》，第 4279 號。

41.國立故宮博物院藏，《宮中檔雍正朝奏摺》，第 19267 號。

雍正朝禪濟布巡臺事蹟略考[1]

　　清康熙六十年 (1721)，臺灣發生了朱一貴事件，由於當時臺地的軍政廢弛，全臺幾乎被反清人士所得；事後檢討，認為在臺的文武官員需人督察，乃在第二年正月甲午（初八日），清廷「始命滿漢監察御史巡察臺灣」[2]。巡臺御史設滿漢各一人，一年一更替，他們的權力很大，管理的事務也多，如「釐覈案牘，查盤倉庫，閱視軍伍，周巡南北疆圍」等等[3]。他們的地位，甚至有人說「凡巡察與督撫皆平行」。這一制度在設置初期，除了一年更替一點未按規定外，其餘的事，如滿漢分設以及職掌、權力等，都是照章執行。因此對臺地文武官員的督察而言，確實收到相當的效果。尤其是雍正一朝，由於君主有嚴厲之威，臣下更表現認真任事，巡臺御史對臺灣地區當時政風的整飭，軍備的加強，番漢問題的解決，以及北部臺灣的開發等等，可以說都有著極大的關係。禪濟布

1.原文刊載於：陳捷先，〈禪濟布巡臺事蹟考〉，《臺北文獻》，61/62（臺北，1983.03）。

2.蕭奭，《永憲錄》（臺北：文海出版社，1959），卷1，頁8。

3.朱景英，《海東札記・卷2・記政紀》，收入：《臺灣文獻叢刊》，第19種（臺北：臺灣銀行，1958）。

就是早期來臺的滿洲巡察御史之一，而他在臺期間的活動又比其他巡臺御史為特殊，鬧得滿城風雨，甚至使雍正都有「出醜」的感覺，所以我認為有必要寫一篇專文，來記述他巡臺的事蹟。

禪濟布不是盛清的名人，更稱不上名臣，他的生平記事留下的也不多。我們只知道他是滿洲鑲藍旗人[4]，早年不是由科舉出身的，曾經當過筆帖式的小官，後來在六部裏充任中級官員[5]。雍正二年(1724)年初，雍正特命他為巡臺的第二任滿洲御史，以接替吳達禮，來督察臺地的文武官員。與禪濟布同時來臺的漢御史是丁士一，他們在來臺以前，曾於那一年二月初六日在京中晉謁皇帝，雍正為了重視他們的巡臺，還特地賞賜他們「克食」（滿語原意為「恩惠」，後來凡皇帝賜茶點等物以示恩寵時，都稱賜「克食」）與貂皮，並訓示他們要不負所託。禪濟布是在同年四月二十五日到達福建省城，閏四月初十日抵廈門搭船，到十六日才放洋出海，東渡臺灣。據說一路上「風順波恬」，航行了五天後（二十一日）才安抵鹿耳門，開始他在臺灣為期兩年的巡察御史生涯[6]。

禪濟布抵臺後的三數月中，很顯然地他在專心了解臺地

---

4. 劉良璧，《重修臺灣府志‧卷13‧職官一》（臺中：臺灣省文獻委員會，1977），頁374。

5. 雍正二年五月初四日，禪濟布上奏摺給清世宗，摺中有「竊臣一介微末，至愚極陋，由筆帖式洊歷部曹，蒙高厚拔置臺班」等語，摺文見國立故宮博物院（編），《宮中檔雍正朝奏摺》（臺北：國立故宮博物院，1978），第4輯，頁261。

6. 國立故宮博物院（編），《宮中檔雍正朝奏摺》，第2輯，頁603，雍正二年閏四月二十一日，禪濟布〈奏謝天恩並報接任日期摺〉。

的「民情土俗，一切地方事宜」。他向皇帝報告的都是些不甚
重要的事。例如他向皇帝祝賀征討羅卜藏丹津戰事的勝利，
談些琉球船隻飄風到臺澎地區、地方上的雨水糧價，以及那
年七月二十三、四兩日臺灣遭迅烈強風吹襲等等的事❼。然
而雍正卻一再的要他「應奏事宜，絲毫莫隱奏聞」，而且「一
切要據實」。

　　同年八月二十四日，當他對臺地實情有了相當的了解之
後，他向皇帝提出了一些改革當時臺灣兵制的建議，他的這
份具有建設性的報告，是以往清代官書中不曾披露的，現在
就將文中重要部分引錄如下：

> 1.陸路防守宜酌調馬兵也。臺灣水師有安平鎮、鹿耳
> 門、澎湖協五營，仰遵皇上指授方略，修整砲臺烟
> 燉，加以常川哨巡，周遭防衛，允稱盡善。第臣等
> 於陸師獨有請者，郡屬南北路，延袤幾三千里，地
> 方遼濶，山深林密，與水師營渺不相涉，雖鎮標與
> 南北二營，星羅棋布，然皆步兵防守，未設馬兵。
> 荷我皇上德威遐被，生熟番黎，傾心樂業，猶且安
> 愈求安，添防彰化，設汛崗山，規畫制度極詳且至。
> 獨念臺地游民實多，無室無家，恐有一二不肖之徒，
> 偶爾作奸，非馬兵不足以壯軍容而迅哨探。臣等籌
> 畫，請就今年換班之期，於步兵額數內，將四十三

7.國立故宮博物院（編），《宮中檔雍正朝奏摺》，第 2 輯，頁 620、721、764 等
處，「奏賀大捷」、「奏報外國番船漂泊入境」及「奏報雨水田禾地方情形」諸
摺。

營馬兵酌調三百名來臺，分撥鎮標三營，共一百八十名，以防郡治。又分撥鳳、諸、彰三縣營各四十名，以為犄角之勢。在四十三營兵目既無所虧，而於額餉亦無所增。一轉移間，各標營汛，既得馬兵，足備緩急之調遣，克振南北之聲援。至換班屆期，止換兵不換馬；倘遇倒斃，照例動支朋樁銀兩買補，可以無累營伍。臣等身歷地方，目睹形勢，不得不請酌調以鞏陸路之防維也。

2.兵餉支給宜就地變通也。臺澎官兵俸餉，除臺屬丁餉劃兌外，每歲赴藩庫約領銀一十四萬兩；重洋涉險，風信難定。臣等查臺、鳳、諸、彰四縣，每年額徵粟共一十三萬九千四百餘石，除臺澎各營歲支兵米三萬六千石，該粟七萬二千石每年尚餘粟六萬七千餘石，逐年積貯，必需添置倉廠。又臺地蒸濕，供粟陳陳相因，易致浥爛；而胥役之侵盜，又復百弊叢生，是徵存供粟，徒滋陳污侵食之虞，而兵餉全資藩庫，恐非計之得也。請將臺郡就田供粟之處，照各郡縣供賦折色例，計四縣倉粟留貯三十六萬石，足備五年兵食外，每年只派領徵粟七萬二千石，供一年兵食，其餘改為折價收銀，即留充臺澎兵餉。如管見未當高深，臣等再進一說，請將臺屬四縣倉粟循照存七糶三之例，每年將舊存粟石，於支放兵米外，酌量出糶，即充兵餉，其不敷銀兩，仍赴藩庫支領。不惟兵餉不須全資藩庫，而出陳易新，亦可免積粟紅朽之患矣。❽

　　我們知道：清有臺灣之後，並沒有在本地設置馬兵，主要的原因可能是臺灣既不產馬，而天氣又濕熱，不適宜馬匹的生長與繁殖。況且臺灣地區並沒有重大的動亂，水陸兵丁已可防守，馬兵也就不被視為必需了。然而到朱一貴事件以後，臺灣總兵官藍廷珍感到馬兵在運輸上與衝鋒時的重要，便接受了他族弟藍鼎元的建議，向省方提出「鎮標三營，城守一營，各設馬兵六十名；南路北路二營，各設馬兵八十名，共該馬四百匹，即在添設三千六百兵額之內，請旨配撥，先自內地帶馬來臺，以後換人不換馬」的主張❾。康熙最後還是認為臺灣雖經變亂，仍是不宜增設馬兵，這件事也就此作罷。禪濟布現在又舊事重提，只把設馬兵的數目略為減少。雍正對他的請求也沒有立即批准，只是把他的報告交給兵部「議奏」。其後不久，陞任水師提督的藍廷珍又上奏請在臺設馬兵五百人，倣照內地江、浙、粵、閩沿海各地「馬一步九」的規定減半辦理，雍正對他的建議卻直接了當的批示「臺灣養馬不宜，亦可不必者」❿。然而，禪濟布是雍正外放的親信人員，皇帝既把他的報告交發到兵部研究，兵部的官員當

---

8. 國立故宮博物院（編），《宮中檔雍正朝奏摺》，第 3 輯，頁 78–79，禪濟布〈奏陳臺灣營伍管見二條摺〉。此一奏摺不見於乾隆三年出版的「硃批諭旨」一書，大概在當時把此摺列入「未錄」或「不錄」的部分，這可能與高其倬任總督後，於雍正七年建議在臺灣裁去馬兵增置步兵一事有關，馬兵既已裁撤，乾隆初年出版此類資料，當然沒有再錄的必要了。

9. 藍鼎元，《東征集》，收入：《臺灣文獻叢刊》，第 12 種（臺北：臺灣銀行，1958），頁 33。

10. 國立故宮博物院（編），《宮中檔雍正朝奏摺》，第 3 輯，頁 122，藍廷珍〈奏陳臺灣善後事宜摺〉。

然不敢草率從事。到第二年，清廷顯然已經批准在臺灣「各營設馬兵三百名，以備緩急」，並且史料裏還記著皇帝是「准巡臺御史禪濟布、景考祥奏」（景考祥是繼丁士一來臺的，禪濟布提奏時他尚未來臺）而增設的[11]。實際上，到雍正三年 (1725) 的冬天，在臺灣一地的駐軍中，確已經有了馬兵。據禪濟布在當年十一月十六日驗閱大操之後，向雍正呈報情形時說「先到馬兵除分撥南北二營外，現在馬兵一百二十名」，「頗皆諳熟」。他又提到：

> 至於臣前奏請酌撥內地四十三營馬兵三百名防臺，經商鎮臣委員到廈看驗，如有廣馬、騍馬以及不堪者，發回更換，務要膘壯足額，以濟實用。現在催趕前來，俟齊足之日，另行具奏。[12]

可見臺灣馬兵之設，確是禪濟布巡臺之時所成就的。

另外禪濟布在奏摺中談到的兵餉就地變通之事，也是當時臺灣軍方與財政上的一個大問題。自康熙二十三年 (1684) 以來，臺澎班兵一年的兵餉約在二十五萬兩左右[13]，而臺灣內附之初，人口銳減，井里蕭條，這筆支用是無法籌措的。有人想以土產鹿皮、白糖等物外銷的款項來彌足，但商業獲利，沒有一定，而兵餉是需要按時發給，不能遲誤，因此後

11.蕭奭，《永憲錄》，卷1，頁17。

12.國立故宮博物院（編），《宮中檔雍正朝奏摺》，第5輯，頁450，禪濟布〈奏報臺灣營務〉。

13.薛紹元（等編），《臺灣通志》，收入：《臺灣文獻叢刊》，第130種（臺北：臺灣銀行，1958），頁681。

來又有將一府三縣的錢糧留臺抵用，不必解送福建藩庫的主張，甚至還有人計劃「將臺文武官庄出產，不論稻粟，糖斤等項，盡數充入俸餉項下」的種種辦法[14]。然而臺地一年的徵輸，並不足供應全部的兵食，不足的數額，都是由省方撥發補足。禪濟布這次提出將臺灣府屬臺灣、鳳山、諸羅、彰化四縣倉粟留儲三十六萬石，足備五年兵食，而每年在這四縣額徵的粟十三萬九千四百餘石中，除臺澎各營歲支兵米約需七萬二千石之外，其餘的改為折價收銀，留充兵餉，或者以存七糶三的方式，出糶積貯，充當兵餉，使臺灣兵餉不必全資藩庫，這確實是切合實際的好措施，也是杜絕官員舞弊的好辦法。這一建議似乎也被雍正接受了，因為《大清會典事例》後來記錄了這一制度[15]。

雍正三年是禪濟布在臺灣最重要的一年，也是他個人政治生涯中最重要的一年，在這一年中，他在臺灣的事蹟可以分以下幾點來敘述：

一、興建府城木柵

臺灣府城，初時未建城垣，朱一貴事件，全臺俱陷，確是因為無城難於防守的緣故。康熙六十一年 (1722)，福建水師提督姚堂因而在奏報臺灣事宜一摺中，說到「臺灣府治，宜

14.詳見《清史稿‧卷 261‧列傳 48‧吳英傳》；崑岡、李鴻章（等修），《欽定大清會典事例‧卷 255》，各省兵餉條；陳璸，〈臺廈道革除官庄詳稿〉，《陳清端公文集》，收入：《臺灣文獻叢刊》，第 116 種（臺北：臺灣銀行，1958），頁 19 等處。

15.崑岡、李鴻章（等修），《欽定大清會典事例‧卷 255》，頁 7，各省兵餉條載：「福建省臺灣，地居海外，應解司庫錢糧，就近抵作本地兵餉。」

建城郭」的主張。中央部議的結果，認為「臺灣在海外，無庸建城」，這是那一年三月間的事⑯。然而臺灣府城，在當時是全島政軍文教中心，又是四方雜處之區，往來人眾，奸良難分，所以禪濟布便向皇帝報告了建築木柵，以衛府城的簡單而又經濟的辦法：

> 臣查閱郡治，自荷國恩，休養至今，生聚日繁，閭閻稠密，而背山面海，一望曠遙，既為四方雜處之區，乃無一尺藩籬之衛，奸良往來，不易稽防；倉庫監獄，更關重大。臣再四思維，乃與陞任監察御史臣丁士一、鎮臣林亮、臺廈道臣吳昌祚，公同確商，建城則工料浩繁，壘土又沙浮易陷。臣等籌酌樹以木柵，其基三面環山，周經一千八百丈，每丈木植、釘鐵、灰土、人工料估用銀四兩。木長一丈六尺，下栽四尺，用石灰沙泥填築，以吸水氣，以杜蟻侵；木梢上頂，釘以鉤釘，用木板上中下橫連三道，大鐵釘釘固。每隔四十丈蓋小望樓一座，上安砲一位，撥兵支守於要衝之處。開闢四門，各築高大門樓一座，安設炮位。木柵之西，兩頭俱抵海邊，各設炮位，千把總輪值以司啟閉，以固屏障。臣與陞任御史臣丁士一、鎮臣林亮、臺廈道臣吳昌祚暨各文武弁員，皆協力公捐。復據闔郡紳衿士庶人等咸稱臣等籌畫，實為地方，郡有垣籬，民更安業，相率環署，籲請捐輸。又據臺灣縣知縣周鍾瑄詳同前由，士民皆懽忻踴躍，自一二尺起至一二

16.蕭奭，《永憲錄》，卷1，頁17。

丈不等，並無抑派，樂願捐備。今據臺廈道吳昌祚擬
擇本月（案：指雍正三年三月）二十七日興工，仍經報明
督撫，專委臺灣縣知縣周鍾瑄親董其事，經理收支，
召匠購料，工完造冊報銷。⑰

　　雍正也許對禪濟布真的寵幸有加，他不但不堅持臺灣「無
庸建城」的傳統政策（臺灣民變很多，清廷一直怕地方上有了城垣，
一旦失陷，官兵不易收復），相反地他還獎敘了這些主張建築木柵
的官員。他在上述禪濟布的奏摺中批寫了：「兩年來臺灣文武
官弁，與禪濟布等皆實心任事，即此建築木柵一事，籌畫甚
屬妥當，深為可嘉！著將摺內有名官弁，該部議敘具奏。」
　　禪濟布上奏的日期是雍正三年三月十六日，其時漢御史
丁士一因調升福建按察使已於一個多月前（二月十日）登舟回
閩了，而新任的漢御史景考祥則尚未抵臺（四月二十六日始進鹿
耳門），總兵林亮則遲到五月初八日才把臺灣建木柵的事，奏
報皇帝，可見這件事以禪濟布出力最多、最為熱心。不過府
城雖因木柵的興建益形安全了，但禪濟布與周鍾瑄之間，卻
因興建木柵而發生了衝突，終於弄得兩敗俱傷，為雍正年間
臺灣的官場掀起了一宗可怕的互控大案，這件事容在下文詳
述。

二、制訂理番政策

　　清代把臺灣地區的先住民稱為「番」，而那些不受地方政

17.國立故宮博物院（編），《宮中檔雍正朝奏摺》，第4輯，頁55，禪濟布〈奏明
　建築木柵情由摺〉。

府統馭的「番」則又叫做「生番」。雍正即位以後，臺閩官員奏報生番接踵歸化的很多，禪濟布當然也不例外，他在來臺後的一年當中，曾經至少三次報告了這方面的消息，並且讚揚生番歸化都是雍正「治隆虞夏、化邁成康」聖德影響的結果。不過皇帝對於他這種報喜不報憂的作風並不滿意，在雍正三年春間向他批寫了：「聞有生番傷人之事，為何未奏?」禪濟布在驚恐之餘答辯說：

> 查閱舊案，除康熙六十年以前，未設巡臺御史，其康熙六十一年、雍正元年及雍正二年春季，皆有生番傷人之案，而御史臣吳達禮、黃叔璥皆未陳奏。本年三月內，臣景考祥至福建省城，即聞有羅漢門兇番傷人之事，隨與原任總督臣滿保商議，據督臣滿保云：此係人命事情，地方官自當照例具奏者也。臣等一介庸愚……其有利弊所關督撫提鎮未及陳奏者，臣等自當據實奏聞，至於人命盜案等事，地方官自當照例具題，臣等何敢冒昧輕瀆聖聰![18]

不過，自此以後，臺灣凡有生番肇事傷人之案，禪濟布都一一仔細的奏報，甚至到雍正三年十月間，他還把那年春間發生的羅漢門傷人案也作了追記式的報告：

> 臣等查得本年二月十九日，臺灣之羅漢門地方有汎兵

18.國立故宮博物院（編），《宮中檔雍正朝奏摺》，第5輯，頁277，禪濟布〈奏報兇番傷殺汎兵摺〉。

林觀、董廣、楊捷、賴雲、齊歡等五名，奉差至坑口伏路，因天雨淋濕衣服，三更時分至路旁空草厝內，引火烘衣，忽有生番數人突入厝內，將林觀、董廣鏢傷斃命，而楊捷、賴雲、齊歡執械與敵，幸有巡夜兵丁接應，殺死生番二名，餘番逃竄山中，因夜黑未即擒獲，拾得鏢箭報縣。其齊歡被傷，亦於次日殞命。隨據諸羅縣知縣孫魯驗明并訊通事、土官等認看鏢箭，立即差押拏獲兇番三腳、陳麭蘭、雷高娘、答六阿篤四名，通報監禁在案。❿

同年八月間，彰化地方的番變他也寫了報告：

本月十七日三更時分，有生番數十人到庄放火，殺死佃丁林愷、賴戀、徐生、徐傑、劉洞、葉天恩、陳泰、林曉等八人，拾有番鏢、番箭、番刀等物，該縣隨即至莊相驗，通報各上司，設法捕獲。⓴

其他又如八月間諸羅打廉莊李諒被生番割去頭顱；十月十四日武勝灣社番酒後殺死吳儉等五人，以及同月二十日夜彰化南勢莊生番鏢死更夫林逸等二人的事，禪濟布都在奏摺中提到，據禪濟布的分析，番變的原因約有以下幾端：

---

19. 國立故宮博物院（編），《宮中檔雍正朝奏摺》，第5輯，頁277，禪濟布〈奏報兇番傷殺汎兵摺〉。此一奏摺在乾隆三年刊行之「硃批諭旨」第十五函一冊中也刊出了，只是內容不如宮中檔原摺詳盡。
20. 國立故宮博物院（編），《宮中檔雍正朝奏摺》，第5輯，頁280，禪濟布〈奏報嚴禁私墾摺〉。

1. 查歷年生番傷人緣由，皆因一二無知愚民，貪圖小利，入內山溪岸，非為樵採竹木，便是開掘水道，甚至踞其鹿場，而募丁耕種，無非自取其禍。

2. 生番性雖嗜殺，不過乘黑夜，值雨天，潛伏伊近界草間，窺伺人伴稀少，突出鏢殺，取人首飾金，以稱好漢，從不敢越內地有剝劫殺掠之患。

3. 兇番之性，等於豺狼，專以傷人為樂。每逢風雨之夜，即出山擾官，所以地方官員，立有界限，不許民人輕入生番地界；惟內地之偷渡而來者，不遵禁約，潛入其地，致遭毒手。

　　另外，禪濟布也在一次報告中談到藍張興莊番變的事，他說這一地方原屬諸羅縣，因近番地，官府不准人民入內墾殖。康熙四十九年 (1710) 官員才報墾立戶，命名張鎮莊，並且陞科，不久卻發生生番傷人事件。康熙五十八年 (1719) 甚至有九人被生番殺害，因此閩浙總督滿保下令「將該莊毀棄，逐散佃民，開除課額」，後來並「立石為界，不許民人擅入」，地方才因此又歸於平靜。雍正二年，由於提督藍廷珍委人赴該地召墾，自立莊戶，改莊名為藍張興莊，以致又發生了番變[21]。總之，在禪濟布看來，「番害」的原因，不外是漢人入墾時在番界一帶濬通水道，砍伐林木，侵占鹿場，私墾番地等事而起的；而生番性雖嗜殺，但絕少敢越界來剝殺漢人的，

---

21. 此處列舉番變之原因，請參看國立故宮博物院（編），《宮中檔雍正朝奏摺》，第 5 輯，頁 279、317、449，禪濟布所奏〈奏報生番傷人摺〉、〈奏報生番殺人摺〉等摺。

漢人既常常不遵禁約，潛入被殺，當然是自取其禍了。禪濟布似乎對「番人」帶有幾分同情，因此他不主張大動干戈，加兵於番社，他一直以為招撫立界為最佳的理番政策。雍正在當時也對他說：「招撫則可，剿摧不可輕動。」[22]這也就是禪濟布在臺任職期間不准其他官員以武力剿殺生番的原因，直到他離職以後，才有水沙連撫番的大舉戰役。實際上，到水沙連番平定之後，總督高其倬等人仍是主張「治番之法，最先宜查清民界、番界，樹立石碑」。雍正七年 (1729)，雍正下令在臺灣南路北路山口，生番熟番分界勒石，界外聽生番採捕，不准民人越界墾地搭寮，抽藤吊鹿及私挾貨物，擅出界外[23]。這些主張與政令，與禪濟布的想法是一致的，也許禪濟布以前的報告留給了雍正很深的影響吧！

三、發生互控案件

　　巡臺御史原先是一年一替任的，不過由於初設之年適逢康熙崩逝，中央政局不寧，所以從第一任的吳達禮與黃叔璥起，就沒有按照規定辦理，而命令他們多留任了一年。禪濟布一方面是雍正信任的「老實謹慎人」，同時他的表現尤令雍正欣賞。因此丁士一在雍正三年春間回閩任新職了，禪濟布

22.國立故宮博物院（編），《宮中檔雍正朝奏摺》，第 5 輯，頁 278。乾隆三年刊行的「硃批諭旨」將此一硃批改寫為：「生番乃未沾王化之人，爾等相機隨宜招撫則可，剿殺必致戕害生命，有傷天和，不可輕舉妄動也。」

23.崑岡、李鴻章（等修），《欽定大清會典事例・卷 629》，頁 8-9，「臺灣南路北路一帶山口，生番熟番，分界勒石，界以外聽生番採捕，如民人越界墾地，搭寮、抽藤、吊鹿及私挾貨物，擅出界外者，失察之該管官降一級調用，該上司罰俸一年。若有賄縱情弊，該管官革職，計贓治罪」。

則由都察院劄付通知他再任一年。禪濟布在巡臺一年期間，諸事既然「秉公無隱」的報告，當然也難免得罪了很多人。雍正三年秋間，正當他為設馬兵建木柵等事得到皇帝允准並嘉勉之時，雍正突然對禪濟布批說：

> 朕風聞爾臺灣文武不合，諸事異見，恐與地方無益，兵民受累！朕為此甚憂之。有則改，無則勉。朕若訪問的確，爾等當不起也！[24]

我們知道：雍正年間，密奏風行，雍正的耳目可以說遍布天下，臣工們的官箴操守，言行舉動，無一不在他的掌握之中，他給禪濟布寫下這樣一個硃批，當然不是空穴來風，而是有著相當根據的。

原來臺灣當時各官不和的事，早就傳聞到內地去了，連新任福建巡撫毛文銓在剛到福建上任的時候，就聽到這些消息了，所以在他向皇帝報告閩省地方事務的奏摺中便說到「今聞巡臺御史及鎮守各府俱大不相和，殊非地方之福」的話[25]。臺灣各官不和的情形究竟是怎樣呢？禪濟布後來在十月初七日的一份奏摺中說出了真象：

> 竊臣謭劣庸材，臺班末職，蒙皇上天恩，留任巡視臺

24.國立故宮博物院（編），《宮中檔雍正朝奏摺》，第 5 輯，頁 123，禪濟布〈請安摺〉後硃批。

25.國立故宮博物院（編），《宮中檔雍正朝奏摺》，第 5 輯，頁 247，毛文銓〈奏報地方政務摺〉。

灣，凡地方之利弊，吏治之賢否，靡不日切體訪。迺
有臺灣縣知縣周鍾瑄，貪婪不法，縱蠹殃民，臣同前
御史臣丁士一，當臺灣鎮臣林亮、道臣吳昌祚、前知
府高鐸俱在，諄諄告誡，欲其改過自新，以策後效。
奈任性不悛，臣訪有臺灣縣貢生吳素，本年肆月內，
強姦陳泰妻林氏鳴縣，周鍾瑄即提收監，未幾餽銀壹
千壹百餘兩，監生陳世淳過付即釋減案。復據鎮臣林
亮向臣并御史陞吏部給事中臣景考祥面白前情相符。
惟過付說係監生陳良因與科臣密商繕摺，科臣以未得
確供，訪聞安可具奏為阻。臣正查周鍾瑄木柵數目，
七月二十日據單開罰吳素造柵一百丈折銀四百兩。又
據臺灣府知府范廷謀為貪官不可姑容等事，於七月二
十二日詳到臣公署，二十五日鎮臣林亮、道臣吳昌祚、
知府范廷謀、同知王作梅、同周鍾瑄等，堅請掣回原
詳，據詳內稱：典史徐履謙說：罰造柵四十丈呈單內
罰一百丈，前後互異，周鍾瑄貪賍之跡，鑿鑿紙上，
而科臣景考祥說：我出京時，大司農張囑我照看周令，
抵閩省時，總督滿又以周令說我，且周令係我未會面
之同門，此言臣與道臣吳昌祚之所共聞也。臣奉批旨，
和衷二字，第一要緊，如有道不同處，只要秉公據實
密奏，不可匿怨而友以誤公務。欽此。日夜跪繹，至
八月內，屢請科臣景考祥列名具奏，科臣徑說此摺我
是不奏的，就是你參了，皇上必交與督撫審問，督撫
沒有不為他的。臣與科臣，凡地方事宜，皆和衷商議，
獨周鍾瑄一事，道不相同。過此則九月九降風時發，

海艘艱於駕馭。臣每念若此貪吏，終難姑容。況以貢
生犯姦賄脫，人愈玩法，蠹愈公行。八九兩月，即有
陳名控生員蔡宗亨強姦伊妻林氏、寡婦吳氏控生員施
必煥勒姦、盧氏控謝旺姦殺，冤民疊控，臺邑銜蠹洪
在、吳進、王璲、葉薦、林貴等府廳案審追贓。更異
者，周鍾瑄遣新港司巡檢查克成，於十月初六晚起更
時候，密餽銀三百兩為臣製造衣服，交臣家人阿爾登
格，另隨禮銀三十六兩。伏念臣之祖父及己身世世子
孫，永受皇恩拳養，惠澤綿長，今日豈敢通賄欺隱，
漸滅國法，原銀存據，不得不自首於君父之前！ ㉖

　　禪濟布為不欺君父，也把臺灣知府范廷謀的一份詳文抄
呈給皇帝過目，這份詳文的內容如下：

　　緣本月拾玖日，諸羅縣令辭行，據稱：景大人面諭，
　　有吳貢生犯姦一案，臺灣縣周令斷銀一千一百餘兩，
　　止發四百兩修造木柵，又給窮人數十兩，其餘七百兩，
　　太老爺親至臺灣縣衙門，坐至三更天，分三百兩而回。
　　景大人說我並無他意，嗣後叫他要改過，還是好相與
　　等語。卑府聞言之下，明知景大人格外之包容、孫知
　　縣關切之美意，但知府一官，承流宣化，原為一郡之
　　表率，今則取容於上憲，見憐於屬員，猶瞻顧不言，
　　靦顏立於民上，誠徇貔之不若矣，是用備陳始末，仰

26.國立故宮博物院（編），《宮中檔雍正朝奏摺》，第 5 輯，頁 256-258，禪濟布
　　〈奏報知縣貪婪不法案摺〉。此一奏摺，乾隆三年刊行本中沒有錄入。

祈鑒案。查此案於本年四月間，據臺灣周令稟稱：有吳貢生犯姦一案，若咨部黜革，又多一番事，現今修造木柵，缺少錢糧，可否罰他造木柵數十丈。卑府答以事關風化，似應律斷，即使造柵，亦不可輕易，還是追他貢單為是。卑府次日赴道稟知，蒙道憲面諭：此案未經成姦。卑府答以未經成姦，方是強姦，若已成姦，則和姦矣。大老爺學政衙門主持風化，周令意欲議罰，必定來稟，大老爺尚須斟酌。道憲答云：貴府說得很是。嗣後總未言。又過半月，臺縣徐典史來府，據稱：吳貢生犯姦一案，本縣罰他造木柵四十丈，又給窮人數十兩銀子，已經完案。……及周令來府稟知，卑府答以雖係因公議罰，似應詳明備案。周令答云：已經回過大人，道爺何必又動文書？卑府以周令才守向為各憲所推重，諒無差錯，亦置之不問，此案之始末也。至云親赴臺縣衙門，坐至三更分贓，更屬奇聞。五月二十一日，奉到督憲牌行懇乞睿鑒案內銀一萬四千餘兩，官庄租息撥補卑府，詳查並無著落。惟周令在臺日久，必知原委，當即差人傳請，周令以足病告假。是日下午卑府往送北路何參將，道經縣署，就便問病，兼詢前事原委，周令前後陳說，亦不過頓飲時候，天尚未暝，至半路方才起灯，且事隔月餘，何得捏做一時？況知府為錢糧總滙，各縣批解正雜錢糧，絡繹不絕，倘有餽遺，何難入於解項，登途直送，誰敢過問，何必親至縣衙，暮夜分贓，作此鼠竊狗偷之行徑？謗造小人，設心雖毒，其計亦左矣！天日在

上，神鬼難欺，奈何以無憑無據之事，直加於冰清玉潔之知府，誰肯甘心？查此案彼此傳言，皆係現任職官，受罰既有的人，過付豈無確證？非風聞可以入告，伏乞提出造謗之人，并一干當面對質，為卑府果有染指，立賜參處，律載枉法贓三百兩正斬……卑府願駢首通衢，棄屍大海，為魚鱉所吞食，以為背旨負恩者戒。如無其事，則造謗誣官之人，應照光棍例治罪，庶盆冤雪而國法伸矣。㉗

上引的奏摺和詳文，都是以前清代官私書檔中不見的，可以說是新發現的臺灣研究資料，我們從中可以看出：

1. 臺灣當時官員確是有不和的事實。
2. 禪濟布與景考祥這兩位滿漢御史之間也起了衝突，當然不能「釐覈案牘」、督察下屬了。
3. 官員間的不和與建造木柵經費不足以及官員的貪贓枉法有關，另外科舉出身官員間互相庇護照看，也與這一互控案有關。

雍正在上面的兩份文件上沒有批寫一個字；但是在同日禪濟布的另一封請安摺上卻寫了：「你所奏之事，乃爾職分中應奏聞者。凡百如此秉公無隱，甚屬可嘉，方不負朕之任用也。你是一老實謹慎人，凡百就行如此本分老實至誠好，再不要弄巧欺隱反成拙也。勉之！」皇帝既然認為這種秉公無隱

27.國立故宮博物院（編），《宮中檔雍正朝奏摺》，第 5 輯，頁 258-260。范廷謀此一詳文也不見清代其他書檔。范氏，浙江人，雍正三年任臺灣知府，四年調京。

的報告是「甚屬可嘉」的事，襌濟布便在同年十二月初，又
參了景考祥一本，列舉了這位當時實已離職的漢御史的若干
罪狀：

雍正參年貳月貳拾日，前御史臣丁士一陞任，臣望御
史臣景考祥蒞臺協同巡視，補臣不逮。奈自四月二十
七日到任，至十一月止，計七個月之間，親戚朋友，
自浙至者，自楚至者，擡輿至署，旋來旋去，絡繹不
絕，甚至商船戶徐廷盛、吳定安等之父子弟兄，出入
私衙，毫無顧忌，信任胥役，借端生事，冤民告訴，
批地方官訊問，該役不革問官不敢追究。更以福省同
年陳姓之侄隨任，冒籍彰化縣送府與考，臣恐御史衙
內之人，冒籍入泮，關係匪輕，疊經與道府說明矣。
臣念同舟共濟，每事勸止，置若罔聞。如雍正三年十
月初七日，臣奏臺令周鍾瑄一摺，景考祥竟未知覺，
且說此係小事，彼不列名，臣難獨奏。殊不思犯贓至
千餘金事，亦不為小贓，亦不為輕。景考祥原不在大
司農張、總督滿囑託照看，而實為自己同門情面所關
也。雍正三年十一月初九日，臣與景考祥等接到署總
督臣宜兆熊咨文，奉旨調回臺灣御史景考祥，授為福
建塩運使，即有謝氏控船戶吳定安之子吳宗為景御史
乾兒，希奪民人蔡恩聘妻張弁之女專娘為妾，毆媒阻
娶一案。又有墾戶龔帝臣控蔡天寶，於本年二月率黨
奪田，毆打佃人何兼，搶去油芥種子牛隻等項。五月
何兼傷斃，蔡天寶慮罪改名陳榮，充入景御史案下書

辦，十月內，倚勢到庄，將帝臣墾田遍插竹牌圍佔一
案，臣隨將陳榮革役，俱發臺灣府訊審，尚未結案。
其衙役林陛、劉德、胡吟等窩賭、宰牛、打架闖禍告
發案，據本月十九日景考祥送到胥役卯簿，林陛、劉
德竟不聽臣點驗，景考祥反代說先期差往福省矣。若
此攬黨縱役實蹟，臺之鎮道文武各官暨兵民人等所共
見共知也。臣一介旗員，委身事主，巡臺兩載，前總
督臣滿保、巡撫臣黃國材，委臺灣道府縣贈臣寒暑衣
服等費，折銀八十兩，臣領情反璧。諸羅縣孫魯贈臣
銀一封，幫助臣家人衣服及幕賓脯資等費，臣並不知
封內銀之多少輕重，一概辭謝。臣於貪令餽臣猶且不
受，而況一明白諸羅縣可默然受之乎？雖孫魯憐臣情
苦，臣亦無暗室受臣欺天以欺皇上。至於臺地紳袍貢
監，更絕往來，並嚴禁家人，不許擅出衙署，胥役不
許在外招搖，有犯必懲，此亦在臺鎮道府各官暨兵民
人等所共見共知也。且我皇上明燭萬里，無微不照，
臣安敢絲毫欺隱？為此據實繕摺，密差家人六兒齎奏
以聞。㉘

　　景考祥在臺任職漢御史為時不到一年，他是雍正三年四
月底抵臺履新的，九月初得朝廷命令回內地出任福建鹽運使，
十一月二十日離開臺灣。景考祥初來臺灣的時候，多少也有
些作威作福，他曾經對總兵官林亮有過微詞，而林亮與禪濟

28.國立故宮博物院（編），《宮中檔雍正朝奏摺》，第5輯，頁447-448，禪濟布
〈奏報官員不法事蹟摺〉。這一奏摺也不見於乾隆三年本「硃批諭旨」。

布卻相交頗善，巡臺御史又是當時有權勢的大官，因而在臺的文武官員就形成各自依附一方的現象了。福建巡撫毛文銓就向雍正提到過這件事：

> 今輾轉訪查，始知其概，而不和之中，惟獨巡臺滿御史禪濟布與漢御史今授運使景考祥為尤甚。臣聞禪濟布欲有所行，景考祥務必再三執拗，兼且每在他人前訾詈禪濟布操守不潔，材具不堪，所以禪濟布啣恨尤深。至文武中，如臺廈道吳昌祚、臺灣府范廷謀、海防同知王作梅、淡水同知王汧及陞任參將呂瑞麟等，皆直景考祥，而即為禪濟布所不悅。總兵林亮與禪濟布相得，而即為景考祥所不悅，不和之故，皆出於此。❷⁹

　　景考祥與禪濟布都是雍正派到臺灣來的「特務人員」，他們之間既然不能合作共事，發生不和，當然互控的事在所難免。景考祥在離臺任新職前，也向皇帝告了禪濟布一狀，列舉禪濟布的劣跡約有：
1. 發錢給書辦在城內開設小押舖，取六分高利。
2. 每年生辰，收受衙門各役餽送禮物。
3. 私製監院木籤，濫給船戶。
4. 每逢酒後，任性乖張。
5. 其他六項內容不明的罪狀。❸⁰

29.國立故宮博物院（編），《宮中檔雍正朝奏摺》，第 5 輯，頁 506，毛文銓〈奏報官員不和摺〉。

從以上禪濟布與景考祥奏呈雍正的密摺中，我們不難了解兩位御史都有挾怨的情弊，互控對方的行為卑污，官箴不潔。然而，景考祥不久就離開臺灣任所了，他們之間的互揭互參案件也隨之終止。

不過，禪濟布對周鍾瑄仍是毫絲不放鬆，而且在作風上也顯得有些過分。他竟派人搜查周鍾瑄的官舍，並查封了他的存銀一萬九千多兩，而不分青紅皂白的便指認這些銀兩是周鍾瑄利用職權，私加火耗的贓銀，因而使得周鍾瑄丟了官，後來被解送到福州等待審訊。

當然，禪濟布的這種專橫作風，也引起了不少人的反感，臺閩地區的官員，大多同情周鍾瑄，而不滿意禪濟布的苛嚴。福建巡撫毛文銓在雍正四年 (1726) 春天就在奏摺中向皇帝訴說了這樣的一番話：

> 臺灣縣解任知縣周鍾瑄，臣再四訪查，并歷問按察使丁士一、汀漳道高鐸、鹽運使景考祥等，俱稱：周鍾瑄實有才情，操守亦好，所到之處，甚得民心。前任諸羅，後任臺灣，人人愛戴等語。昨自摘印看守後，兵民無日不挑送柴米，甚至眾論紛紛，欲將該員搶出，先行帶赴省城，鎮臣林亮撥兵防守而止。如此情形，則周鍾瑄之為兵民愛戴，實不虛也。臣又知封點伊家產時，搜出現銀萬餘兩，巡臺御史臣禪濟布指為贓銀。查臺灣數年以來，前督撫兩臣奏請運浙及改撥漳泉并

30.國立故宮博物院（編），《宮中檔雍正朝奏摺》，第 12 輯，頁 405–406，史貽直等〈奏報審訊禪濟布等互訐摺〉。

發糶民食，約存穀價二萬餘千。臣現在疊檄嚴催買補，
歷據詳稱：臺地米價頓長，暫懇寬期，今豈可輒將此
項指作贓銀，實為冤抑。但臣又風聞周鍾瑄有借給臺
民銀三千兩，加二起息一端，然未審何項銀兩，并是
否實有其事，臣尚未深知，俟督臣高其倬到日，審訊
即明。臣總因皇上至聖統天，求賢若渴，周鍾瑄謝事
之後，民情既復如此，恐為禪濟布所搆陷，不敢不將
臣所聞者，一并據實奏聞也！❸¹

　　然而雍正似乎對禪濟布深具信心，他在毛文銓的這一奏
摺末端批寫了：

　　此事朕實難預定，兩下審明，方知是非也。你此見甚
　　偏！

可見皇帝心中也自有他的「偏」處，而毛文銓也從此動輒得
咎，在雍正之前的恩寵大衰了。

　　雍正既然說：「兩下審明，方知是非。」可見他是要審問
這一干官吏的。事實上，他在這一年的二月二十日就降旨給
大學士馬齊，說到「禪濟布、景考祥彼此互相參奏，俟總督
高其倬到任後，交與質審，此時禪濟布不便仍留臺灣，著回
福建省城暫住，以待質對」❸²的事。另外在禪濟布二月二十

31.國立故宮博物院（編），《宮中檔雍正朝奏摺》，第 5 輯，頁 693，毛文銓〈奏報
　官員官箴摺〉。
32.國立故宮博物院（編），《宮中檔雍正朝奏摺》，第 5 輯，頁 813，汪繼燝〈奏報

一日呈奏的請安摺上，雍正也批道：

> 朕安。你若無此一奏，幾乎了不得！此事朕即交與高
> 其倬審理。你放心，再不得冤抑你。幸有此奏，不然
> 朕皆被其愚矣！你一些不必疑畏，如果冤你，調爾等
> 來京，朕親復審。㉝

禪濟布也就因此在雍正四年四月十五日離臺赴閩，結束了他
巡臺的政治生涯。

　　同年三月二十六日，署閩浙總督宜兆熊與福建巡撫毛文
銓又會奏了一摺，其中也說：

> 臺灣知縣周鍾瑄業經奉旨解任，是非曲直，對簿自明。
> 臺灣御史臣禪濟布理宜靜聽督臣高其倬到日確審實
> 情，請旨遵行，豈可別生枝節，遺害海疆？查臺地人
> 民刁險，五方雜處，悉屬無家無室之流，最易煽惑為
> 非，即平居無事之秋，亦常造言生事，謗帖歌謠，偏
> 滿街衢，人心搖蕩，全賴文武達權通變，陰作提防，
> 陽為鎮靜，消弭奸慝，寧有反行指使，致生意外之虞？
> 乃禪濟布不念巖疆重地，惟欲加甚鍾瑄之罪，歷據各
> 員稟報，指使刁民聚集數十餘人，拆毀該縣糧書馬仁、

禪濟布卸任摺〉。汪繼燝，浙江秀水人，繼景考祥後於雍正四年來臺任巡臺漢
御史，在任滿之前即改補為吏部給事中了，同時是因丁艱先行離臺的。
33.國立故宮博物院（編），《宮中檔雍正朝奏摺》，第 5 輯，頁 631，禪濟布〈請安
摺〉語，文字頗有潤色，內容大致相同。

黃成等房屋，而臺灣全縣一十五里人民，並無一人在
場。現據十五里人民具結通詳在案；是以上聚眾者究
不識何項奸徒，今幸拿獲李好等四名解省，俟解到日
臣等即發臬司，務秉大公，不得毫髮偏徇，容審出實
情，另行請旨外，所有疊據稟報前項緣由，臣等不敢
隱匿，理合據實奏聞。

顯然這是一份對禪濟布不利的報告，不過雍正卻批示說：

禪濟布固宜靜聽高其倬，你等亦當遵旨靜待高其倬。
爾等即發臬司秉公審理，甚屬不合。恐禪濟布實情一
出，爾等真情亦難掩矣。此事大錯了！毛文銓一切料
理奏對，甚屬不妥！❸❹

由此可知，皇帝對禪濟布還是偏袒的。在專制時代的當年，
大臣們有誰能反抗帝王的旨意呢？這宗互控案審理的結果，
也可以由此推知出一些端倪來。

　　同年四月間，毛文銓也因臺灣地區不斷的番變而上書對
皇帝說：

查臺灣府彰化縣水沙連等社生番，因歷來從不繩之以
法，所以竟無忌憚。上年全臺文武，計議欲行，又為
禪濟布不從而止，以致即有大武郡新庄民李双等一十

34.國立故宮博物院（編），《宮中檔雍正朝奏摺》，第 5 輯，頁 755，福州將軍署閩
　浙總督宜兆熊〈奏報禪濟布不法摺〉。

一命，被水沙連等社生番殺死。[35]

似乎臺灣番變加烈也都是因為禪濟布阻止用兵，而採取招撫政策所帶來的結果，責任當然也就應該由禪濟布擔當了。這些推卸責任，落井下石的作為對雍正而言，是官場中常見現象，對他所產生的影響是不會太大太多的。甚至連新任來臺的御史汪繼燝在到任後不久報告事務所呈送的一件密奏，皇帝也留中不發[36]。「留中」就是不予處理，不示於人，相信這密奏中必有關於禪濟布的事。總之，在禪濟布等互控案鬧得嚴重以後，皇帝是站在禪濟布一邊的。

周鍾瑄、禪濟布先後由臺返閩，在福州靜候審訊，而在福建任鹽運使的景考祥，他本來也許可以補任布政使或按察使一類官職，不過由於他也是「互訐案內待質人」，所以不便派任，只得留在原任上等待新總督高其倬來審理定案再說。高其倬是雍正四年六月二十九日到達的，這樁互控案似乎也令他感到棘手，直到一年多以後他才審擬定案。他以為從此可以結案了，可是沒想到皇帝卻不滿意，並且否定了高其倬的判決，下令由新任福建巡撫朱綱等人重審。這件事我們可以從高其倬的一份報告中看出來。高其倬說：

　　臣欽奉皇上發交臣審周鍾瑄一案，禪濟布、汪繼燝、

35.國立故宮博物院（編），《宮中檔雍正朝奏摺》，第5輯，頁833，毛文銓〈奏報臺灣生番殺人摺〉。

36.國立故宮博物院（編），《宮中檔雍正朝奏摺》，第5輯，頁648，汪繼燝〈奏請聖安摺〉。

景考祥等奏摺共三件；又宜兆熊、毛文銓會奏摺一件，今此案已經臣審擬，業已另疏具題，仰祈睿鑒外，所有臣原欽奉到皇上發交臣奏摺四件，謹行恭繳。

雍正的硃批則寫道：

此事之議奏，可笑之極。看此事之辦理，若言知朕之意，痛改前非，實令朕疑而難信也。將原交原摺發回，與朕面諭此事之始末情節，一一備悉，著朱綱、許容知之。㊲

從以上的奏報與硃批中，我們可以看出：
1. 汪繼燝確實上過一份密奏，陳述臺灣官員互控案件。
2. 皇帝很不滿意高其倬對此案的結案辦法，認為是「可笑之極」。
3. 皇帝對這一案件有他的主張，而高其倬似乎沒有照著皇帝的原意去做，使得皇帝對他的作法「疑而難信」，因此要讓新任的福建巡撫再審。

新任的巡撫朱綱在這年的六月二日抵福建上任，可是他的身體一直不太好，雖然也「分行提審」過待質人等，但他並沒有定案，而且到同年九月初八日，他向皇帝報告他體弱

37.國立故宮博物院（編），《宮中檔雍正朝奏摺》，第 10 輯，頁 248，高其倬〈奏恭繳硃批摺〉。此一奏摺上的世宗硃批至乾隆三年出版時略有刪飾，其文如下：「此案之審擬殊屬可笑之至。即斯一事，據所辦理而論，若言已知朕意所向，痛改前尤，實令人疑而難信也。原交四摺仍復發回，爾將日前朕所面諭此案之始末情節，一一備述與朱綱、許容知之。」按朱綱是即將來閩上任的福建巡撫。

得不能審查，果然到九月十九日死於任所❸。

　　皇帝在未收到朱綱的奏摺說明不能審案之前，實際上就批派了內閣侍讀學士西柱前往閩省協同審理此案的工作。西柱於十月初五日到了閩省的建寧府，十一月十一日抵省城福州❸，而這時候皇帝又加派吏部左侍郎兼管戶部侍郎事的史貽直來主持審訊。史貽直與西柱都是中央派出的大員，當然比地方官員更懂得皇帝的「意向」，而且雍正還命令西柱樣樣事要與史貽直「同心合意為之」❹，所以此後審案的工作，可以說全由史貽直一人全權決定了。

　　史貽直於雍正六年 (1728) 十二月二十六日抵福州，過了舊曆新年以後，他就會同總督高其倬、巡撫劉世明以及學士西柱等人，開始審理這宗拖延快三年的官場糾紛案了。雍正七年二月初八日，他把審理的情形以及擬定的判決，以會審官員的聯合名義寫了一份報告給皇帝。他首先就周鍾瑄有關的部分作了如下的敘述：

　　　　臣等審查得原任巡臺御史禪濟布，摺參臺灣縣革職知

38.有關朱綱調用閩撫，起身赴閩以及抵達福建及病發等情形的資料，請參看：國
　立故宮博物院（編），《宮中檔雍正朝奏摺》，第 10 輯，頁 48、562、613 等處。
39.西柱是雍正六年八月二十八日由清江浦起程赴閩的，他抵閩後曾報告世宗有關
　情形，事見：國立故宮博物院（編），《宮中檔雍正朝奏摺》，第 11 輯，頁 613，
　〈奏報抵閩會審周鍾瑄摺〉。
40.國立故宮博物院（編），《宮中檔雍正朝奏摺》，第 11 輯，頁 614–615。西柱這
　一奏摺，乾隆三年刊本不載，雍正硃批有：「今差史貽直前往，件件與伊同心
　合意為之，切勿私毫涉於瞻徇容隱，或生事滋擾。諸凡不妥協處，一入朕耳，
　身家性命殊為可惜也！」措詞極為可怕，西柱赴閩審案當然唯史貽直之命是從
　了。

縣周鍾瑄，並與原任運使景考祥互揭一案。緣臺灣府治，向無城垣，雍正三年三月內，臺地文武各官，咸以郡城之內，錢糧倉庫，甚關緊要，公議捐建木柵，以資保障。本年四月內，適有臺邑貢生吳素，因強姦民婦林氏報官，周鍾瑄回明御史道府，均以調姦未成，議會從寬罰贖，遂於吳素名下，罰銀四百兩，令其建築木柵一百丈，報明在案。忽於六月內，禪濟布以周鍾瑄於建造木柵四百兩外，又多罰吳素銀七百兩，與知府范廷謀分肥，欲與景考祥列銜參奏，考祥以事無確據，未便奏聞，曾於屬員孫進見時，令其傳諭誡飭，周鍾瑄以証枉不甘，具稟各上司與辨冤，知府范廷謀亦即詳請御史並咨詳鎮道，欲求訊明虛實，禪濟布見事屬涉虛，遂於鎮道前將詳文當面發還，延至十一月內，復將此事參奏。今訊問分肥之處，不特周鍾瑄與范廷謀堅供並無此事，即質之出銀之吳素，與經管修理木柵之李欽文等，咸供實無其事。復又究詰禪濟布，據供這話原係已故總兵林亮所說。又供我摺子上原沒有奏范廷謀分肥等語，則其事無確據，明屬妄奏無疑。至禪濟布參奏周鍾瑄行賄銀三百六十兩之處，雖據周鍾瑄供係禪濟布令家人阿爾登格索要，現今嚴訊阿爾登格，堅不承認，刑訊之下，矢口不移，其為周鍾瑄餽送顯然。但審非有事營求，實無行賄情弊。再審查禪濟布等封過周鍾瑄銀一萬九千九十二兩零內一萬五千七百五十兩，實係周鍾瑄在任時，於雍正三年分，奉文平糶穀價，因時價昂貴，不敷採買，存貯買穀補

倉之項，歷有案卷詳冊報明在案。其餘三千三百四十二兩零，悉係臺灣縣應存雜項錢糧，皆有案據。以上搜出銀一萬九千九十二兩零，訊之經手各承核之歷年案卷，悉相符合，實非周鍾瑄己贊。再查封過周鍾瑄各項領狀開載銀九千三百八十兩零內，除二千二百八十兩，或係平糶穀價發給買穀補倉，或係周鍾瑄借人之項，及重疊悮開冊內者，業經核訊明白。尚有七千一百兩內，除周鍾瑄己贊三百五十兩外，其餘悉係周鍾瑄在臺任時，額徵正供穀四萬五千石，於每石外加收耗穀一斗，每年得耗穀四千五百石，每石五錢，值銀二千二百五十兩，在任三年，共計得加耗銀六千七百五十兩，即將己贊並所入耗銀，借給鹽商董聯成等，三分行利。銀八百兩借給業戶黃國英等，二分行利。銀五千六百八十兩，借給船戶鄧選等，無利。銀六百二十兩，雖據周鍾瑄供稱係加一徵收設法辦公，然查卷僅止五百九十九兩有零，委係因公捐解，其餘款項不符，礙難憑信。周鍾瑄違例加徵，放債圖利，罪實難逭。再查周鍾瑄借給施文標等，粟米三千五百石零，訊明或係出陳易新，或係散給兵米，悉有確據，並非圖利營私。又查房契四紙，載銀三百兩，訊係雍正二年分辦理鹽務之時，買作鹽館，久經造入鹽項冊內，並非私置。又查禪濟布奏稱搜查贊財之時，周鍾瑄供云：我這裏並無分毫錢糧。又稱檢查出札之時，周鍾瑄將書一封藏入袖內，范廷謀接去揉摶一團。又稱范廷謀向總兵林亮，求其撤兵，因林亮不依，范廷謀竟

拂意而去等語。今逐一確訊，不特周鍾瑄、范廷謀僉供並無此言，亦無此事，即訊之當日會同搜查之臺廈道吳昌祚，亦稱實未聽聞。復令周鍾瑄、范廷謀與之面質，禪濟布亦語塞詞窮，茫無以對。

由上引的審訊報告可知禪濟布參奏周鍾瑄的各項罪狀，有不少是與事實不符的妄奏，但是周鍾瑄私加火耗、舉放錢債等事，卻是違例犯法的，而且情節不輕。

史貽直在報告裏也把禪濟布參景考祥的各款加以說明：

再審查禪濟布參奏景考祥三款內，惟景考祥帶領年侄陳朝榮過臺冒考一款，訊係屬真。其參景考祥認船房吳聰為義子，及縱役蔡天寶與人爭地二款，舊卷審訊甚明，與景考祥無涉。

最後史貽直談到景考祥參禪濟布的部分，他說：

又審查景考祥參禪濟布十款，今訊明禪濟布，於巡臺時，曾發本錢九十吊給書辦張浩、嚴俊、門子林桐等三人，在本城內，開小押舖面，縱張浩等六分取利。自雍正三年四月起至八月止，開舖四個月，共得利錢二十一千六百文，原議官吏均分利息，復因開舖未久，禪濟布僅收本錢，將利錢賞給張浩等，未經收受。更於雍正三年十一月二十九日，禪濟布生辰，曾收受本衙門各役餽送銀壺一把、銀鍾四個，並雍正二年生辰，

亦曾收受過周鍾瑄盃緞等物。禪濟布俱各自認不諱。
他如私製察院木籤，濫給船戶；每逢酒後，任性乖張，
皆確有其事，難以掩飾。其餘所參各款，審與禪濟布
無干。又查禪濟布奏稱：臺邑十五里佃民，投遞匿名
公呈，擊破糧房馬仁、黃成房屋一事，雖經前撫毛文
銓審明發落在案，臣等恐尚有未經審出情事，復又提
犯細訊。委因里民劉轉等欠糧未完，周鍾瑄令糧房馬
仁等，前往確查，稟明嚴比，以致劉轉等遷怒承胥，
乘周鍾瑄離任之後，遂借端糾眾，投遞公呈。然審查
僅止毀擲磚瓦數片，實無搶奪衣服等事，業經分別首
從，枷責完結，毋庸再議。

史貽直在詳述審訊情形以後，向皇帝作了這樣的定案建
議：

以上各款，臣等俱一一秉公察審，實無遁情。周鍾瑄
於額徵正穀外，違例加派耗六千七百五十兩，除餽送
銀兩，舉放錢債，罪輕不議外，合依官吏非奉上司明
文，因公科欽所屬財物入己者計贓以枉法論八十兩絞
律，應擬絞監候。禪濟布係蒙皇上特差巡臺御史，不
能潔己率屬，收受屬員衙役餽送，又給發本錢，縱容
書辦張浩等，於部內典當財物，違禁六分取利，且諸
事任性，行止卑污，實屬有玷官箴，應請勅部嚴加議
處。景考祥參禪濟布之處，雖審明並無挾怨情弊，但
身為御史，奉命巡視臺灣，乃祖庇年侄陳朝榮，帶令

冒籍，亦屬不合，相應一併交部嚴加議處。范廷謀於搜查周鍾瑄貲財時，雖審無徇私情弊；但周鍾瑄係范廷謀本管屬員，違例加徵耗穀，並不查察揭參，實難辭咎，應與從前徇私不行揭報之各上司於題本內，逐一查明列參。至於案犯繁多，其應行究擬之處，及周鍾瑄、禪濟布各名下應行入官銀錢物件，統容臣等於題本內按律擬罪照追入官。[41]

　　雍正對史貽直所擬的判決批寫了「此審理擬處甚公！當詳明題到有旨」[42]。周鍾瑄後來被處以「絞監候」，這就是說

41.此一審訊經過詳情及所擬判決，乾隆三年刊「硃批諭旨」語焉不詳。清宮舊檔尚完整保存此一珍貴史料，請參看：國立故宮博物院（編），《宮中檔雍正朝奏摺》，第 12 輯，頁 404-407，史貽直等會奏〈審訊臺灣官員互揭案〉。

42.有關史貽直奏報上雍正的批語，《雍正朝起居注冊》是這樣寫的：「周鍾瑄依擬應絞，著監候秋後處決。禪濟布欲掩己過，密摺飾非妄奏，向來鑽營隆科多如走狗，實係卑汙無恥下賤之流，著革職枷號三個月，鞭一百，發往阿爾泰驛站效力贖罪。」文字顯見不同，而且又提到禪濟布與隆科多有親密關係，雍正重罰他是必然的了。禪濟布到邊疆軍臺效力五年之後，表現的情形似乎不好，兵部向皇帝上奏說：負責軍臺事務的官員五十四送來報告稱：「臺站效力人員噶哈常明、禪濟布並不盡心效力，查噶哈常明實無家產，應撤回交刑部治罪。禪濟布現有房地人口，應令該旗作速估變，解送臺站應用，仍將禪濟布照原議交部加倍治罪。」雍正看了這份奏報後降旨說：「禪濟布係卑賤鑽營，身獲重罪，發往軍站效力之人，乃敢忽玩支吾，希圖脫卸，甚屬可惡，著在該站地方枷號，伊若知罪，情願效力，將其效力如何，著五十四奏聞請旨。這本內奏請交與刑部治罪及房屋人口估變解送臺站之處，不必行。」由此可見，禪濟布的晚年是淒涼可悲的。請依序參看：中國第一歷史檔案館（編），《雍正朝起居注冊》（北京：中華書局，1993），第 4 冊，頁 2871；《雍正朝起居注冊》，國立故宮博物院藏本，十二年二月二十二日條。

他被處以死刑了。不過，所幸的是這一死刑判決並沒有很快
的執行，並且到雍正八年 (1730) 九月間還有了轉變，使周鍾
瑄獲得了生機。《清實錄》裏說：

> 戶部議覆，福建巡撫劉世明疏言：臺灣縣水衝沙壓田
> 園，自康熙六十一年至雍正四年，無徵粟石，應著落
> 從前不行詳報之知縣周鍾瑄等賠補；但自五年以律，
> 應徵原額，已奉旨永行豁免，則此項分賠粟石，亦應
> 一體予豁，以免離任窮員苦累。應如所請，從之。❸

顯然周鍾瑄到此時仍未處死，而且也不需分賠粟石。事
實上周鍾瑄後來還出任江陵府知府等職❹，雍正年間的大案，

43.華文書局（輯），《大清世宗憲皇帝實錄》（臺北：華聯出版社，1964），卷98，
頁 2 下。

44.乾隆五十九年崔龍見修《江陵縣志‧卷 17‧秩官》，文職、知府條，稱鍾瑄「雍
正八年任」，十一年，三里司堤潰，鍾瑄奔走呼籲，建築堤防，鄉人為感其恩，
稱為「周公堤」。有關周鍾瑄的官場生涯，《雍正朝起居注冊》中記載不少，如
雍正八年九月初一日條：「戶部議福建巡撫劉世明奏臺灣縣自康熙六十一年水
衝沙壓田園歷年無徵粟石，至雍正五年蒙恩豁免，其從前欠項著落不行詳報之
歷任知縣周鍾瑄等賠補，但該員等委係無力，應否一體豁免，請旨遵行一疏。
奉諭旨：此項無地可徵粟石，著照雍正五年以後之例，一體豁免。」這為周鍾
瑄減少極大的經濟負擔。同年九月二十一日又記：「福建臺灣縣革職知縣周鍾
瑄引見，奉諭旨：周鍾瑄著署理湖廣荊州府，果能實心整理地方，三年具題實
授。」沒有等到三年，湖廣總督邁柱就有奏報告來了，說「查荊州府係滿漢官
兵駐劄之地，又臨孔道，最為緊要，該員到任以來，僅能循分供職，隨常辦
事，未見果優之處」。雍正看後降旨：「周鍾瑄才具可用，或有不妥協之處，則
未可定，而非僅能循分供職之員，況甫經到任，難以確定，著留原任，再試半
年。」可見皇帝還是相當器重他的。雍正十年六月二十六日，《雍正朝起居注

根本沒有影響到他的政治前途。

在給禪濟布的巡臺事蹟作了一番考察之後，我個人有幾點感想，願意在此一併寫出，作為本文的結尾：

㈠清代臺灣，由於遠隔重洋，吏治不清的事，可以說是由來已久。巡臺御史之設，原因即在於此。禪濟布來臺的主要任務是督察文武，盤查倉庫等項，參奏周鍾瑄也是無可厚非的。但是周鍾瑄私加一成火耗實在不應該看作是什麼大罪，因為康熙末年皇帝曾說，官員私徵百分之十五的火耗都是清廉之人，況且雍正二年臺灣一地尚未實行火耗歸公的政策，周鍾瑄為上級長官送禮與幕賓們的舖資，籌措這筆收入是可

冊》中又記：邁柱奏稱：「查該員（案：周鍾瑄）自留任以來，辦理事務俱能奮勉向前，請帶所降之級留任，果能整理地方，三年具題實授」，皇帝降旨：「該督既稱周鍾瑄辦事奮勉向前，著照所請，帶所降之級留任。」同年十二月二十二日，皇帝降旨正式寬免了周鍾瑄的追賠借帑。不過周鍾瑄最後還是讓皇帝失望了，也就此結束了他的政治生命。《雍正朝起居注冊》，十二年二月二十四日記：「大學士鄂爾泰、張廷玉奉諭旨：周鍾瑄居官不職，前經總督邁柱參奏，朕已降旨將周鍾瑄玩忽貼悞之堤工，令其出資修築，俟工竣之日，該督撫具奏請旨。今聞得周鍾瑄任內兼管荊關稅務，將商民補色銀每年六七百兩，隱瞞入己。又將荊倉南米斛面朘削，各屬米石甚多。又收修倉庫等費約三千餘兩，而倉廒並未修整。又侵沒落地稅銀並違禁私設虎渡關，遣伊子坐守，徵收盡歸私槖，朕所聞知如此。周鍾瑄前在臺灣知縣任內，係獲重罪之人，朕格外寬宥，且加特恩，令其署理荊州府知府印務，豈料下愚不移，不但行事乖張，怠玩公事，且贓私纍纍，劣蹟昭著，人臣負恩，莫此為甚！荊關稅務係巡撫專司，著該撫德齡將周鍾瑄侵蝕各欵，逐一究審追擬具奏，毋得絲毫徇隱，以為人臣狡詐負恩者之戒。」儘管《江陵縣志》說當地人對周鍾瑄的印象不差，但政治鬥爭是現實無情的。請依序參看：《新修方志叢刊‧湖北方志之十二》（臺北：臺灣學生書局，1970），頁61；《雍正朝起居注冊》，國立故宮博物院藏本。

以諒解的，在清代官場中也是不足為怪的事。

當時互控案之所以鬧得如此之大，我個人以為可能還有另外的原因。雍正初年，皇帝喜歡重用旗人（包括漢軍），分赴各地，報告地方實狀與官員行事，必要時可上奏參劾，這是帝王對地方強烈關心的一種表示。不過，這批皇帝的耳目，有利用他們的職權在各地擅作威福；也有為迎合皇帝的嚴厲作風而苦累官民；更有「待士暴虐」專門打擊科舉出身官員與鄉紳。雍正本人極為憎恨除他以外的各種特權階級，無論是貴族方面的也好，官僚與讀書人方面的也好，他一概都要打倒；而清代的官與紳常因科甲關係結合得很緊，惡勢力最大，因此凡有官員互控時，皇帝往往偏袒他的親信，以削除科甲結黨。即使他發現他藩邸舊人或差派的耳目確有誣陷他人時，皇帝仍支持他們。他所要求的是他的親信不負恩於他，不貪污苟且，一心整頓官場，銳意從事改革就好。

幾乎與臺灣官員互控案的同時，河南省也發生了類似但更嚴重的政壇風暴，當時的巡撫田文鏡是藩邸老人，為了參革不法官員，剷除官場的玩愒惡習，與地方官紳發生了大鬥爭，河南官紳後來竟利用科甲勢力，發動京中大員及外省疆吏聯合參奏田文鏡，最後甚至證實田有欺君之事，但雍正並未因此處分田文鏡，反而安慰他說：「闔省之廣，屬員之眾，焉得人人不謬，事事無舛?」「經歷如此境遇，正乃上天所以玉成於汝也。」終於為田文鏡開脫了罪嫌，河南一省的吏治也因此得到一時的清明。禪濟布在臺灣與科甲出身的官員互控，皇帝一直偏護這位滿洲御史，其中原因我們也可以從田文鏡的事件中得著一點新解釋。當然這也是皇帝利用田文鏡、禪

濟布等的一種手段。

　　㈡禪濟布在巡臺的兩年當中，對臺灣府城的木柵建造，臺灣馬兵的設立，兵餉籌措的變革，番漢問題的解決等等，都可以說是值得我們注意的大事，也是整個臺灣開發史上值得注意的一些成就。他忠於雍正，力求表現，不能不說是位盡責的好官。他辭謝孫魯的贈金，拒絕周鍾瑄的餽送，將小押舖的營利賞給書辦，把巡撫帶來的製衣費原璧歸趙等等，似乎可以說明他是一位清苦但廉潔的御史。他的苛嚴手段，應該解釋為雍正初年若干官員，特別是皇帝寵信官員們的普遍現象，共有的特性。臣工們為要迎合帝心，為要爭得帝寵，在當時是必需的。幸而周鍾瑄也不是一位十足的貪官，他原本是一位「性慈惠」，「又雅意文教」的循吏，他的「長才遠識」以及「捐俸助民」政聲早經遠播了，中央又有大司農、地方有督撫幫忙，加以雍正的真正目的在整理地方，不是盲目殺人，因而周鍾瑄終究獲得了赦免，沒有造成可怕的悲劇。不過，像這樣的官場糾紛，如果經常發生，而各地都有的話，也非地方之福。不但在人事上容易造成結黨鬥爭，在行政上也妨礙正常工作的推行。乾隆以後，巡察御史的一再改制，時設時省，終致廢除，可能與這層原因有關吧！

　　㈢清代臺灣地方衙門的檔案資料，由於天災戰禍以及氣候熱濕等原因，多數已經毀失不存。目前我們所能看到的僅止《淡新檔案》，劉銘傳撫臺前後檔案以及一些告示、契約、納糧收執等的古文書而已。如果以這些資料來研究清代臺灣的史事，是絕對不能竟其全功的。所幸清代地方衙門都有以題奏陳報中央的制度，因此，無論臺閩官員的報告，皇帝的

批示，或是中央政府的政令，京城裏都有系統加以保存。清朝覆亡以後，這些檔案有歸故宮博物院收藏保管，也有被中央研究院從失散到民間的私人處購得，現在很多有關的材料都在臺灣，尤其是國立故宮博物院的軍機檔與宮中檔。因為臺灣銀行當初不及收錄出版，所以到目前知道這些珍貴資料的人還不多，利用過這批史料的人則更少。本文完全因為有這批檔案，才能把禪濟布的巡臺事蹟與互控案的詳情鈎考出來。我希望讀到這篇著作的人，今後都能設法參考這些清宮裏或內閣、軍機處的珍貴檔冊，為臺灣研究寫出更好更有深度的文章。

從清代檔案看雍正治臺 ❶

清朝入關之後，順治一朝，各地反清運動迭起，動亂頻仍，國家分崩離析。康熙即位之初，除中央由跋扈權臣把持之外，地方上也是四分五裂，雲貴兩廣被軍閥割據，臺灣為鄭氏治理，蒙藏地區則分別由本族政教領袖統治，根本不奉行中央的政令。不過，康熙皇帝是一位傑出的君主，在他親政的幾十年間，不但剷除了權臣的勢力，提高了皇權，同時也逐步實現了他集權中央與統一國家的願望。在他長期艱苦的經營中，我們發現他的邊疆地區統一事業是在複雜過程與多種方式下完成的。例如喀爾喀蒙古的歸附，他是採用和平的方式；對三藩、臺灣與準噶爾則是以武力實施統一；對西藏是由間接管轄變為直接管轄以達成統一的目的。特別是臺灣的附清，採行與內地相同的府縣地方行政區制治理，與其他邊疆地區不同，很值得吾人注意。

康熙二十三年 (1684) 四月，清廷決定劃臺灣為一府三縣，隸福建省，顯然是與臺灣多年來為鄭氏家族統治，早已形成漢人墾殖社區等事實有關；不過康熙皇帝早年對臺灣始終心

1.原文刊載於：《故宮學術季刊》，19.1（臺北，2001.06）。

存疑慮，恐怕成為亂源之地。為了濱海地區居民的安寧，為了國家的統一，他才「興師進剿」的。至於臺灣的守棄，他似乎不很重視。就在鄭克塽降清之後，他曾說「臺灣屬海外地方，無甚關係。……即臺灣未順，亦不足為治道之缺」❷，又說「臺灣僅彈丸之地，得之無所加，不得無所損」❸，可見他並沒有一般帝王由邊疆地區疆域大一統，進而發展到全面治理的積極態度。即便到臺灣內附三十年後的康熙五十三年 (1714)，皇帝對臺灣開發與治理仍不積極。當年的十一月十五日，福建巡撫覺羅滿保上奏請求允准開墾諸羅縣以北地區，並說明「若該地區俱行墾出，則於地方有益，對錢糧亦有益處之事」。皇帝不以為然，對覺羅滿保批示「在臺灣地方廣行開墾，招募多人，乃為眼前耳。日後福建地方無窮之患，將由此而生也」❹，顯然康熙皇帝是怕來到臺灣開墾的人多了，會成為後患，正像他對治河、開礦等大工程的想法一樣，怕聚集的人多了，「恐生事端」，為了「務求安靜」，一切對地方有益的事都可以停辦，對臺灣的墾拓開發事業，也不例外。

可是康熙帝「以不生事為貴」的想法是不切實際的，臺灣地區就因為「多事不如少事」而產生了官員因循玩愒、貪瀆肥己的腐敗政風，終於導致康熙六十年 (1721) 朱一貴反清稱王的大事件，一時全臺大亂，府城淪陷，文武官員或死或

2.中國第一歷史檔案館（整理），《康熙起居注》（北京：中華書局，1984），第2冊，頁1076。

3.中國第一歷史檔案館（整理），《康熙起居注》（北京：中華書局，1984），第2冊，頁1078。

4.中國第一歷史檔案館（編譯），《康熙朝滿文硃批奏摺全譯》（北京：中國社會科學出版社，1996），頁983。

逃，情況至為危急。雖然不久後清廷發大軍來臺，平定民變，並檢討變亂緣由，擬作改進，不過第二年康熙皇帝即病逝，興革計畫都幾乎未能實施。

雍正繼統之後，有鑑於朱一貴事件的教訓，使他有了新的治臺指導思想。他不但主張多事，變消極為積極；同時更屬行務實政策，以達到守衛邊疆、鞏固政權的目的。以下各項，可以作為簡要說明：

一、調整臺灣的職官制度

臺灣在附清之後，規劃為一府三縣，知府與知縣是地方上的牧民首長；不過在他們之上還有一位分巡臺廈兵備道的大官，這位道員有管理文武職官的大權，並兼理學政，是一位總攝行政、軍事與教育大權的長官。朱一貴事件發生時，當時的分巡道梁文煊不戰先逃，事後清廷乃革其鎮撫武職之權，去兵備銜，改為分巡臺灣道。同時為了有效管理臺灣，皇帝在康熙六十年十月初五日下令：

> 每年自京城派出御史一員，前往臺灣巡查。此御史往來行走彼處一切信息，可得速聞。凡有應條奏事宜，亦可條奏，而彼處之人，皆知畏懼。❺

這是在臺灣設置巡臺御史的由來。

巡臺御史派出的時間可能是在康熙六十一年 (1722) 初

5.華文書局（輯），《大清聖祖仁皇帝實錄》(臺北：華聯出版社，1964)，卷295，頁3。

春，有人說正式派令頒發於正月初八日，當時派出的御史是滿漢各一人，他們的地位很高，「與督撫皆平行」，有「稽察非常，整飭營務」的專職大權❻。也有人說巡臺御史權力很大，管理事務很多，如「釐覈案牘，查盤倉庫，閱視軍伍，周巡南北疆圍」等等❼。不過，當時巡臺御史的設置並沒有制度化，直到雍正登基之後，認為臺灣是海疆重地，中央最好能有比較特殊的管理措施，乃將巡臺御史確定為官制，並擴大其職權，作為皇帝派駐臺灣的耳目。雍正又因為臺灣渡海不易，島內情況有別於內地，他決定讓御史多熟悉臺灣情形，而且利用其經驗及對地方的知識，便於行使職權，增強管理效果，乃命巡臺御史由每任一年而變為再留任一至二年。另外滿漢御史換屆調補日期，不在同時舉行，以先後交叉方式，新舊並用，使大家的經驗得以傳承，以利監察工作。皇帝認真的選派巡臺御史，御史們又能直接以密奏上報皇帝，因而皇帝經常可以獲得最新第一手的資料，對臺灣管理而言，顯然大有助益。

至於分巡臺廈兵備道一職，在雍正四年 (1726) 十一月底，閩浙總督高其倬曾上奏懇請改制，他說：

> 福建形勢，臺灣最為緊要，而廈門、澎湖係其咽喉鎖
> 鑰之處。廈門地方駐兵既多，而五方雜處……奸盜頗

6.蕭奭，《永憲錄・卷1》（臺北：文海出版社，1959），康熙六十一年正月甲午日條。

7.朱景英，《海東札記・卷2・記政紀》，收入：《臺灣文獻叢刊》，第 19 種（臺北：臺灣銀行，1958），頁 17。

多，管查辦理，其責綦重。……而廈門歷來則以隔兩重大洋之臺廈道兼轄，只有虛名，並無實際。駐廈門者僅一泉州府同知，一切各事，責之於彼，員輕勢既不重，事繁力亦難周。澎湖又僅有一巡檢微員，而與副將對掌文武之任，司監放糧餉，稽查偷匪，愈覺輕微，均難資彈壓辦理之益。臣初到任時即覺甚未妥，今又再四留心細察，實應行籌酌。查廈門係泉州府同安縣所屬之地，興泉道原係兼轄興化、泉州二府之員，而以廈門割屬隔海之道員，既已鞭長不及，而泉州一府之中，已有專司之知府，亦無庸更令興泉道同居一城。臣愚昧之見，請將興泉道移駐廈門，管理一切事務，而以現在之同知佐之，則於彈壓料理事勢既覺妥協，管辦更為親切。至澎湖之地，臣請添設臺灣府通判一員，駐紮管理，而將巡檢裁去，似于監放巡查諸務，亦似有益。**❽**

　　雍正認為他的建議「措施甚屬妥協」，命他另具正式題本，送達中央，這也是不久之後以興泉巡海道專駐廈門，臺灣則專設分巡臺灣道的由來。雍正日後又覺得臺灣道不必再管提督學政事務，應交給巡臺御史兼管。由於改制後的這一臺灣最高長官又兼統澎湖地區事務，因此有時又被稱為分巡臺灣澎湖道。至於澎湖在雍正五年 (1727) 增設通判一員，稽查船隻，管理錢穀，也是此一調整官制後的副產物。

8. 國立故宮博物院（編），《宮中檔雍正朝奏摺》（臺北：國立故宮博物院，1976），第 7 輯，頁 29–30。

除以上兩大高階官員作調整或制度化之外，雍正九年至十一年 (1731－1733) 間，又因需要，移臺灣縣丞於羅漢門，新設鳳山縣丞、諸羅縣丞、鹿港巡檢、貓霧捒巡檢、竹塹巡檢、八里坌巡檢❾、全臺保甲局等專司職官，以利地方政務推行，並維護全臺的秩序安定。

二、增劃臺灣的行政區域

臺灣原設一府三縣，朱一貴事件之前，就有人認為北路諸羅縣轄地遼闊，遠離府城，很難治理。除原住民與新移民常有衝突外，又發生過海盜登陸的騷亂事件，因此擔任諸羅縣知縣的周鍾瑄就提出應將北路半線「改置為縣治，張官吏、立學校，以聲明文物之盛」，他又主張：

> 於半線別置遊擊一營，……鎮以額兵一千，分守備五百，設巡檢一員於淡水，分千把總於後壠、竹塹。使首尾相顧，臂指相屬。……即淡水至山後三百餘里，望風悚息，永無意外之虞矣。❿

不過他的增設新縣以及加強北臺灣兵力的主張，沒有得到清廷中央的回應。康熙六十年，朱一貴事件發生，清廷震驚，事後大臣在研議善後問題時，駐南澳總兵藍廷珍同意他族弟

---

9. 華文書局（輯），《大清世宗憲皇帝實錄》（臺北：華聯出版社，1964），卷 103，頁 5。

10. 周鍾瑄（等編），《諸羅縣志‧兵防志》，收入：《臺灣文獻叢刊》，第 141 種（臺北：臺灣銀行，1958），頁 111。

藍鼎元的看法，向上級官員提出積極開發北部臺灣的建議，
希望：

> 劃諸羅縣地而兩之，於半線以上，另設一縣，管轄六
> 百里，……草萊一闢，貢賦日增，數年間，巍然大邑
> 也。半線縣治，設守備一營，兵五百，淡水八里坌設
> 巡檢一員，佐半線縣令所不及。❶

朱一貴事件後一年多，康熙皇帝病逝，臺灣北部增設行
政區事也因而未見下文。雍正繼統後，在巡臺御史吳達禮與
黃叔璥等人的奏請下，皇帝作了肯定的答覆；不過在雍正做
出決定之前，有一位名叫赫碩色的工科給事中，曾經給皇帝
進呈一份滿文密摺，摺中說：

> 康熙五十三年，奴才蒙聖祖仁皇帝差遣繪製地圖，曾
> 經到過臺灣。見臺灣所屬地方很大，南北長及千餘
> 里。……現臺灣所屬地方，雖然設有大大小小文武衙
> 門，但官員俱住於臺灣府，一年僅出巡幾次。竊惟如
> 此極邊之地，官員一年只出巡幾次，不但不能詳知地
> 方番民之利害，一旦有突發緊急之事，該守官員亦不
> 得而聞。❷

11.藍鼎元，《平臺紀略》，收入：《臺灣文獻叢刊》，第14種（臺北：臺灣銀行，
　　1958），頁30-31。

12.中國第一歷史檔案館（譯編），《雍正朝滿文硃批奏摺全譯》（合肥：黃山書社，
　　1998），頁29。

這份報告可能也多少起些催化作用，因為在皇帝看了這份密奏後半年，即雍正元年 (1723) 八月初八日，中央終於有了結論，清官書中記：

> 巡視臺灣御史吳達禮奏言：諸羅縣北半線地方，民番雜處，請分設知縣一員、典史一員。其淡水係海岸要口，形勢遼闊，並請增設捕盜同知一員，均應如所請，從之。尋定諸羅分設縣曰彰化。[13]

從此臺灣行政區域中又多增了彰化縣與淡水廳。

彰化縣與淡水廳的增設一時為臺灣北部治安解決了一些問題，但是澎湖一直是臺灣的門戶，尤其在朱一貴事件中凸顯其重要地位，當時臺灣全島幾乎盡失，澎湖則在清軍控制之下，成為日後恢復臺灣的基地，因此在雍正四年底，如前文所述，閩浙總督高其倬就提出應將澎湖升格的建議，第二年二月十七日清廷下令「添設臺灣府通判一員，駐澎湖，裁澎湖巡檢一員」[14]，澎湖諸島乃成為臺灣另一行政區，即澎湖廳。自此臺灣行政區計為一府四縣二廳，這也是雍正積極治臺的一項結果。雍正九年至十二年間，清廷又依福建地方官員之請，允准將臺灣、鳳山、諸羅三縣間之界線略作調整。此事雖非新創，但也是臺灣行政區域在當時的一種變革[15]，

---

13. 華文書局（輯），《大清世宗憲皇帝實錄》，卷10，頁7。

14. 華文書局（輯），《大清世宗憲皇帝實錄》，卷53，頁23。

15. 華文書局（輯），《大清世宗憲皇帝實錄》，卷103，頁5、8等處。國立故宮博物院（編），《宮中檔雍正朝奏摺》，第17輯，頁401及范咸《重修臺灣府志》、劉良璧《重修福建臺灣府志》等書均可參看，惟臺灣早年方志均記此事在雍正

當然是對管理臺灣地區有助益的。

三、慎用臺灣的文武官員

雍正對於用人非常重視，他一直把用人看作是行政的第一大事。他常說：「天下惟以用人一政為本，其餘皆枝葉事耳。」❶臺灣更因遠離大陸，他極為同意福建官員的看法，如總督高其倬說的：「臺灣緊要，處處必須得人，方能辦理妥貼。」「臺灣府知府一官，地隔重洋，獨當一面，緊要之事，不能詳候上司批定，皆須先自決斷、隨機料理。地方民雜人刁，必須人地相宜之員，方能妥協辦理。」❶因此雍正對臺灣文武官員的任用，有以下可以注意之處：

㈠不按人事條規用人

雍正元年二月初一日，閩浙總督覺羅滿保上奏，談到澎湖水師協鎮羅光乾任期屆滿，兵部決定調派福州將軍屬下副將戴憲宗補任，滿保認為戴憲宗「現年七十有餘，適又染病在身」，似不勝任，建議改由出身廈門水師的聶國翰調任。不過聶國翰已被任命將往桂林擔任副將，雖人在福建尚未赴任，但與部例不合，所以他上奏請皇帝特准，雍正給他的答覆是：「爾此奏甚是，俱依所請。……若有于例不合之事，爾惟具本陳明，部雖援例議擬，朕准依所請，豈不一樣。」❶聶國翰後因其他事故未能赴臺，但雍正用人的態度由此可知。又如

十二年。

16. 國立故宮博物院（編），《宮中檔雍正朝奏摺》，第 6 輯，頁 420。

17. 國立故宮博物院（編），《宮中檔雍正朝奏摺》，第 7 輯，頁 279、449 等處。

18. 中國第一歷史檔案館（譯編），《雍正朝滿文硃批奏摺全譯》，頁 22。譯文中羅光乾之「乾」字譯為「謙」，誤筆，特注。

臺灣千總何勉在雍正元年春間，率兵深入鳳山密林山區，擒獲朱一貴事件中追緝多日的王忠等人，雍正得到覺羅滿保的奏報之後，隨即批示：「何勉如此可愛可嘉，朕閱暢然。……著將何勉即照爾奏補放，再有宜用之參將缺出，即指名補任。」同年七月二十日，覺羅滿保又向皇帝報告：何勉「以效力擒獲要犯，皇上殊恩繼補任守備後，又擢任參將」。雍正更強調批示：「此等卓異效力人員，理應施以殊恩。」[19]這也足以說明皇帝對於臺灣用人是可以不依國家人事法規而行事的。

㈡小心選用出色官員

雍正二年，臺灣道員陳大輦於正月間中風，覺羅滿保以臺灣道地位重要，而陳大輦已右側手腳癱瘓，難以效力，所以奏請皇帝選派賢員補任。皇帝知道陳大輦在臺灣「安輯流亡、撫綏部落」，平定亂事等方面很有功勞，並且重修海東書院，在文教工作上也有貢獻，所以命令滿保：「也許無甚妨礙，俟好轉後朕將另行超擢任用，將此旨轉告後，令伊好生調養。」[20]可見雍正深知獲得好官不易，一時還不想另覓人選，其憐惜人才之情，可謂溢於言表。不過陳大輦後來在三月初二日病故後，滿保再奏請速派臺灣道員，皇帝終於派了吳昌祚繼任。雍正對吳昌祚的任命顯然還不是十分滿意，他曾問覺羅滿保說：

19.中國第一歷史檔案館（譯編），《雍正朝滿文硃批奏摺全譯》，頁105、284等處。譯文將何勉譯為何明、何綿，均誤。
20.中國第一歷史檔案館（譯編），《雍正朝滿文硃批奏摺全譯》，頁680。

此吳昌佐（案：係「祚」字之誤）聲言與爾相識，數名大臣以卓異保荐，故此任命後派出。朕已嚴加教導後派出，但此人朕心裏似乎不甚滿意。不管如何，爾留意查訪試用，倘若少有不便，一面調回內地，一面具奏。若係妥員亦乘便奏聞於朕。[21]

雍正對臺灣道員選派的謹慎小心，由此可見一斑。

又如雍正六年(1728)四月，新任臺灣總兵王郡途經福建前來臺灣，總督高其倬見他「人明白」，在浙江等地「做將官時管兵甚為整肅」，「於海疆事務甚知輕重緩急之宜，能有定見」，很想留他在福建，「備水師提督之用」。皇帝立刻在高其倬的報告上批說：「臺灣之任緊要，且動不得。」[22]另外像雍正十年福建水師提督許良彬病逝，總督郝玉麟想以臺灣總兵蘇明良補授，徵求皇帝意見，雍正對他說：「蘇明良去得。但臺灣甫定，目今此任更為緊要。」[23]他命郝玉麟另覓人選。蘇明良是個人才，在皇帝看來升官不重要，為臺灣留下幹練人員才是重要的。

㈢特別重視官員操守

雍正二年，臺灣總兵藍廷珍陞任福建水師提督，由於他在朱一貴事件中收復府城有功，皇帝對他在臺灣的劣跡不忍揭發，不過他還是以硃批文字告訴閩浙總督覺羅滿保說：「據悉該藍廷珍品行貪婪，爾好生勸告，以可惜朕之恩等語相

21.中國第一歷史檔案館（譯編），《雍正朝滿文硃批奏摺全譯》，頁735。

22.國立故宮博物院（編），《宮中檔雍正朝奏摺》，第10輯，頁244。

23.國立故宮博物院（編），《宮中檔雍正朝奏摺》，第21輯，頁156。

告。」[24]希望藍廷珍能有所改進。雍正六年夏天，臺灣道吳昌
祚任滿升補山東按察使，原先已經決定以安徽鳳陽知府朱鴻
緒來補授，可是皇帝突然發現朱鴻緒有些問題，乃降諭給閩
浙總督高其倬：

> 前朱鴻緒在朕前奏稱鳳陽府原有積欠十萬餘兩，伊在
> 任設法勸諭督催，於二年之內將積欠十萬餘兩悉行催
> 完，所欠不過數千金等語。朕以為其實心辦事，曾經
> 降旨嘉獎。今聞鳳陽府積欠並未全完，……不知朱鴻
> 緒從前所奏是何意見？著行文朱鴻緒，令其明白回
> 奏。[25]

　　朱鴻緒就因為這次錢糧完補不清而丟掉了臺灣道臺的職
位，滿保後來以「官聲才具俱好；心地明白，為人端方」的
孫國璽來出任這一官職。還有雍正九年臺灣總兵王郡任滿升
任福建水師提督，遺缺總督劉世明認為海疆總兵呂瑞麟很適
合；但是前任閩浙總督高其倬則批評呂瑞麟「操守平常」，於
是引起了一場爭論。最後雍正在劉世明「敢保其克勝臺灣之
任」後才同意這項任命，但是諭旨中還有「倘有不妥協處，
惟汝是問」的附帶條件[26]，足見雍正對臺灣官員選用時特重
操守的事實。

24.中國第一歷史檔案館（譯編），《雍正朝滿文硃批奏摺全譯》，頁735。

25.國立故宮博物院（編），《宮中檔雍正朝奏摺》，第10輯，頁796。

26.國立故宮博物院（編），《宮中檔雍正朝奏摺》，第19輯，頁81-82。

㈣對官員的賞罰嚴明

　　對於在臺灣做官的人，任滿後無不良紀錄的通常都調回大陸升官。又如前面談到的何勉，他因為冒險緝拿到了朱一貴事件中的餘黨要犯，所以立刻超擢升官為參將，並賜予拖沙喇哈番（Tuwašara Hafan，漢名雲騎尉，五品世職），准襲二世，可謂殊恩曠典。當然對於不稱職的官員，雍正也是不加寬容的。以下幾件事例，相信可做說明：

　　雍正五年正月初七日，閩浙總督高其倬向皇帝上奏說：

> 臺灣縣知縣徐琨，做官雖無甚不好之處，但頗任己見，
> 辦事恃才，而欠斟酌。彰化縣知縣張縞，操持尚好，
> 而年輕不甚諳練，……於臺地均人地不甚相宜。

因此他認為原任福建福清縣革職知縣張廷琰「官聲頗好，性情和平」，原任南安縣革職知縣湯啓聲也是「居官謹飭，辦事細心」，此二人似可分別勝任臺灣縣與彰化縣知縣職務，希望皇帝能恩准。雍正批寫了「該部察明，奏明請旨」，不久之後，江南桐城人張廷琰代替漢軍正黃旗的徐琨出任臺灣知縣，同時江南江都人湯啓聲也繼漢軍正黃旗的張縞做了彰化縣的知縣[27]。可見雍正對臺灣地方官的任免是不管旗人或漢人的，他只注意能不能勝任。

　　臺灣知府孫魯，在總督高其倬眼中也是不稱職的官員，因為他在「買米補穀一節，辦理竟無次第，亦無斟酌。又經營臺鹽，頗為鬆緩，鹽斤甚減」，在雍正五年初處理臺灣縣民

27.國立故宮博物院（編），《宮中檔雍正朝奏摺》，第 7 輯，頁 279–281。

口角打架事「含混了事，民情大為不服」，因此高其倬請皇帝
「簡用一才守兼優之員」接替孫魯。雍正也感嘆的說：「人材
之難，不料如此，奈何奈何！臺灣府缺，甚屬緊要，卿可與
浙閩二省檢選具題，朕再斟酌。」❷孫魯在不久後便下了臺，
由俞存仁（一作遵）繼任臺灣知府。

　　雍正掌握臺灣文武官員，還可以在他與福建疆吏的祕密
通訊文字中看得出來。閩浙總督高其倬有一次向他報告各官
情形時，他也幾乎各別的對每個人加了評語。例如高其倬說：

> 臺灣總兵蒙聖恩簡放陳倫炯，為人謹慎，雖尚未見其
> 料理之效，但比林亮操守謹嚴，約束操練兵丁，頗為
> 上心（雍正在「陳倫炯」名字旁邊用硃筆批寫了：亦未必勝此
> 任，不得其人奈何！）。
> 安平協副將康陵，自到任以來，甚能剋勵，著實嚴查
> 偷渡，勉力辦理營伍（皇帝則在康陵名字旁邊寫了「武夫耳」
> 三個字）。
> 澎湖協副將呂瑞麟甫經到任，尚未見其行事。前在臺
> 灣操守甚好，極能管兵（皇帝對他的評語是：此人似好，亦
> 不敢保）。
> 臺灣知府俞遵仁（案：范咸《臺灣府志》作「俞存仁」），過
> 省時臣留之十餘日，日日詳細與說臺灣之事，覺人甚
> 謹慎，且老成歷練（雍正則批寫：這是一上好之員）。
> 張廷琰、湯啓聲俱仰荷聖恩，准放臺灣、彰化知縣，
> 此二人向在福建居官俱好（皇帝似乎不太以為然，批說：「因

28.國立故宮博物院（編），《宮中檔雍正朝奏摺》，第 7 輯，頁 449。

你之荐而用者」，同時又指明張廷琰「平常」、湯啓聲則是「中等好，亦不見長」)。

諸羅知縣劉良璧新經調臺，人頗勤慎 (硃批為：朕不知此人)。

　　高其倬對於臺灣文武官員的總評是「現在臺灣之官似皆可以責成料理」。不過雍正的看法則是「此數人循分供職則有之，……若責成料理恐才力見識不能」[29]。

　　據上可知，雍正對臺灣官員的了解不能不算深刻，他真是把任用文武得人看作是第一緊要之事。事實上，皇帝非常清楚：要控制管理好一個地方，沒有優秀的人員是不行的。他對全國各地的官員態度與期許都是如此，對臺灣一地可能更為嚴格一些。

四、關心臺灣官員的生活

　　雍正雖然是一位嚴厲專斷的君主，但是他對於「群情利弊、事理得失，無不周知」，特別是官場的欺罔蒙蔽、假公濟私、結黨懷奸、陽奉陰違種種惡習，更是洞若指掌。因此他對於臺灣的官員要求雖多，但對他們的關心顧惜也超過當時的大陸官員。臺灣孤懸海外，當年交通不便，清代派官來臺，多有特別制度。康熙年間訂下兩大限制，一是「臺灣各官，……三年俸滿即陞」；二是「文武大小各官，不許攜帶眷屬」[30]。三年俸滿即陞的特例初訂於康熙三十年 (1691)，到康

29.國立故宮博物院（編），《宮中檔雍正朝奏摺》，第 8 輯，頁 469。
30.范咸，《重修臺灣府志・卷 3・職官》，收入：《臺灣文獻叢刊》，第 105 種（臺

熙六十一年閩浙總督覺羅滿保又建議「臺灣道、府、廳、縣在任三年，果於地方有益，俱照陞衙再留三年陞轉」，皇帝同意了他的辦法[31]。如此一來，在臺灣任官的只要官聲不錯，就可以任職六年。雍正繼承以後，對在臺任職官員的任期未作更動，後來從巡臺御史與福建疆吏報告中知道有些不合理情形，乃決定加以改訂，並且一再變更。起初是閩浙總督高其倬向雍正奏報了問題的所在，他說：

> 臺灣各文員向以三年為滿，……任滿之員，再行加衙留任三年。……前後報滿既係六年，而調任之時，渡海而往，即須數月，任滿候有缺挨陞，又或一年二年，既陞之後，交盤渡海，又得半年，總計其前後日期，大約俱得九年、十年，方能陞用。又臺員例不帶家口，其父母妻子相隔重洋，託之親友，人情未免繫戀，意念分馳，其辦理之處，不免有始勤終惰之情景。

高其倬說他「既見有如此情形，不敢不預思籌度」，因而向皇帝密奏自己的看法，認為「臺灣道府廳縣各員，嗣後請俱以四年為滿，加其交盤往返之期，約計五年有餘，俾得陞調，庶為期適中，可收各員奮勵之效」。雍正不反對他的建議，在他的報告上批了「此奏是，已另有旨諭部議」[32]

　　北：臺灣銀行，1958)，頁3。

31.華文書局（輯），《大清聖祖仁皇帝實錄》（臺北：華聯出版社，1964），卷296，頁6-7。

32.國立故宮博物院（編），《宮中檔雍正朝奏摺》，第11輯，頁827-828。

高其倬的這一奏摺進呈於雍正六年十一月二十一日，經過中央有關衙門的研議之後，到第二年的正月，終於有了結果，皇帝在新正初五日就降諭吏部：

> 朕思臺灣道府廳縣等官，自宜選用熟悉諳練；然定期六年為滿，又加以候缺、交盤、渡海之期，實為太久。今再四思維，臺灣文員，自到任之日為始，將滿一年之期，著該督撫於閩省內地官員內揀選賢能之員，乘冬月北風之時，令其到臺，新舊協同辦理，半年之內，大約可以熟悉地方情形，則令舊員乘夏月南風之時，回至內地補用；將來接任之員，俱照此更換。該員到臺協辦之時，俱一體算俸，並給予俸銀及養廉之項。如此則該員在臺，前後不過二年，為期甚近，而更換之員，先往協辦，又可習練地方事宜，似有俾益。❸❸

從時間上看，在一個半月之中，除了自福建將奏摺送往北京費時多日之外，皇帝「再四思維」，而且又適逢春節新年，雍正在大年初五就降諭吏部，行動不能算慢，也看出皇帝對此事的關心。從決策的內容上看，皇帝更出乎意外的將臺地文官任期縮短為一年半，比高其倬建議的又縮短了很多。此外，雍正又在諭旨裏提到「不帶家口……未免有所牽念」的問題，乃更特別的是下令新任「到臺協辦之時，俱一體算俸，並給予俸銀及養廉之項」，這實在是為臺地文官造就另外福祉的善政。同年二月初四日，吏部遵旨也作出報告：

33.華文書局（輯），《大清世宗憲皇帝實錄》，卷77，頁3–4。

今奉旨調往（案：臺灣）各官，到任一年，令督撫於內
地揀選賢員，到臺協辦，半年後即令舊員回至內地補
用，海疆既得諳練之員，而各官又免瞻顧之慮，應永
著為例。❸

這是自康熙朝臺灣附清以來文官任期的一大改革，而且
是大幅的、驚人的改革。不過，當時臺灣不比內地，這項官
員新任期的規定在實施一年多之後，巡臺御史赫碩色、夏之
芳等人就提出了檢討，他們在雍正八年 (1730) 五月十八日的
一份密奏向皇帝報告說：

臺灣地屬巖疆，人情叵測，凡料理地方事務，有非內
地踏常習故可比者。一官到任，必至數月，乃能悉知
風土人情，即為地方建利除弊，亦須次第辦理，方有
頭緒。再者詳請督撫海上文移，不能不須時日，展轉
數次，更換之期已至。若即令更替，未免諸事不及周
詳，雖有舊任指示，而意見才調，又各不同，稍有參
差，即易廢事。況地方百姓，預知官員居任不久，恐
多泄視。加以滑吏奸胥，從中躲閃，亦易滋弊。以臣
等愚見，應仍照舊例，定限三年，使才幹之員，得以
盡展其長，廉謹之員亦得策勵圖報。此三年內如果稱
職照例陞轉，如不稱職照例參處，永停任滿留任並在
任加銜之例，不使久羈海外，如此則於地方有益，亦
於該員無害，此臺地之舊制應行酌存者也。❸

34.華文書局（輯），《大清世宗憲皇帝實錄》，卷78，頁5。

赫碩色等人的報告皇帝未作批示，正好當時新任福建巡撫趙國麟入京引見，皇帝就在同年六月間令趙國麟將赫碩色的條陳隨帶身邊，沿途如遇轉任兩江總督的高其倬，就令他看閱，「將可行不可行之處商酌」，等趙國麟到達福建後，「仍將此摺（案：指赫碩色摺）帶至任所」，再與新任閩浙總督劉世明定議[36]。在原任及現任福建督撫們尚未作出定議前，福州將軍阿爾賽遇到了臺灣道劉藩長任滿一年要離職另請委員協辦的事。阿爾賽向皇帝提出了他的看法：

> 調臺各官統計前後協辦之期在臺不過半年，而獨當其任者實止半年，為期太近。若係賢員，自必仰體聖慈，奮力急公；苟屬庸員，未必不以在任不久，草率塞責，諸事諉委，致生弊竇。臣愚昧之見，請凡調臺各官員到任二年，督撫另選賢員赴臺協辦半年，舊員調回內地補用，則各官在臺之期，仍屬不久，而臺員任事亦可免草率諉延之弊矣。[37]

阿爾賽的意思是臺官任期以二年為佳，再協辦半年，如此則時間不算過長，也可以防止官員草率塞責的弊端。這份報告進呈於雍正八年八月二十五日，皇帝命大學士們研議，同年十月初七日，大學士們就給皇帝呈報了他們作出的決定：「嗣後調臺各員，俟到任二年，該督撫選員赴臺協辦，仍照

---

35. 國立故宮博物院（編），《宮中檔雍正朝奏摺》，第16輯，頁445。

36. 國立故宮博物院（編），《宮中檔雍正朝奏摺》，第16輯，頁860。

37. 國立故宮博物院（編），《宮中檔雍正朝奏摺》，第16輯，頁803。

例於半年後調回舊員，則在臺各員既得盡心辦事，又可免交
盤頻疊及草率諉延之弊。」[38]皇帝同意了大學士們的建議，在
臺官員的任期乃又由一年半改為兩年半了。

雍正十年 (1732)，閩浙總督由郝玉麟署理，他發現臺灣一
地的文武官員在任期制度上有此差異，他上奏向皇帝說：

> 同一在臺人員，武鎮歷俸二年，得邀陞用。文員歷俸
> 二年半，僅議加級，其例似未劃一。臣愚以為臺灣道
> 臺……應請照臺灣鎮協三年報滿，恭候聖明酌用。至
> 知府、同知、通判、知縣各員，似應照武職參將、遊
> 擊、守備等官之例，請以二年俸滿屆期，一面具報題
> 明，仍照現行協辦之例，揀選內地賢能之員，赴臺協
> 辦半年之後，令其交代，回至內地候陞，統計在任及
> 交代、渡海，亦合三年之數。如此庶文武陞遷年限劃
> 一，而臺地既得諳練熟悉風土之人，道府廳縣各員必
> 自益加鼓勵，出力報效，於海疆似有裨益。[39]

雍正認為他的「所奏是，該部議奏」。臺灣武職人員的任
期，在雍正朝一直沿襲康熙舊制，以三年為限。據郝玉麟說，
在雍正八年，臺灣總兵王郡曾奏請「臺澎鎮協各員，……遵
照舊例，三年報滿候用。所有參將、遊擊、守備等職，請以
二年俸滿及交代渡海，實合三年之數」。這一奏請得到中央及
皇帝的准允，雖然變更不大，但引起了與文官任期制的不劃

---

38. 華文書局（輯），《大清世宗憲皇帝實錄》，卷 99，頁 5。
39. 國立故宮博物院（編），《宮中檔雍正朝奏摺》，第 20 輯，頁 549。

一，郝玉麟也因此有了上述的報告與請求。雍正十年十二月初三日吏部向皇帝回奏，認為郝玉麟的說法合理，因此臺灣「知府、同知、通判、知縣各員，照參遊守例，二年報滿，題明候陞」，加上交代、渡海費時，法定任期又回到三年[40]。儘管清廷再三改訂臺灣官員的任期，但最終目的還是為管理地方與便利官員著想。

　　如前所述，雍正曾對前往臺灣協辦官員答應給予「養廉之項」以及關心到他們「不帶家口」赴臺的問題，這些事也陸續做到了。據臺灣地方志中所記各官養廉銀情形如下：

> 巡視兩察院每年養廉銀二千四百兩。分巡臺灣道每年養廉銀一千六百兩。臺灣鎮掛印總兵官每年養廉銀七百兩。臺灣府每年養廉銀一千六百兩。[41]

　　其他淡水同知與澎湖通判各為五百兩；臺灣縣知縣一千兩；鳳山、諸羅、彰化三縣知縣八百兩；另外各縣經歷、縣丞、巡檢、典史等官均為四十兩[42]。至於攜帶家眷入臺的事，在雍正九年三月間禁令有了鬆動的跡象。當時閩浙總督劉世明給皇帝上了密奏，說到有新上任的臺灣知府王仕任訴稱：「隨任僅止一妾二婢，而妾生之子，尚在襁褓，除家人之外，並無至親可以寄托，只得暫且攜帶同去。」劉世明不敢擅便，

40.華文書局（輯），《大清世宗憲皇帝實錄》，卷126，頁4。

41.胡建偉，《澎湖紀略》，收入：《臺灣文獻叢刊》，第104種（臺北：臺灣銀行，1958），頁54。

42.范咸，《重修臺灣府志・卷6・賦役三》，頁21–23。

因此「繕摺奏聞請旨」，雍正在他的報告上批示：「隨他本人之意可也；但將摺奏恩准情由令眾知之，以免後人之效法開例。」[43]這件事可以說為臺地官員攜眷入臺開了先例。雍正十二年 (1734)，禁帶官眷來臺的政令又開放了一些，由於閩浙總督郝玉麟的奏請，皇帝允准「調臺官員（案：包括文武官員）年逾四十無子者，准其挈眷過臺」[44]。對於臺地官員的生活來說，這也是另一項的照顧。

五、加強臺灣的防衛實力

臺灣地區因遠隔重洋，不易管理控制。朱一貴事件之後，尤令雍正感到當地軍事力量必須加強。從現存的資料可以看出，雍正即位後，至少在以下幾個方面做了一些變革：

㈠增加兵員

康熙時代在臺灣初設府縣時，也在當地置以戍兵，制以萬人，分為十營，這是比照內地九邊重鎮情形辦理，因為中央認為臺地是巖疆，不能不重視。十營兵甲，陸師五營，水師五營，都由閩粵等地抽調而來，各為五千人，三年瓜代，輪流戍守臺灣，所以稱為班兵。不過當時臺灣南北多數地方仍未開發，駐軍也不多，現今屏東與彰化等地僅各駐兵一百五十人，北部尤有不設一兵一卒的，因此有識之士早就提出警告。如諸羅知縣季麒光在康熙二十三、四年 (1684—1685) 間便建議北路有添兵的需要，但清廷未予重視。康熙末年，朱

43.國立故宮博物院（編），《宮中檔雍正朝奏摺》，第 17 輯，頁 788。王仕任，范咸《重修臺灣府志》作王士任。

44.范咸，《重修臺灣府志·卷 3·職官》，頁 4。

一貴事起，全臺俱陷，事後閩浙總督覺羅滿保疏請增添臺灣戍兵，皇帝認為「添兵無用也」，並且強調「駐劄之兵，不可令臺灣人頂補，俱將內地人頂補。兵之妻子，無令帶任」[45]。康熙的想法仍是依據「為防臺而治臺」。

雍正繼統後，雖同意覺羅滿保的建議給臺灣防戍略加調整，但仍未增添兵員。雍正二年，巡臺御史禪濟布向皇帝建議：

> 就今年換班之期，於步兵額數內，將四十三營馬兵酌調三百名來臺，分撥鎮標三營，共一百八十名，以防郡治。又分撥鳳、諸、彰三縣營兵各四十名，以為犄角之勢。在四十三營兵目既無所虧，而於額餉亦無所增……既得馬兵，足備緩急之調遣，克振南北之聲援。[46]

皇帝對他的增設馬兵之議交給兵部研究了。不久之後，陞任水師提督的藍廷珍也奏請在臺灣設馬兵五百人，雍正不以為然，當即批了「臺灣養馬不宜，亦可不必者」[47]。不過，第二年，清廷卻批准了禪濟布的請求，在臺灣「各營設馬兵三百名，以備緩急」，據說是「准巡臺御史禪濟布」等人奏請的[48]。這是臺灣設有馬兵之始，在雍正三年 (1725) 冬天，臺灣

45. 華文書局（輯），《大清聖祖仁皇帝實錄》，卷295，頁3。
46. 國立故宮博物院（編），《宮中檔雍正朝奏摺》，第3輯，頁78–79。
47. 國立故宮博物院（編），《宮中檔雍正朝奏摺》，第3輯，頁122。
48. 蕭奭，《永憲錄・卷1》，頁17。

有「馬兵一百二十名」，而且「頗皆諳熟」。

雍正五年七月初八日閩浙總督高其倬疏報臺灣「各營馬兵三百名，因設立以來，馬匹上海船既能用稈竿綑吊，又經風浪顛簸，更兼臺灣水土與馬匹不甚相宜，倒斃者甚多」，而且臺灣多雨，「春夏秋三時皆泥深水大，馬無所用，冬間方能乘騎遠出，而入山……兵丁，仍皆下馬步行，於營伍不甚有益」[49]。基於這些理由，高其倬認為「將所設之三百名馬兵裁去，改為步戰兵三百名、守兵四百名，應分入四十三營輪流添撥防臺，比之舊額，即添兵四百名。……似於營伍有益」。雍正對他的看法批了「此論是」，臺灣戍兵因此又增加四百人[50]。

雍正十年，臺灣北路發生大甲原住民的事變，南路又有吳福生等人的響應動亂，全臺傚擾，充分呈現兵力不足的事實。事定之後，在第二年六月間，福建官員不但建議設臺灣鎮標左營、臺灣協標左營千總各一員，並增設淡水把總等武官。同時在閩浙總督郝玉麟的奏摺中又提到請求增兵的事。他希望在臺灣南路增兵五百名，再添設千總把總共三員。在北路因「延袤千里」，請增兵一千二百八十名，並請改參將為副將，添都司、守備等官十二名。府治臺灣縣是「根本之地」，應增兵千人，參將、守備等官九員[51]。郝玉麟等人是在吳福生等人事件之後，應雍正命令「善後事宜，詳悉籌劃」而提出的變革主張，皇帝對他的看法表示了「是」，臺灣駐兵

49.國立故宮博物院（編），《宮中檔雍正朝奏摺》，第5輯，頁450。

50.國立故宮博物院（編），《宮中檔雍正朝奏摺》，第8輯，頁476–477。

51.國立故宮博物院（編），《宮中檔雍正朝奏摺》，第21輯，頁749–751。

乃增加為總兵數額達一萬二千六百七十名，這是清廷入主臺灣以來較大一次增兵與營制的改革，當然對臺灣控制與防衛是有絕對裨益的。

㈡更新武器

　　臺灣的兵員增加，營制改革固然對防衛力量有益；但是武器裝備等項也是不可忽視的。據巡臺御史赫碩色等人說：「臺灣器械，參差不齊。……軍器多有不堅利者，丁兵無力另備。」所以他們請皇帝下令嚴查來臺兵丁器械，不堪使用的，「即於內地發回」，不必帶來臺灣[52]。不久之後，皇帝便命令閩浙總督高其倬「嗣後換臺兵丁軍器，著該督撫於存公銀內動支製造，務必堅利精良」。高其倬後來兩次動用公費近兩千兩，製造鳥槍一千六百桿，弓箭等五百副。雍正七年，史貽直接替高其倬代理閩浙總督，又製造不少新的鳥槍、弓箭、盔甲，大大增強了臺灣的軍事力量[53]。

　　另外臺灣地區的戰船在臺灣、澎湖與淡水各營屬共有九十八隻，原先都在臺灣府當地設廠修造，後來因為不肖官員工匠入山伐木時與原住民發生衝突，臺灣道劉藩長乃向皇帝上奏請求裁減戰船四十五隻，以免生事端，並可節省經費。皇帝頗不以為然，責備劉藩長「何得輕易為區區錢糧，草率議論」[54]。雍正十一年三月，巡臺御史覺羅栢修又上疏以為「軍工船隻宜歸內地修造，軍功不致有悞，而匠役無得越界

52.國立故宮博物院（編），《宮中檔雍正朝奏摺》，第11輯，頁124-125。

53.中國第一歷史檔案館（編），《雍正朝漢文硃批奏摺彙編》（江蘇：江蘇古籍出版社，1991），第17冊，頁843。

54.中國第一歷史檔案館（編），《雍正朝漢文硃批奏摺彙編》，第18冊，頁113。

滋擾，自無戕殺命案」。皇帝命福建高官們研議，總督郝玉麟
與巡撫趙國麟覆奏時說：船隻年久朽壞，不堪操駕的，實在
應修應造；但是舊船開回內地修理，「經歷重洋，洪濤怒浪衝
擊，甚是堪虞」，而且又需兵丁八九百名護航回福建，會影響
臺灣地區營汛防守空虛，所以仍以在臺修造為宜[55]。皇帝覺
得意見很好，戰船乃仍在臺灣修造。雍正對臺灣戰船的重視，
由此可見一斑。

㈢建造木城

臺灣府城，初時未建城垣。朱一貴事件，證實無城難於
防守。當時福建水師提督姚堂就在奏報臺灣善後事宜時，提
到「臺灣府治宜建城郭」；可是兵部研究之後，認為「臺灣在
海外，無庸建城」[56]。當時康熙與中央官員可能還是怕若建
城池，一旦被亂民據有，收復就難了。雍正三年三月間，巡
臺御史禪濟布奏請府城建木柵為城垣，既簡單又省錢，他說：

> 臣查閱郡治之為四方雜處之區，乃無一尺藩籬之衛，
> 奸良往來，不易稽防。倉庫監獄，更關重大。臣再四
> 思維，乃與陛任監察御史臣丁士一、鎮臣林亮、臺廈
> 道臣吳昌祚公同確商，建城則工料浩繁，壘土又沙浮
> 易陷。臣等籌酌樹以木柵，其基三面環山，周經一千
> 八百丈，每丈木植、釘鐵、灰土、人工料估用銀四兩，
> 木長一丈六尺，下栽四尺，用石灰沙泥填築，以吸水
> 氣，以杜蟻侵，木梢上頂，釘以鉤釘，用木板上中下

55.國立故宮博物院（編），《宮中檔雍正朝奏摺》，第 23 輯，頁 68–70。
56.蕭奭，《永憲錄・卷 1》，頁 17。

横連三道，大鐵釘釘固，每隔四十丈蓋小望樓一座，上安炮一位，撥兵支守於要衝之處。開闢四門，各築高大門樓一座，安設炮位，……以固屏障。臣與……各文武弁員，皆協力公捐。……闔郡紳矜士庶人等，……籲請捐輸，……樂願捐備。[57]

雍正在禪濟布的這份奏摺上批道：「兩年來臺灣文武官弁與禪濟布等皆實心任事，即此建築木柵一事，籌劃甚為妥當，深為可嘉！著將摺內有名官弁，該部議敘具奏。」可見皇帝對臺灣建城一事，已改變了傳統政策，主張積極的強化臺灣防衛力量。

六、安定臺灣的內部秩序

康熙收復臺灣之後，雖然任用了不少賢能的文武官員治理臺灣，但始終動亂不寧，民變「番」亂，層出不窮，社會秩序，難於安定。雍正非常重視國內地方事務，對臺灣當然也不能例外。

首先他對於引起變亂的事十分關注，大體言之，凡是有反清色彩的政治運動，他都認為罪無可逭，必須除惡務盡。例如雍正五年春夏間，鳳山縣有陳三奇、徐寧、鄭塤等人為首，「謀招人為匪，要打統領營」，事發被捕。閩浙總督高其倬向雍正報告此事時，認為「朱一貴之事，一則因文武貪污，再亦因辦理因循柔緩之故」，他主張應該「嚴處示眾，則人人知警，可戒將來」。所以在同年「閏三月十六日，將為首之陳

57.國立故宮博物院（編），《宮中檔雍正朝奏摺》，第 4 輯，頁 55。

三奇當眾曉示，正法梟示。其林居、黃允相助各處招人，黃萬曾經刺字，仍復不悛，又招人為匪，係為情重者，已當眾杖斃」。另外黃六師等一十四人在逃，高其倬說「務必極力即速拿獲」，皇帝則在這一行字間批寫：「務令拿獲，悉皆正法，此等人有何可惜!」❺❽雍正十年吳福生豎旗事更是犯了大逆之罪，參與事變的人全部問斬，甚至都是不經正常審判手續就正法了，因為這些人或是朱一貴案的逃犯，或是陳三奇案的餘孽。他們又豎立了「大明」字樣的旗幟，這類事在「海外邊疆，不能遲久」辦理❺❾。

至於原住民的「番」變，雍正也不反對以武力鎮壓，並且命令有關官員「不可目下少存姑息之舉，而復遺患於將來」。但是他有時主張應「合情合理而為之」❻⓪。事實上他知道原住民常因漢民「貪圖小利，入內山溪岸，非為樵採竹木，便是開掘水道，甚至踞箕鹿場」，或是「內地之偷渡而來者，不遵禁約，潛入其地」❻❶，導致衝突，終於發生劫殺慘事。他也因此對地方官說：「剿捕必致戕害生命，有傷天和，不可輕舉妄動。」至於「番」民歸化，他也不表太樂觀，有時還說：「今日之接踵輸誠固屬可稱，他日之掉臂叛逆亦屬可慮。全在地方上文武官弁安輯得法，始不致貽笑將來也。」❻❷當然對於水沙連之役與大甲社之役，他仍是主張「亟當先以兵威

58.國立故宮博物院（編），《宮中檔雍正朝奏摺》，第 7 輯，頁 889–891。
59.國立故宮博物院（編），《宮中檔雍正朝奏摺》，第 19 輯，頁 609–611、650 等處。
60.國立故宮博物院（編），《宮中檔雍正朝奏摺》，第 20 輯，頁 444。
61.國立故宮博物院（編），《宮中檔雍正朝奏摺》，第 5 輯，頁 449。
62.國立故宮博物院（編），《宮中檔雍正朝奏摺》，第 4 輯，頁 12。

懲創一番」，因為他要臺灣有個安定的社會秩序。

雍正為穩定政權，安定地方，即位後一年即頒布《聖諭廣訓》，其中有「聯保甲以弭盜賊」一項，他認為安民之道在於消弭地方盜賊，而使地方寧靜，盜賊不生的最有效辦法就是實行保甲制度。雍正四年，經過大臣研議之後，特別是李紱等人提出具體保甲條例之後，皇帝命令各省限一年內執行完畢❻。赫碩色於雍正六年來臺當巡臺御史，他看到「門牌雖設，而奸匪終無可稽」，他認為這都是因為「在城者少，散處者多；成家者少，單丁獨漢者多」的緣故。所以他向皇帝奏請各莊的保甲應責成有地的業主負責：

> 業主田多，各有管事，應於各莊以管事為保甲之首，其游民投僱伊莊內者，皆令稽查，必來歷有據，引保有人，方容居住。……留住之人，年貌、籍貫、來歷、引保、到莊日期、居住鄰甲門牌，詳註簿內，逐季彙集印簿，送縣查驗。如有犯事者，其業主管事何人，小事連坐，大事並坐。業主彼畏其拖累，必先自行盤察，以清其原。❻

雍正認為他的建議「甚屬可嘉」，乃降旨有關官員實行。臺灣保甲制度實行之後，結盟聚眾，行竊謀匪之事當然就不易發生了，這對社會的安定絕對有益。

多年以來，不少有識之士都認為遷臺之民不准搬眷，無

63.華文書局（輯），《大清世宗憲皇帝實錄》，卷46，頁30–31。

64.國立故宮博物院（編），《宮中檔雍正朝奏摺》，第11輯，頁124。

家室之累，是臺灣動亂的一大原因。朱一貴事件以後，藍鼎元等提出：

> 凡民人欲赴臺耕種者，必帶眷口，方許給照載渡，編甲安插。臺民有家屬在內地，願搬渡臺完聚者，許具呈給照赴內地搬取，文武口汛不得留難。……數年之內，皆立室家，可消亂萌。[65]

　　清廷沒有重視此事。雍正五年，福建疆吏與臺灣官員多以為「若令搬眷成家，則人人有守其田廬，顧其妻子之心，不敢妄為，實安靜臺境之一策」[66]。同年七月初八日，閩浙總督高其倬明白陳奏，說居臺人民「既無父母妻子繫念，所以敢於作為不法之事」。他建議在臺灣「實有墾種之田滿一甲並有房廬者」，與「佃戶之中有佃田滿一甲，住臺灣五年而業主又肯具狀保係誠實不多事之人」，准許他們辦理搬眷。至於「貿易、雇工及無業之人，全無田地非安土之輩，一概不准」。皇帝發覺如此對治臺有益，乃批示：「只得暫如此行看，亦非長策，況事事皆要得人。」不過他還語帶保留的說：「朕意臺灣移眷土住之戶，可以限數目乎？若人眾太多，墾田太廣，未知年遠益之於害。朕亦不悉，亦當熟畫。」[67]從此不准搬眷的禁令打開了，臺灣「男多女少」的不正常現象也改觀了。雍正十年廣東巡撫鄂彌達再奏請搬眷入臺，以安流民。

65.藍鼎元，《東征集·與吳觀察論治臺灣事宜書》。
66.中國第一歷史檔案館（編），《雍正朝漢文硃批奏摺彙編》，第10冊，頁143。
67.國立故宮博物院（編），《宮中檔雍正朝奏摺》，第8輯，頁473–474。

閩浙總督郝玉麟又提出臺地客民回籍搬眷或回內地婚娶的開放辦法，使得能過臺的人數大為增加，移民臺灣的「皆有闢田廬長子孫之志」，這也有助於臺灣社會秩序的安定。

康熙有臺，以防範為主，未曾積極開發。朱一貴事件後，藍鼎元在籌辦臺灣善後文中即指出臺灣之患，不在富而在教。雍正治臺政策顯然即在這一方面開始著重加強了。

清代地方教育最高長官為提督學政或提學道。臺灣屬福建省，學政應為福建提學道負責，但臺灣重隔重洋，官員勢難兼顧，於是援陝西延安、廣東瓊州之先例，由在臺之高級官員兼任。康熙時由臺廈道兼管，雍正五年起則改巡臺漢籍御史兼管。臺灣有了本地的教育長官，不少教化工作便陸續推行。例如在臺灣府縣添設教官，即雍正十一年在臺灣府設教授與訓導各一員，其他四縣也設教諭與訓導各一人[68]，使得各級衙門有專官承辦教育與學術的工作。在雍正年間，儒學、書院發揮了不少功能，對傳授儒家倫理學問貢獻極大，這也對安定社會有相當的助益。此外，巡臺御史夏之芳建議實行福建鄉試專立臺字號，以保證每科鄉試都有臺灣籍的生員中式[69]，以及嚴禁大陸漳、泉各地讀書人冒用臺籍參加科考等措施[70]，也能夠穩定臺灣士子的求學之心，起安定社會作用。

雍正年間，主政臺灣的官員不但重視漢人子弟的教育，就連原住民的漢化教育也加強了。雍正元年，知府高鐸對於

68.范咸，《重修臺灣府志‧卷3‧職官》，頁2–3。

69.國立故宮博物院（編），《宮中檔雍正朝奏摺》，第11輯，頁688–689。

70.國立故宮博物院（編），《宮中檔雍正朝奏摺》，第8輯，頁475。

「番社」教育即大力推行，當時人記述：「肄業番童，拱立背誦，句讀鏗鏘，頓改咪離舊習。……高太守鐸申送各社讀書番童，余勞以酒食，各給四書一冊。」又說：「有讀書識字之番，有能背誦毛詩者。口齒頗真，往來牌票，亦能句讀。」可見當時有些原住民年輕人已經能讀漢文古書、熟解漢字文義了。雍正十二年，在「南北諸社熟番，……擇漢人之通文理者給以館穀，教育番童，巡使按年巡歷南北路，宣社師及各童至，背誦經書」[71]，施行儒家教育，宣揚三綱五常，是從思想上加強統治的一種手段，當然對安定地方是有效用的。

臺灣在雍正年間由於人口增多，勞動力較前豐厚，開墾土地的工作有了新面貌，當時有官吏出資開墾的官莊，有人民集資墾種的漢莊，也有原住民開墾的社田，大家辛勤耕作，使得臺灣的經濟有了進一步的發展。農產品質量都提升了很多，臺米外銷也給臺農增產提供了保障。臺灣的糖業生產，在雍正時代也進入了興旺期，南部各縣都設有糖廠，產品外銷國內華北及日本、呂宋各地，增多了臺灣的收入。其他茶葉、樟腦等臺灣特產，也在雍正朝有了新的研發成果，如茶葉由新移民帶來的焙製方法，使質量變得又好又多。樟腦工業也隨著戰船在臺灣本地修造而再度取得貨源，得到再興的機會。鹽業收歸官辦，鹿獐皮的大力外銷，這一切都對臺灣經濟發展有利，對安定人民生活、穩定社會秩序有利。

綜合以上所述，我們可以看出雍正的治臺政策，至少在職官制度、行政區增劃、文武官員慎用與對他們生活關心、

71.以上原住民接受漢文教育事，散見：黃叔璥，《臺海使槎錄》；六十七，《番社采風圖考》諸書。

加強臺灣防衛實力以及安定島內社會秩序等方面作出了新猷與貢獻，對臺灣未來的發展具有深遠意義與影響。同時，我們若從史實以外的另一個角度來看，可能還會探究出雍正治臺政策的一些創新與特色。

㈠鄭克塽降清後，清人統治臺灣，設一府三縣，但是並沒有像內地府縣一樣的治理。尤其對於鄭氏遺民，終存戒心，於是有《臺灣編查流寓六部處分則例》的頒布，大為限制了臺地移民。施琅又奏請嚴福建海禁，不許人民渡臺❷，使得臺灣沒有得到合理的開發，按說臺地既為清廷東南海疆，應有一套完善的治理政策，包括政經軍事、民族文教的治理指導方針才是；可是康熙朝只注意到保守疆土與防範生事而已，可謂相當消極。雍正即位之後，大改前朝主張，變消極為積極。他首先調整臺灣的職官制度，增劃臺灣的行政區域，以落實臺灣的內地化，發揮府縣地方制度的實際功能。同時又使監察巡臺御史制度化，以利中央對臺灣的直接統治。其後又開放海禁❷，放寬官員與民人的搬眷入臺，使臺灣的生產力增加，產品外銷有出路，為臺灣的開發創造了好條件。雍正捨棄「為防臺而治臺」的不思進取觀念，而從內地與邊疆一體，即「中外一體」的理念著眼，制訂積極的治臺政策，進而使臺海邊疆發生拱衛內地的作用，這種態度、這些工作，都是值得肯定的。

㈡康熙末年，由於皇帝倦於政務，政策失去改革進取的

72.范咸，《重修臺灣府志・卷20・藝文・論開海禁疏》，頁26–27。

73.請參看：趙爾巽（等著），《清史稿・卷292・高其倬傳》；國立故宮博物院（編），《宮中檔雍正朝奏摺》，第8輯，頁836–838。

銳氣，主張「治天下之道，以寬為本」[74]，因而「人心玩惕，百弊叢生」，官場除貪瀆吏治不清之外，又瀰漫著一種崇尚虛名的風氣。雍正上臺後便告誡臣工「為政之道，在於務實，不尚虛名」[75]，因此他重視大臣們實心任事，要為國是民生作出貢獻。他對臺灣的官員也是一樣，現在我們單從他對巡臺御史們的硃筆批示中就可以得知。例如他向禪濟布、丁士一說「應奏事宜絲毫無隱奏聞」、「凡有如此秉公無隱，甚屬可嘉[76]。他也對索琳、尹泰批過「事事不可隱瞞」，或是「凡事但務治本之道，爾等既身在臺，遇事應詳悉推求，博採廣問，必得治臺之妙策，將永久可行之處，時時籌畫，得一主見才好」[77]，字裏行間充滿了務實的思想。雍正對覺羅栢修與高山二人，也批寫過如下的文字：「汝二人今番巡臺，可謂實心任事，朕甚嘉是焉。」「凡百只務據實莫隱為要。」[78]嘉勉之餘還是要他們務實。雍正對於巡臺御史們的不切實際作法也給予指正。索琳、尹泰二人在雍正五年八月十二日奏報臺灣北部田糧利弊時，由於談論到一些尚未開發的土地，當然是未來的事；皇帝就立刻指出：「此事非理臺急務，何及奏及此。」[79]另外有一次赫碩色、夏之芳奏報臺地太平嘉瑞事項

---

74. 華文書局（輯），《大清聖祖仁皇帝實錄》，卷245，頁16。

75. 華文書局（輯），《大清世宗憲皇帝實錄》，卷13，頁16。

76. 國立故宮博物院（編），《宮中檔雍正朝奏摺》，第2輯，頁604；第5輯，頁260等處。

77. 國立故宮博物院（編），《宮中檔雍正朝奏摺》，第7輯，頁813、875。

78. 國立故宮博物院（編），《宮中檔雍正朝奏摺》，第20輯，頁751；第22輯，頁371。

79. 國立故宮博物院（編），《宮中檔雍正朝奏摺》，第8輯，頁684。

時，皇帝也不客氣地說：「此皆題奏之事，多此一番煩瀆為何。」[80]由此可見雍正前後十年如一日的向在臺耳目官員訓示事事要務實，要秉公，事實上皇帝自己也不尚虛名，從他對臺地官員的任期一事上看，便可了解他務實的依從官員們的意見，參考試辦的實情，作了幾次的修改，他簡直不像一個專制獨裁的君主。其他准許民人渡臺、官員攜眷、「番」漢立碑分界、鄉試立專號等等的政令，都是務實的主張，而他的務實治臺政策，使臺灣從疆域大一統進入到了政治大一統的新境地。

　　㈢說到大一統的問題，雍正治臺政策也可以作整個清廷當時治邊政策的縮影來看。我們知道：清朝是滿族建立的，但是在定鼎北京之後，主政者就承襲了一些漢人的傳統。他們對國家大一統的渴望不亞於任何以往朝代，而且在疆域版圖擴大與地區有效控制程度上，盛清帝王比前朝皇帝們所作出的都更有規模，更有成就。尤其是他們運用的靈活手段，因時因地採用不同方式的巧思，更是值得肯定。

　　以雍正的治臺政策而言，中央最重視的事是島內秩序與大清統治權的問題，皇帝的政策非常鮮明，凡是反清復明的武裝行動，必不留情的斬殺務盡，不讓政治理念的異端有機會存在，以免貽害將來。至於本地的原住民，他們起事的原因複雜，而且多不具備政治因素，因此他主張先恩後威，能以和平方式解決最好。即使以武力平定，事後也設法安撫，務使安靜。甚至使用立碑分界，給予經濟物質籠絡或施以教化等消極方法，來達成「歸化」的目標。雍正對臺地原住民

80.國立故宮博物院（編），《宮中檔雍正朝奏摺》，第 11 輯，頁 920。

的作法，顯然不像他對他兄弟與功臣們實力剪除時那樣的凶殘，其原因多少還是與傳統中國治邊政策有關，他想「修其教不易其俗，齊其政不易其宜」，以達成較好的統治效果。在雍正的思維中，他對華夷有一新看法，他說：「孟子云：舜東夷之人也，文王西夷之人也，本其所生而言，猶人之籍貫耳。」又說：「自中國一統之世，幅員不能廣遠，其中有不向化者，則斥之為夷狄。如三代以上之有苗、荊楚、玁狁，即今之湖南、湖北、山西之地，在今日而目之為狄夷可乎?」「夷狄而中國也，則中國之。」因此他對於臺灣原住民的基本政策是想以教化來改變他們的「籍貫」，使其成為大一統的中國人。他既已成「為中外臣民之主，則所以蒙撫綏愛育者，何得以華夷而有殊視」[81]。

雍正朝臺灣地方官員的民族籍別以漢人為多，不同於康熙之世，可能也與他的大一統思想有關。總之，雍正的治臺政策，既重視政治的經營，又重視經濟的開發；既關心疆土的固守，又兼顧大一統的宏觀。從歷史長遠的潮流看，是對地區穩定有益的，對統一政治局面有益的，對多元民族國家發展更為有益。

81.《大義覺迷錄》，收入：《清史資料》，第 4 輯（北京：中華書局，1983），頁 4、5、22 等處。

法家天子[1]

　　愛新覺羅・胤禛是清朝入關後的第三代君主，生於康熙十七年十月三十日（1678 年 12 月 13 日），生母是烏雅氏（一作吳雅氏，同名異譯，後尊稱為孝恭仁皇后），在康熙皇帝妻妾中的地位不高。胤禛出生時，同父異母兄弟只有三人健在，他以齒序為第四，這是他日後被稱為「皇四子」、「四爺」的原因。康熙六十一年 (1722) 胤禛繼統為君，年號「雍正」；他在位時間不長，僅十三年，死後追諡「憲皇帝」，廟號世宗。由於一般人喜用年號稱明清皇帝，本文也從俗稱清世宗為雍正。

　　雍正死後，嗣君與大臣為他定了一個「憲」字諡號。我們知道，諡號反映一個人生前的學行事功，《說文》稱：「諡，行之迹也。」《白虎通》說：「諡之為言引也，引烈行之迹，所以進勸成德，使上務節也。」從這些古書中對古人諡號的解釋，我們不難了解雍正得個「憲」字，可能有兩種意義，正如《康熙字典》裏註明的，一是「博聞多記曰憲」，一是「法令」、「懸法示人曰憲」。雍正執政時喜歡派出探員私訪官員隱

1.原文刊載於：《兩岸故宮第一屆學術研討會：為君難──雍正其人其事及其時代》（臺北：國立故宮博物院，2010），頁 137–167。

私，又以密奏收集官員情報，因此他有「博聞多記」的長處。他又重法治，「憲」字當然更適合他了。因為「憲」有「從害省，從心、從目，觀於法象，使人曉然知不善之害，接於目，怵於心，凜乎不可犯也」的深意，因此我們可以相信雍正應是屬於法家型的君主。

不僅如此，雍正自己可能也以法家自許，他在遺詔中不否認他統治期間用法有些嚴猛，他說：

> 從前朕見人情澆薄，官吏營私，相習成風，固知省改，勢不得不懲治整理，以戒將來，今人心共知儆惕矣。❷

乾隆繼承大位後也說：「皇考世宗憲皇帝整頓積習，仁育而兼義正，臣下奉行不善，又多有嚴刻之弊。」❸可見他們父子二人異口同聲的說明雍正時期是用法「嚴刻」，雍正本人是位法家天子也當之無愧了。

中國古代思想中雖有所謂的「九流十家」，但歷代帝王主要以儒家與法家作為統治國家的哲學基礎。雍正應該是偏重法家思想治國的，從以下的一些事實也許可以作一說明。

提到法家治國，人們都會想到「法」、「術」、「勢」這些政治思想用語。「法」是指法律、成文法，更確切地說是指刑法，雍正在這方面是非常重視的，而且他不斷耳提面命地告

---

2. 華文書局（輯），《大清世宗憲皇帝實錄》（臺北：華聯出版社，1964），卷159，頁22，雍正十三年八月己丑條。

3. 華文書局（輯），《大清高宗純皇帝實錄》（臺北：華聯出版社，1964），卷12，乾隆元年二月癸亥條。

訴臣工們他注重法治。例如在即位後不久，他就對宗室人等
說：

> 朕思皇考時，問罪圈禁之人，原不應釋放，只以現遇
> 恩赦，姑與寬宥，伊等當念身係宗室覺羅，須閉戶家
> 居，安份靜守，慎勿怙過不悛，再罹重罪。❹

　　在雍正元年 (1723) 二月，他又借著命十六阿哥允祿承襲
莊親王王爵遭「外間匪類，捏造流言，妄生議論」事，降諭
總理事務王大臣及諸王大臣說：

> 爾等果能悛改惡習，竭力供職，……朕自必知之。如
> 不悛改，不思皇考六十餘年教養深恩，不感戴朕保全
> 寬宥之意，妄生事端，干犯法紀，朕斷不寬宥。❺

　　七月間，又因不要京中與外省官員為皇帝祝壽事，向諸
王大臣說：

> 特宣布中外，於朕誕日毋得建立祝壽道場……若不遵
> 諭旨，朕必加以處分，不少寬貸。

　　對於內閣大學士們，雍正也因票籤不合旨意以及本章上
「落去一點」等事，責斥他們「不肯盡心」，甚至罵他們「豈

---

4. 華文書局（輯），《大清世宗憲皇帝實錄》，卷2，頁2。
5. 華文書局（輯），《大清世宗憲皇帝實錄》，卷4，頁7–11。

不可恥」，最後甚至還警告說：

> 三年之內，將向來怠玩積習務須盡改，倘仍付之膜外，
> 不肯改易，不特設有國法，及天理亦所不容矣。

其他如議政王大臣會議「未行之前，動輒洩漏，人皆得知」，傳旨令議政大臣們日後「務宜慎密，在議政處執事司官、筆帖式等，亦宜嚴飭，如有此等洩漏事情」，「必從重治罪」。兵部驛站官吏「通情受賄」，向人民「照里科派」等等弊端，皇帝也下令要「逐一徹底清查」，「違者從重治罪」。刑部熱審減等發生弊病，犯人可以巧脫，胥吏因緣為奸，因而下令若「仍蹈前轍者，官吏嚴加議罪」。工部官員又因用銀問題，皇帝諭令：「嗣後……若將舊事隱匿掩飾，不行查出，被朕查出，必治重罪。」此類「必從重治罪」、「嚴加議罪」、「必治重罪」等文字在雍正初年檔冊中，可謂俯拾皆是[6]。

八旗是滿清的根本，雍正對旗裏的事務也十分關心，他上臺後發現各旗的長官與旗下的屬人都有問題，因而想以重罰嚴懲來作些改革。雍正元年二月降諭內閣說：

> 從前皇考之時，凡上三旗大臣侍衛官員人等，俱不許
> 在諸王門下行走；即諸王屬下人，非該屬處，亦不許

6.以上諭旨，請參看：《雍正朝起居注》，國立故宮博物院藏本，元年七月二十九日、七月十一日、八月二十四日、十月初五日、五月二十二日諸條。又華文書局（輯），《大清世宗憲皇帝實錄》，卷2，頁21，還記雍正對刑部降諭有關恩詔內赦罪人如「仍不悛改，干犯法紀，務必將伊等加等治罪」，顯見其用法之嚴。

私相往來。……嗣後如有私相行走之人，一經查出，即行參革。如不糾參，經朕查出，或被旁人首告，定將該管大臣，一併從重治罪。❼

另有旗官不照制度，「不按品帶素珠、掛踢胸、放引馬者，亦有過分官員至以絲紬做坐褥者，嗣後俱宜按品定例遵行」，八旗提督衙門應嚴察，「若徇私怠忽，一經朕知，將該管官員大人一併議處」❽。

旗官私派錢糧也是違法之事，雍正曾降諭八旗都統說：

私行科派，殊非善事，貧乏兵丁，所恃以為生者，惟在錢糧。嗣後各旗佐領下，一應公中事務，概不許私自派取，若有擅行私派者，即以作弊治罪。

八旗官兵入關以後，舊時古樸風氣漸失，皇帝也發現了這些問題，特別下令說：

比見八旗官員兵丁內，嗜飲沉湎，以致容貌改常、輕生破產、肆行妄為者甚眾，其中豈乏材具可用之人，朕實憫之惜之。著八旗都統，各查該屬官員兵丁內，酗酒不肖之徒，定以期限，速令悛改；能改則已，如不能改，係官員即行題參，應襲者令人承襲，係兵丁即行革退，以示懲戒，法在必行。❾

---

7. 華文書局（輯），《大清世宗憲皇帝實錄》，卷3，頁52。
8. 《雍正朝起居注》，國立故宮博物院藏本，元年五月初十日條。

又對不敬老的八旗人員定了如此一條法令：

> 禁止八旗官員，詬罵屬下人等父母，違者交該管官懲治。❿

雍正確是一位性格古怪而具有法家色彩的皇帝，他不要天下臣民為他祝壽，他也不過新年。在雍正元年元旦，他不行慶賀禮，不利用假日好好休息，卻在這天一連發出上諭十一道給地方上各級文武官員，命令他們做到察吏安民、共勵官箴、培養教育、轄兵愛民、巡緝奸宄、執法不阿等等事項，切不可「矯激沽名」、「庸昏廢事」，並且幾乎以威脅的口吻告訴各級官員，他是一位重法治的君主。例如他對總督說：「若爾等恣意徇私，不能竭忠盡職……其罪甚大，國法森嚴，朕雖欲寬貸爾等，不可得也。」對巡撫說：「爾等負恩曠職，自取罪戾，朕又安能廢法以宥爾乎？」對學政說：「若罔顧聲名，廉隅不飭，國有常憲，罰必隨之！」對總兵官說：你們如果「徒擁厚祿，虛靡爾位，既無益於兵民，致有乖於令典，國法森嚴，朕不爾貸也」。對布政使說：你們「若營私黷貨，曠職累民……朕又安能弛國家之令典，三尺莫逭，爾其慎之」。對道員們說：「期爾等爭自濯磨，振飭風憲……其或因循不改，朕必置之重法。」對副將、參將、遊擊等武官們說：你們「儻若廢弛武備，侵漁糧芻，……恣意逞威，虐民生事，為害於地方，王法森嚴，決難輕貸」。對知府說：「若徇私納賄，

<hr>

9. 華文書局（輯），《大清世宗憲皇帝實錄》，卷2，頁17。

10. 華文書局（輯），《大清世宗憲皇帝實錄》，卷2，頁2。

不能率屬愛民，貽害地方，蔑視憲典，三尺具在，朕不能為爾等寬也。」對知州、知縣們也說：「爾州縣等官，其恪共乃職，勿貽罪戾。」否則「必從重治罪，決不寬貸」**⓫**。這些文字在在說明了雍正不惜對大家用法。

雍正向大家說「國法森嚴，朕不爾貸」，或是「國有常憲，罰必隨之」這類話，不是說說而已，他真用實際行動來表示他是以法治國的。雍正與皇家兄弟的鬥爭中，在上臺不到三個月的時候，他就說了反對者將「啟朕殺人之端」的話；而在雍正二年 (1724) 十月更警告皇室兄弟及大臣們「爾等執迷不悟，怙過不悛，迫朕以不得不行誅戮」**⓬**，果然隨後就「大義滅親」了。他的兄弟非囚禁即「冥誅」，沒有一位得到善終。而這些兄弟們的黨人，不問滿洲、漢人，也都沒有好下場。另外，雍正的「功臣」年羹堯、隆科多等人，也分別在九十二條及四十二條大罪狀下，被「置之重典」。年、隆的黨羽，無論是文官或是武將，都被一網打盡，而且窮迫不捨，直到趕盡殺絕為止。有關阿、塞、年、隆之獄以及有關雍正打擊異己的問題，專家學者們的精彩著述很多，這裏不再贅述**⓭**。

雍正初年的「弒兄殺弟」、「殺戮功臣」，儘管是繼承鬥爭

11.華文書局（輯），《大清世宗憲皇帝實錄》，卷3，頁1–26。

12.允祿等（編），《上諭內閣》，雍正元年二月初十日條，及《雍正朝起居注》，國立故宮博物院藏本，二年十月十七日條。

13.請參看：孟森、蕭一山、鄭天挺、王鍾翰、戴逸、韋慶遠、王思治、馮爾康、閻崇年、王戎笙、郭成康、莊吉發、李治亭、楊珍、李國榮、張書才、劉桂林、成崇德、金恆源、楊啟樵、金承藝、吳秀良、黃培、邵東方等學者之論著。

的餘波，可能也有鳥盡弓藏、殺人滅口的因素。但是皇帝為
維護統治權，提高皇權，確實是用了法律，而且是嚴法來治
國應是不爭的事實。

雍正的法治當然不是專為打擊異己，正如王先謙談論韓
非法家思想時所說：

> 其云明法嚴刑，救群生之亂，去天下之禍，使強不陵
> 弱，眾不暴寡，耆老得遂，幼孤得長，此則重典之用
> 而張弛之宜，與孟子所稱及閒暇、明政刑，用意豈異
> 也。❶

雍正大部分嚴猛法治措施是為「救群生之亂，去天下之禍」。
我們先來看看他繼位不到一個月就降下清查錢糧、追補虧空
的諭旨，文中有：

> 近日道府州縣虧空錢糧者，正復不少。揆厥所由，或
> 係上司勒索，或係自己侵漁，……動輒盈千累萬；督
> 撫明知其弊，曲相容隱，及至萬難掩飾，往往改侵欺
> 為那移，勒限追補，視為故事，而全完者絕少。……
> 朕深悉此弊，本應徹底清查，重加懲治，但念已成積
> 習，姑從寬典，除陝西省外，限以三年，各省督撫將
> 所屬錢糧，嚴行稽查，凡有虧空，無論已經參出，及
> 未經參出者，三年之內，務期如數補足，毋得苛派民

14.王先謙，〈序〉，收入：王先慎，《韓非子集解》（臺北：臺灣商務印書館，
　　1965）。

間，毋得借端遮飾，如限滿不完，定行從重治罪。三年補完之後，若再有虧空者，絕不寬貸。[15]

不僅如此，雍正還明確地規定了一些清理錢糧的法治主張，他說：

其虧空之項，除被上司勒索及因公挪移者分別處分外，其實在侵欺入己者，確審具奏，即行正法。倘仍徇私容隱，或經朕訪聞得實，或被科道糾參，將督撫一併從重治罪。[16]

過了約一個月之後，雍正又下令在中央成立一個專管錢糧報銷等事的衙門，後來定名為「會考府」，由皇帝愛弟怡親王允祥負責主持[17]。幾個月之後，雍正對允祥表示一定要徹底清查，「爾若不能清查，朕必另遣大臣；若大臣再不能清查，朕必親自查出」[18]。皇帝對清查虧空案的決心，實已躍然紙上。

雍正既然都要親上火線，清查虧空之事當然如火如荼的展開。在允祥等人「過於苛刻」的搜求下，發現中央戶部也虧空庫銀二百五十萬兩，為皇家服務的內務府也有虧空。在皇帝的同意下，戶部虧空中一百五十萬兩由歷任堂官、司官

15.華文書局（輯），《大清世宗憲皇帝實錄》，卷2，頁24–26。
16.允祿（等編），《上諭內閣》，康熙六十一年十二月十三日諭。
17.華文書局（輯），《大清世宗憲皇帝實錄》，卷3，頁34–35。
18.允祿（等編），《上諭內閣》，雍正二年十一月十三日諭。

及部吏一同賠償，餘下的一百萬兩則由戶部逐年彌補。事實上允祥原先想用「戶部雜費逐年代完，約計十年，可以清楚」的；雍正則認為歷年經手的那些堂司官員「當時任意侵漁，此時置之不問，令其脫然事外，國法安在」，因而改由戶部彌補一百餘萬兩，其餘的由尚書與經手的官吏們「量其家產，派令完補」。負責賠償的官員，如果「將來不能全完，仍將不能完結之官員從重治罪」[19]。雍正清查虧空的嚴猛由此可見一斑。內務府官員的虧空他也不護短，特別是他的十二弟允裪，在康熙朝管內務府事務時有了虧空，雍正追查後，「責令賠補」，允裪乃將家中「器用小物，舖列大街出賣」[20]，這是令皇家丟臉的事，皇帝似乎也在所不顧，嚴追虧空，雍正是一視同仁的。

對於地方虧空的追補，皇帝想出來的嚴猛方法，真是教人不敢相信。當貪官的弊案被揭發並審查屬實之後，第一步是將貪官的家產全部充公，即所謂的「抄家籍沒」。此類事件很多，不能一一列舉。雍正之所以如此作法，有他個人的看法：

> 若又聽其以貪婪橫取之貲財，肥身家以長子孫，則國法何在！而人心何以示儆？況犯法之人，原有籍沒家產之例，是以朕將奇貪極酷之吏，抄沒其家貲，以備賞賚之用。[21]

19.《雍正朝起居注》，國立故宮博物院藏本，二年十一月十三日條。
20.《雍正朝起居注》，國立故宮博物院藏本，二年十月十七日條。
21.允祿（等編），《上諭內閣》，四年七月十七日諭。

　　第二個手段是凡貪污審實的官員，絕不准許他們再留任以賠補銀兩，必須立刻革職，因為「留任催追，必致貽累百姓」。如果這些官員能在限期內「清完」，而「居官好者，該督撫等奏明」，再考慮恢復他們為官[22]。

　　雍正對貪官確是深惡痛絕的，他說過「命案盜案其害不過一人一家而止。若侵帑殃民者，在一縣則害被一縣，在一府則害被一府，豈只殺人及盜之比」。他追賠的第三個手段是抄沒贓官可疑親戚的家產；後來發現株連太大，地方反應不佳，便在雍正三年 (1725) 二月間降諭停止[23]。第四種手段略嫌殘忍了一些，雍正下令即使貪贓的官員畏罪自殺了，也不得就此結案，皇帝主觀的相信「料必以為功名家貲既不能保，不若以一死抵賴，將貲財留為子孫之計，情節顯然」；因此他仍然命令總督、巡撫們「嚴審所有贓款，著落追賠」[24]。可見他追贓的決心非常徹底。

　　雍正以法治國的主張，還可以從他的禁賭政策上看得出來。他認為賭博是諸惡之源，不但荒棄人的本業，蕩盡人的家財，社會上「鬥毆由此而生，爭訟由此而起，盜賊由此而多，匪類由此而聚」，所以賭博非禁不可。雍正的禁賭政策也是特別的，他不但要罰賭博的人，也要窮究賭具的來源，甚至賭博發生地與賭具製造地的各級地方官員也都要受到處分。雍正四年 (1726) 九月，他發現禁賭政策收效不大，因此重申禁令，頒降諭旨：

---

22. 華文書局（輯），《大清世宗憲皇帝實錄》，卷 4，頁 35。

23. 《雍正朝起居注》，國立故宮博物院藏本，三年二月二十七日條。

24. 《雍正朝起居注》，國立故宮博物院藏本，五年二月初三日條。

賭博之事，最壞人之品行，若下等之人，習此必至聚
集匪類，作奸犯科、放僻邪侈之事多由此而起。若讀
書居官之人，習此必至廢時誤事，志氣昏濁，何能立
品上進。乃向來屢申禁飭，而此風尚未止息，深可痛
恨。若不嚴禁賭具，究不能除賭博之源。著京城內外
及各省地方官將紙牌、骰子悉行嚴禁，不許再賣，違
者重治其罪。常有窩賭之家，誘人入局，以取其利。
嗣後准輸錢之人，自行出首，免其賭博之罪，仍追所
輸之銀錢還與之，庶使賭博之人有害而無利，則其風
可以止息矣。㉕

雍正五年 (1727)，我們從史料中發現另類的處分實例。這
一年十月，刑部議准一批人照營田贖罪例贖罪，但是同一類
案件中有王惠其人因有毆死人命案在身，未得皇帝最後批准。
殺人是重罪，不准贖罪是可以理解的。另外還有林必映、林
鼎勳身為舉人、監生，開設賭場，雍正也給他們否定了，讓
他們服刑，判以應得之罪㉖。可見開設賭場也是罪大惡極之
行。

雍正六年 (1728) 六月初一日，莊親王允祿等上奏，報告
「查拿違禁造賣紙牌、骰子董五等共十三案，俱經審訊應照
例分別治罪，並將失察之各該管，查取職名，交部議處」等
事項。皇帝看了報告之後，發表了如下的談話：

25.《雍正朝起居注》，國立故宮博物院藏本，四年九月二十三日條。
26.允祿（等編），《上諭內閣》，五年十月十五日諭。

董五等係嚴禁賭博之後初次犯法者，著寬減其罪，將應行充發者枷責完結，應行杖流者杖責完結，該部酌量輕重發落，仍將伊等姓名，記注檔冊，倘再犯違禁，加倍治罪。這本內有各犯供稱骰子係本京造賣，紙牌係外省人販賣等語，今該部將如何根究造賣賭具之處，並未議及。嗣後京城有犯賭博者，務將何處造賣賭具之人嚴行究出治罪，將該管地方官及督撫一併處分，通著為例。❷

雍正九年 (1731) 六月，又有步軍統領阿齊圖進呈奏報，說道「販賣賭具牌骰者，在直隸、山東、山西居多」，他請求皇上「行文該督撫飭各地方官嚴行禁止」。皇帝因而又說：

賭博之為害，敗壞品行，蕩廢家貲，其關係人心風俗者，不可悉數，此人人所知者。欲杜絕此惡習，則賭具之禁，更不可以不嚴，朕為此惓惓訓飭至再至三，則凡地方大吏有司有教養斯民之責者，皆當仰體朕心，奉行唯謹，不當視為具文也。京師戶口繁多，五方雜處，年來稽查嚴密，不肖之徒，頗知斂跡；至於外省之稽查則較京師為易，而督撫以至守令，奉行不力，竟聞省會之地有公然製造賭具、列諸市肆而不知畏懼者，百姓之藐法若此，則大小官吏能辭溺職之罪乎？屢次步軍統領衙門拏獲私賣賭具之人，供稱販自外省地方，則外省之疎忽廢弛，顯有證據矣。賭博難禁，

27.《雍正朝起居注》，國立故宮博物院藏本，六年六月初一日條。

> 而造賣賭具之禁尚屬易行之事，前年定例：凡失察造
> 賣賭具之知縣照溺職例革職，知府革職留任，督撫司
> 道等官各降一級留任。著該部將朕此旨再行宣諭，倘
> 嗣後再有犯者，必照定例處分，不稍寬貸。❷❽

　　誠如雍正所說「賭博難禁」，但是皇帝嚴懲賭徒與禁造賭
具的決心並沒有改變。同年七月初二日，刑部開會決定了這
樣的一件事：

> 四川縣竹縣民田臣，因褚雲引誘賭博，醉後索錢爭扭，
> 田臣拳毆褚雲得脫。褚雲持棍趕毆，田臣拾石拋擲，
> 適中褚雲顱額，越四日殞命。田臣應擬絞監候。失察
> 賭博之署潼川事德陽縣知縣李維祥已經別案革職無庸
> 議。吏目何國卿應罰俸一個月。

雍正對他們的判決有些不同意，他改判「田臣情尚可原，從
寬免死，照例減等發落」。其餘官員革職、罰俸事，他批了：
「依議。」❷❾這樣的改判似乎是對誘賭的人應加諸重刑，雖死
也不為過。官員的處分正是他先前訂下的法條，而且要如此
落實辦理。

　　雍正十年 (1732) 二月，刑部又向皇帝呈報了另一件賭博
案件以及他們量刑的情形：有八旗屬下人沙里布、喜兒、和
尚等人在孀婦張氏家賭牌被查獲。張氏被判絞監候，沙里布

28.《雍正朝起居注》，國立故宮博物院藏本，九年六月十一日條。
29.《雍正朝起居注》，國立故宮博物院藏本，九年七月初二日條。

革去監生，喜兒、和尚則「俱枷號二個月，鞭一百。其失察之官員交兵部分別議處」。皇帝對張氏的死刑從寬發落，他說：「八旗窩賭，例應擬絞；但張氏年已七十，伊子又在軍前，著免死，照例減等收贖。」其他對官員的處分，他同意了刑部的判決[30]。

同年閏五月又有莊三等製造假骰的人，被刑部判以軍杖。「失察賭博之署靈璧縣知縣楊大勳應罰俸一年。不行確審之鳳陽府知府、今陞江蘇按察使刁承祖應降一級調用」。皇帝最後裁定：「依議。刁承祖著照部議所降之級，從寬留任。」[31]

直到皇帝過世前一年，即雍正十二年 (1734) 九月十一日，清宮檔案中還記著皇室親人賭博被抓，宗人府審查後，將擬罪的結果報告給皇上，皇帝看了後批示：「此案內賭博覺羅圖爾泰等既擬以枷責羈禁之罪，又議以裁去一年錢糧，此等犯罪覺羅人等，亦支給錢糧乎？」[32]可見這位被罰的皇室宗人除枷責外，錢糧收入也難保了，處分不可謂不嚴。

同年十二月初八日，刑部又為安徽合肥縣楊老麻子等造賣賭具的事上奏，部裏給造賭具的「各犯照例擬以充軍流杖等罪」。這一次因為地方官查案有功，「各官議敘分別加級紀錄」，皇帝認為合理，全都「依議」[33]。

綜上可知，雍正對賭博一事也是主張法辦的，而且在方法上有創新發明，並持續堅持，不分滿漢、不分官員與平民，

---

30. 《雍正朝起居注》，國立故宮博物院藏本，十年二月二十五日條。

31. 《雍正朝起居注》，國立故宮博物院藏本，十年閏五月初七日條。

32. 《雍正朝起居注》，國立故宮博物院藏本，十二年九月十一日條。

33. 《雍正朝起居注》，國立故宮博物院藏本，十二年十二月初八日條。

這些似乎也可以說明他是一位重法治的君主。

雍正知道「任法以御下」，而且也了解「公立所以棄私」的道理，他既是要以法治國，當然不能以私廢公，他對自己舊屬、皇家兄弟，甚至自己的親人也不能不以法治。雍正二年十一月十三日的「起居注」裏有這樣一段記事：

> 皇考仁皇帝用人行政一秉至公，決獄理刑，務求平允。獨於徐彩官毆死人命一案從寬減等，流徙陝西，此皇考因徐彩官係朕藩邸之人，恐因此累及於朕，特施寬典。朕再三奏請，置之大辟，未蒙俞允。此案事情，徐彩官原可以為首、可以為從之人，……惟朕深悉，是以即位以來，曾下旨與舅舅隆科多，令其查明現在何處。……據年羹堯奏稱徐彩官尚在戍所。著將徐彩官拿解刑部，仍按律擬絞監候。自今以往，諸大臣既得悉知皇考愛護朕躬之深恩，而朕仰體皇考鴻慈亦斷不肯以舊邸細人使國法稍有屈抑。[34]

可見雍正不惜翻案，殺掉以前門下奔走的舊人而顯示他用嚴法治國的決心。尤有甚者，他也可能「殺」了親生兒子弘時。雍正有子十人，頭三位皇子弘暉、弘昐、弘昀都在康熙年間早逝。即位後最年長的兒子是弘時，乾隆帝弘曆比弘時小八歲。《清史稿》中記：「弘時，雍正五年以放縱不謹，削宗籍，無封。」[35]沒有說到他的死因。《清實錄》中則在乾

34.《雍正朝起居注》，國立故宮博物院藏本，二年十一月十三日條。

35. 國史館（輯），《清史稿校註·卷227·傳7·諸王6》，第10冊（臺北：臺灣商

隆的一道諭旨裏:「從前三阿哥年少無知,性情放縱,行事不
謹,皇考特加嚴懲。」❸《清皇室四譜》一書中透露的消息較
多,記述的文字如下:

> 皇三子 (案: 敘齒行次第三,自然出生行次第四) 弘時,康熙
> 四十三年甲申二月十三日子時生,雍正五年丁未八月
> 初六日申刻,行事不謹,削宗籍死,年二十四。十三
> 年十月,高宗即位,追復宗籍。❸

　　弘時既「行事不謹」受到雍正「特加嚴懲」、「削宗籍」,
而雍正在嚴辦兄弟允禩、允禟時曾說過:「朕尚有阿其那、塞
思黑叛賊之弟,……不但兄弟,便親子亦難知其心術行事
也。」❸話中顯然認為他兒子中有人與允禩等人一黨,亦屬於
「叛賊」一類的人。弘時像似與父親的政治立場頗有不同,
才「削宗籍死」的。也許這一說法尚待史料證明,但雍正殘
忍個性與嚴法統治讓人有聯想空間。
　　對於皇親貴族與功臣,傳統帝制有所謂「八議」的條款,
即對親、故、功、賢等類人的犯罪給予優待,有意為他們曲
法優容,這是不平等的。雍正認為這些人平時已經得到國家
優崇了,犯了罪還可以再得到曲宥,國法如何達到懲惡勸善
的目的呢?所以他對親貴功臣多用刑法,也證實了他是一位

　　務,1999),頁7843。
36.華文書局 (輯),《大清高宗純皇帝實錄》,卷5,雍正十三年十月己丑條。
37.唐邦治 (輯),《清皇室四譜》(上海:聚珍仿宋印書局,1923),卷3,頁76。
38.請參看:允祿 (等編),《上諭內閣》,六年三月二十六日諭。

重法的君主。

在宗族制度下，以往中國舊法律中總是尊崇長輩；雍正卻理性的推行法制，認為一切審判應以公平合理為原則才對。有一年福建省建安縣民人魏華音，偷割人家稻禾，竟將已去世胞兄的獨子勒死，嫁禍於人。刑部按尊長致死卑幼論刑。雍正看了刑部報告後不同意，在頒降的聖諭中說：魏華音凶殘已出常倫之外，固然他有叔叔的身分，但不能以宗族關係看待。他指示：「其將卑幼致死以脫卸己罪及誣賴他人者，應另定治罪之條。」[39]後來法條更定為「應照親伯叔奪兄弟之子房產等情故殺例擬絞監候」。

雍正理性的更定法條還可以從以下事實中窺知：

雍正很關心盜竊案件，因為「劫人之財」是社會不安的大惡之一。雍正六年十一月間，刑部對江西信豐縣民殷來福仔夥同邱文遠等，盜竊主人財物判以「減凡盜一等例，免刺僉流」，這是老法條。皇帝認為「奴婢盜家長財物，與監守自盜官物者，情罪相等；豈盜官物者應從重，而盜家物便可從輕乎？況殷來福仔起意勾引外人，同盜伊主財物，情罪尤屬可惡。部議引減等之律定擬，尤屬未協。嗣後，奴婢盜家長財物，應如何定律之處，該部詳議具奏」。不久刑部遵旨改定，條文是：「奴婢自行偷竊家長財物者，請照竊盜律，分別贓數定擬，不准減等，仍行刺字。其奴婢起意勾引外人同竊者，照凡竊盜律，分別贓數，遞加一等治罪。」可見這類竊盜變為從重處理了[40]。

39.允祿（等編），《上諭內閣》，六年六月初四日諭。

40.華文書局（輯），《大清世宗憲皇帝實錄》，卷75，頁8–9。

　　直到雍正十三年 (1735) 正月，皇帝還認為地方官對人命盜案的審判過輕，甚至批評他們「行其婦寺之仁」，這對法治是不利的。皇帝說：

> 朕每見天下督撫有司等，於人命盜案查審定擬時，往往曲為開脫，以行婦寺之仁，意謂寬宥一人，可以種陰德於冥冥之中，不知君與臣皆任教養斯民之責，平時不能殫教養之道，使之不陷於重辟，雖在吾君臣有不得辭之過，然尚屬伊等干犯法紀，自取其罪。國家設立科條，原以禁暴除奸，使人人共守者，豈可枉法以市恩，俾受害者含冤飲恨？❹

　　另外雍正對宗室犯罪的原有條例也覺得不妥，作了更改的建議，他為此事降諭作如下的說明：

> 向來定例，宗室犯枷責罪者，具准折贖，覺羅犯枷責罪照平人例完結。朕思覺羅亦係宗室，悉照平人例處分則宗室覺羅迥然各異，而與平人似無辨別。至宗室枷責罪者如概令折贖，伊等亦不知儆懼。嗣後宗室、覺羅若犯枷責之罪，應酌其罪犯輕重，即在宗人府或拘禁或鎖禁，分別年限，期滿釋放，以抵其罪，庶覺羅處分與平人有別，而宗室亦知儆戒。其如何酌量罪犯輕重分定年限之處，著宗人府會同該部定議具奏。❷

41.中國第一歷史檔案館（編），《雍正朝起居注冊》（北京：中華書局，1993），十三年正月二十一日條。

表面上似乎給覺羅的罪責減輕了；但最高等的貴族宗室們，也是最會仗勢欺人的宗室們，卻加重了犯罪的懲處。

雍正在司法制度上也有其他的改革，如他為「慎重民命」，下令廢除割去犯人腳筋的酷刑。又命地方官將秋審情實的人犯名單送中央再行「三復審」[43]。監獄的弊病很多，他諭令罪犯分首從，不能一概混行收押。獄官獄吏更不准接受賄賂，不能讓重囚串供、或重囚親戚「混入密送挖牆斷鎖行兇之具……致令重犯越獄逃脫」等等[44]。法條上一些不合時宜應加以修訂或予以刪除者，如「蒙古、色目人婚姻條」在清朝不存在這類問題，當然應刪去。總之，雍正用嚴法治國，或是修訂法令條文，不外是實行務實的政策，提高他個人的皇權，以及加強地方及整個國家的安全。其主旨與法家思想是相符合的。

「嚴而少恩」確實是法家施政的特色之一，但是法家也是主張獎賞的。正如「為私利者被刑」一樣，「有軍功者受賞」也是應該的。不僅有軍功的要賞，守法的大眾都要受賞，所謂「賞存乎慎法，而罰加乎姦令者也」，即是指此。雍正也遵行這一信念，他不但賞功臣、賞循吏，他有時還給臣民們「殊恩曠典」的重賞。他即位不久就給年羹堯賜爵、賜金、賜第、賜世職等等；隆科多也得到封公賜爵的重賞，並獲得「舅舅」的崇敬尊號。年、隆二人都是大「功臣」，理應受

---

42 中國第一歷史檔案館（編），《雍正朝起居注冊》，十二年四月十二日條。

43 《雍正朝起居注》，國立故宮博物院藏本，三年二月初一日、三年十一月初七日諸條。

44 華文書局（輯），《大清世宗憲皇帝實錄》，卷129，頁2–4；中國第一歷史檔案館（編），《雍正朝起居注冊》，十一年十二月二十七日條。

賞。張廷玉是雍正的寵臣，在中央歷任禮部尚書、內閣大學
士兼管吏部、戶部及翰林院事、軍機處大臣等等要職，他為
雍正草擬上諭並參與問政，十餘年如一日，其間不斷受賞，
有每次賞帑金「輒以萬計」[45]。田文鏡是雍正在外省最信任
的封疆大吏，曾經得到數不清的賞賜物品，讓田文鏡年老退
休前，向皇帝報告需要購買一間房屋專門為恭藏之用。火耗
歸公後，一般巡撫所得的養廉銀約在一萬至一萬五千兩之間，
田文鏡卻得到皇帝的殊恩，賜給近三萬兩[46]。田家本屬漢軍
鑲藍旗，雍正覺得他「忠正為國，實心盡職」，因而特地把他
撥入正黃旗，以提高他們的旗分地位，這是另一種形式的恩
賞[47]。其他文武官員受到重賞的還有很多，不能盡舉。最有
趣的是雍正常給一些有功官員逾格升官，例如他即位後不久，
給臺灣一位武官千總何勉「施以殊恩」，越級升他為參將，原
因是何勉「可愛可嘉」，他深入鳳山密林山區擒獲朱一貴餘黨
王忠等人，這是不依人事法規的升遷特例[48]。還有在推動重
農政策時，皇帝又命令地方官每年在每鄉中選拔一兩位勤勞
儉樸的老農民，給予八品頂帶，以示獎勵[49]。至於獎賞拾金

45.張廷玉，《澄懷園主人自訂年譜》（臺北：廣文書局，1971），卷2、卷3，記雍
　　正五年賞典鋪一所價值三萬五千兩，八年賜金二萬。

46.國立故宮博物院（編），《宮中檔雍正朝奏摺》（臺北：國立故宮博物院，
　　1976），第5輯，頁3044。

47.鄂爾泰（等修），李洵、趙德貴（主點），《八旗通志・卷188・名臣列傳48》
　　（長春：東北師範大學出版社，1985）；鄂爾泰（等修），李洵、趙德貴（主
　　點），《八旗通志・卷195・人物志75》。

48.中國第一歷史檔案館（譯編），《雍正朝滿文硃批奏摺全譯》（合肥：黃山書社，
　　1998），頁105、284等處。書中有將何勉漢譯為何明、何綿的，均誤。

49.允祿（等編），《上諭內閣》，二年二月初九日、二十日諭。

不昧的事，雍正朝書檔裏記述的更多了，受賞的人有男有女，包含各種職業，地區則分布於各省與邊疆[50]。這又是雍正用以表示法治使人心端正的一種手法，當然也藉以說明他用法是賞罰分明的。

再就法家講求的「術」來看，雍正在這方面的理論與實踐都是一流，是前史未見的。我們如果從「術」的發展史來觀察，在秦漢之前，「術」的派別好像不少，如縱橫家有捭闔術，陰陽家有陰陽術數，神仙家有長生術，道家有帝王術，「術」具有強烈的工具理性特徵。若就帝王用術治國一點說，法家的「術」似乎與道家的帝王術較為切近。不過，儒家因受《管子》中〈七法〉、〈任法〉、〈版法〉、〈明法〉、〈心術〉、〈形勢〉等學說的影響，因此在三晉法家與齊田法家思想理論中，對「術」有了一些解釋上的差異。他們顯然都肯定「術」對君主統治的重要性，而晉法家比較側重「術」是工具的方面，而且有著詭計的含意。齊法家則以治國安邦之道為主，兼有道家的養心之術。到韓非時代，「術」是君主的權術，專門用於對臣下的鬥爭工具。與「法」的公開性不同，「術」是君主暗用的機智。

由於雍正讀書多、閱歷深、辦事經驗豐富，他用術也很高明。在康熙末年皇子們為繼承大位鬥爭時，他嚷著要做個「富貴閑人」，編印《悅心集》，表現得對功名富貴是不重視的。正像他說「向無希望大位之心」「與臣工素無交往」[51]。

50.拾金不昧的記事在雍正五年以後的宮中檔奏摺、《實錄》、《上諭內閣》等史料中屢見不鮮，請參看。

51.《雍正朝起居注》，國立故宮博物院藏本，二年四月初七日、七月初六日等條。

可是從現今存世的《戴鐸奏摺》等資料來看，不難證明他其實在暗中從事爭繼的活動。登基之後，他先封政敵大頭目允禩王爵，又任用為總理事務大臣。差遣允䄉、允祹去塞外、邊疆，以分散其集團的力量，還有召允䄉返京等等，這一切措施，在在都是雍正運用「術」的精彩表現。他上臺後朝廷中的爭繼集團之爭、滿漢臣工之爭，都與他執政及國家安危有關，他不得不清除，而且用高明的「術」來清除。法家講求的「富強」，我們在雍正即位後追查虧空、嚴懲貪官的火急行動中可窺知，他確是一位善用權術的君主。日後在他的很多改革事業中，無論是整頓吏治、修訂賦稅、解除賤民、推行保甲、論才用人、務實行政，或是創建中央機構、鼓勵臣工密奏、確立文化政策、鎮壓反對勢力等等方面，讓人感覺到都有著忽隱忽現、或大或小的「術」的存在與運用。

韓非說：「術者，……潛御群臣者也。」雍正在這方面真是運用得得心應手。就密奏與硃批來說，「潛御群臣」的效果是極佳的。他顯然用了這種君臣之間文字交流方式達到權術治國的目的。以下是幾類值得一讀的硃批：

一、增進君臣關係的硃批

雍正常在大臣的密奏上批寫一些感人的文字，令大臣甘心為他服務。例如他對大臣的工作滿意時，會寫些「目今卿乃朕之第一巡撫」、「你是朕之功臣」❷、「此等之奏，可謂進獻真寶也，朕之所貪者，惟此一件耳」、「此奏朕實如獲珍寶

---

52. 國立故宮博物院（編），《宮中檔雍正朝奏摺》（臺北：國立故宮博物院，1978），第5輯，頁228。

之喜」❸，孟森先生所謂的這些「灌米湯」硃批，就統馭大臣而言，應該是有相當的作用與效果。

雍正喜歡賞賜大臣們物品，大臣得到賜物後理應具摺上奏謝恩，皇帝總會說些「朕待卿實不及卿之效力也」或是「此些小寄意之微物，謝奏皆屬多也」，讓大臣們感到非常親切。雍正五年十二月間，岳鍾琪在屢蒙賞賜之後上奏：「清夜自思，不禁感泣涕零，雖肝腦塗地，亦無以上報皇仁於萬一也。」雍正在他奏摺上批了：「卿之感謝之誠，自不在言表，朕知卿感激之衷，亦不從此言奏而會也。卿以朕恩為過厚，而朕之心只覺不及。各盡其心，上天自鑑。」❺又有一次，雍正甚至為賞賜物品對岳鍾琪說：「些須食物亦皆各省大臣進獻者，當與內外諸卿共之。況卿更為諸大臣中朕之不忍忘者，隨便寄念，何必過謝！」❺到曾靜案發之後，皇帝對岳鍾琪的賜物更多了，在岳鍾琪的謝恩摺上曾批道：「上天之恩惠，不與卿如此大臣分甘共肥，更賜何人也？但以朕逐日飲食未能時頒卿為不足耳。然每遇適口之物，賜與廷臣時，實常念及卿與鄂爾泰、田文鏡諸大臣也。」❺皇帝如此誠懇，怎不教大臣們衷心的感激呢？

雍正也會利用大臣生病時，表現得十分關懷，有時派御醫為大臣治病，有時差人專送宮中珍貴的藥材或用硃批寫些充滿深情的文字。雍正五年春天，岳鍾琪臥病，皇帝在一次

53.國立故宮博物院（編），《宮中檔雍正朝奏摺》，第 6 輯，頁 184。

54.國立故宮博物院（編），《宮中檔雍正朝奏摺》，第 9 輯，頁 453。

55.國立故宮博物院（編），《宮中檔雍正朝奏摺》，第 9 輯，頁 607。

56.國立故宮博物院（編），《宮中檔雍正朝奏摺》，第 12 輯，頁 2。

奏摺上批了：「愛惜量力而為之，少不節養，即是負朕。如精神當得起，便分外料理何妨乎？如少勉強，微小之事，可托屬員為之也。」[57]雍正六年八月，岳鍾琪在另一次病癒後上奏謝恩，雍正又為他寫了如此的一件硃批：

> 卿一片至誠感謝處，朕全覽矣，亦不必待卿之奏朕始知也。至於子孫之祝，除非卿之子孫負朕，即朕之子孫負卿耳。但將千古嘉語一句共勉之耳。……朕生平積一些福基處在不負人三字，實可自信者。[58]

由此可見雍正與岳鍾琪的早期良好關係，確有一些是由他們之間文字往來建立的。雍正之善於控制大臣，由此也可以看出端倪。雍正六年八月正是曾靜派徒弟張熙向岳鍾琪投書，希望岳鍾琪這位岳飛的裔孫能帶兵反清，推翻滿人的政權。岳鍾琪如何能忘了「子孫之祝」，而不謹記「不負人」三字福基呢？岳鍾琪把曾靜這批「腐儒」造反的事，以加快的密奏呈報了雍正。硃批與奏摺的功用由此可以看出一斑。

雍正有時也寫一些像家常話但有親切感的硃批，給人溫馨的感受。曾經當過雍正老師、後來歷任高官的嵇曾筠為謝恩賜眼鏡事上奏時，皇帝的硃批作：

> 此朕案邊親用之鏡，本日批畢後，隨便拈來賜卿者。若對眼，則卿之目力尚好，朕深為欣悅。[59]

57.國立故宮博物院（編），《宮中檔雍正朝奏摺》，第 7 輯，頁 775。

58.國立故宮博物院（編），《宮中檔雍正朝奏摺》，第 11 輯，頁 4。

　　鎮守山西大同地方的總兵官王以謙有一年身體不適，皇帝以硃批對他說：

　　好生養著，不知你吃酒否？若飲可戒之。[60]

　　對七十老人田文鏡，皇帝一直是關心他的，在田的一份奏摺上，皇帝竟寫出如下的硃批：

　　有人新進朕此一方，朕觀之甚和平通順，服之似大有裨益，與卿高年人必有相宜處。可與醫家相酌，若相宜方可服之，不可以朕賜之方強用也。卿雖年近七旬，朕尚望卿得子，此進藥人言，此方可以廣嗣，屢經應驗云云。[61]

田文鏡在河南為皇帝賣命出力，打擊地方特權，改革地方弊政，真可謂「鞠躬盡瘁，死而後已」，相信皇帝的硃批文字多少有些作用的。

　　總之，以專制時代君主對大臣的體統言，雍正的硃批有時是欠當的，或者可以說是接近「滿口胡柴」的；但對增進君臣之間的情感來說，這應是無上的法寶。他在大臣工作出色時給予讚美；在大臣臥病時給予慰問關心；在與大臣以硃批閒話中，表現了種種溫情，使臣工們感激，為他矢志效忠

59.國立故宮博物院（編），《宮中檔雍正朝奏摺》，第 21 輯，頁 397。
60.國立故宮博物院（編），《宮中檔雍正朝奏摺》，第 6 輯，頁 133。
61.國立故宮博物院（編），《宮中檔雍正朝奏摺》，第 16 輯，頁 485。

的服務，「術」的目的確是達到了。

二、紐合臣工不和的硃批

在雍正親筆寫的硃批中，我們也看到一些他以文字工具來調解大臣與大臣間關係的。現在且以當時的著名大臣為例，略舉兩事以為說明：

一是年羹堯與隆科多之間的事。年、隆二人都是雍正的「功臣」，但這兩人關係並不太好，皇帝為防止他們產生衝突，曾在雍正元年正月初二日年羹堯所呈送的〈會陳軍務事情請先具稿奏陳摺〉上批了這樣的話：

> 朕安。朕原不欲爾来，為地方要緊。今覽爾所奏，爾若不見朕，原有些難處處，二者軍務總事結果處。舅舅隆科多奏：必得你来同商酌商酌地方情形。汝若可以来得，乘驛速来。再舅舅隆科多此人，朕與爾先前不但不深知他，真正大錯了。此人真皇考聖祖忠臣，朕之功臣，國之良臣，真正當代第一超群拔類之希有大臣也。其餘見你之面，再細細問你。[62]

顯見皇帝利用硃批文字為隆科多製造正面的好形象。雍正二年六月十五日，年羹堯又為賜物進呈了一件〈謝賜詩扇〉的摺子，皇帝的批語說：

> 朕已諭將年熙（案：指年羹堯的兒子）過記與舅舅隆科多

62.故宮博物院（編），《文獻叢編》，（臺北：國風出版社，1964），上冊，頁132。

作子矣。年熙今春病只管添，形氣甚危，忽輕忽重，各樣調治，幸皆有應，而不甚效。因此朕思此子非如此完的人。近日著人看他的命，目下並非壞運，而且下運數十年上好的運。但你下運中言刑剋長子，所以朕動此機，連你父不曾商量，擇好即發旨矣。此子總不與你相干了，舅舅已更名得住，從此自然全癒壯健矣。……將來看得住功名事業，必有口中生津時也。舅舅聞命，此種喜色，朕亦難全諭。舅舅說：「我二人若少著兩個人看，就是負皇上矣。況我命中應有三子，如今只有兩個，皇上之賜，即是上天賜的一樣，今合其數。大將軍（案：指年羹堯）應剋者已剋，臣命應得者又得，從此得住自然全癒，將來必大受皇上恩典者。」爾父傳宣旨，亦甚感喜，但祖孫天性，未免有些眷戀也。特諭你知。[63]

可見皇帝運用專制淫威把他們結為一體了，而且透過隆科多的話：「我二人若少著兩個人看，就是負皇上矣。」讓年羹堯知所警惕。年、隆二人是雍正初年的大功臣，或者可以說是雍正能得大位的大功臣，這幾乎是不少近代學者公認的事，可是他們彼此並「不深知」，甚至還有衝突存在，這件事在皇帝日後的一件上諭裏可以窺知。該上諭中說：

青海背叛之時，年羹堯領兵進剿，而隆科多以私怨年羹堯之故，百計阻撓，不顧軍國之重務。王（案：指怡

63.故宮博物院（編），《文獻叢編》，上冊，頁134。

親王允祥）在朕前力言此番軍旅之事，既已委任年羹
堯，應聽其得專閫之道，方能迅奏膚功。朕從王言，
而隆科多不能掣肘，於是青海蕩平。❻

隆科多對年羹堯有「私怨」，對重大軍務事件竟想從中「掣
肘」，兩人當初關係不佳，真是不言可知。雍正發揮硃批的妙
用，從中紐合他們的感情，權術手段之高，堪稱罕見。

　　二是田文鏡與李衛之間的事。雍正朝最寵信的大臣，首
推鄂爾泰、田文鏡、李衛三人，他們都以忠、公、能、勤著
稱，是雍正朝倚信最深、歷時最久的模範臣工。皇帝自己也
說過：「今天下督撫中，朕所最關切者鄂爾泰、田文鏡、李衛
三人耳。」可是田文鏡有一次竟然上密奏參劾李衛，說他的問
題很多，密奏中有如下的一段文字：

　　臣近風聞一事，有可為皇上陳者。……浙江督臣李
衛……馭吏繩尺，未免稍疎；振肅規模，未免少檢。
則於大僚之體有未全，於皇上任使之意，恐亦有所未
副。……適聞其陛見在即，是以敬陳於皇上之前，或
賜面加訓飭，俾知改過增美，有醇無疵，則體統全而
綱維肅，庶無負皇上造就臣工、求賢若渴之至意。諸
所風聞，開具另摺，仰祈皇上俯賜全覽，或不以臣為
多言。臣於李衛生平未嘗識面，既非親故，更無嫌怨，
徒以臣區區感恩之私，不敢自同於眾人，是以思之經
年，不能自已；且臣之愚，久在皇上洞鑒之中，今既

64.《雍正朝起居注》，國立故宮博物院藏本，八年五月初九日條。

有所見聞，又復緘默自保，其負我聖明之主，不益甚
耶？……為此冒昧具摺奏聞，伏乞皇上睿鑒施行。[65]

田文鏡對李衛馭吏稍踈、振肅少檢的各項事實，即「諸所風
聞」、「開具另摺」，並請求皇上「俯賜全覽」。究竟另外開列
有關李衛才守不謹與吏治不良的罪狀是什麼呢？我們真是幸
運，在臺北故宮博物院所藏眾多雍正朝無年月的密奏中，找
到了田文鏡當年繕寫的原件，其中列出的條目共為八項，有
關李衛本人的是：

㈠總督李衛壹月之內在西湖遊玩約有拾肆、伍日，併
有帶同家眷夜宿湖上之時（皇帝在這一項的行間批了：
「有的，教導他。」意思是陛見時會教導他）。

㈡總督轅門東西不時搭臺唱戲，屬官每有小過，輒罰
戲贖罪。仁和、錢塘二縣各曾罰戲拾臺（硃批：有的。
秉性甚好聽戲）。

與李衛用人有關：

㈢幕友潘兆新即潘江，號金山，係甲午科舉人，原係
海鹽縣人，遷居省城。今總督李衛奏請入幕，頗暗
通線索。凡合屬各官、土豪、惡胥有事相求，無不
應手。即如海鹽縣西門外有一倪姓開雜貨鋪者，偷
賣賭具，于雍正陸年間經知縣王士正訪獲。倪姓以

65.國立故宮博物院（編），《宮中檔雍正朝奏摺》，第12輯，頁701。

捌百金賄求潘兆新說情，即行釋放。其餘瞞公狗私
之處，不可枚舉（硃批：失於覺察者）。

這不僅是潘兆新的問題，連李衛本人是否貪污受賄都有可能
了。而且禁賭是雍正一再強調的命令，又豈是「失於覺察」
可以通融？

　　㈣海寧縣知縣胡杲，係總督李衛保舉之員，貪酷異常。
　　李衛並非不知，時常嚴飭。即如雍正陸年徵漕淋尖
　　踢斛，多收耗米伍千餘石，責令八牌收書以米易銀
　　繳進；審理詞訟，婪贓纍纍，穢聲滿縣。海寧百姓
　　云：「前任知縣今陞淮安府知府申程章，在縣時雖是
　　要錢，還擇富厚之家，不似如今胡知縣混行貪取等
　　語。」（硃批：被欺也，李衛朕常論其好惡，特認真，廷臣皆知
　　者，是其病也）。

　　㈤雍正柒年正月內，海鹽縣知縣王士正于縣衙大堂前
　　丹墀內搭戲臺一座，延請蘇州名優唱戲，將近壹月，
　　每日王士正坐暖閣內，左宅眷而右幕友，兩廊則縱
　　令衙役及百姓同看，雜遝異常。迨將完日，士正見
　　廊下有紳衿巴念菴等叁人看戲，因令人詢問巴念菴
　　等云：聞三位明日也要唱戲，最為便易。叁人不得
　　已因即日繳銀貳拾伍兩，以為叁日戲資（硃批：有的，
　　李衛似此輕率儘多）。

至於涉及浙江省吏治不堪的參劾文字有：

㈥浙江吏治雖比從前略加謹飭，然節禮生日禮仍然餽
送。雖無銀錢，而幣帛等項自司道以及州縣餽送如
舊（硃批：未必問他）。

㈦浙江各衙門衙役，莫不橫行官府，並不約束（硃批：
何省不然，難事也）。

㈧浙江凡從前拾年內未用印田房民契，今遵新例自康
熙伍拾柒年以後俱要布政司用印頒發，填寫契紙納
稅。乃各官將從前所漏稅銀俱擡上年月，將白契蓋
印，每兩或叁分或貳分，微收入己，歸公者甚是寥
寥（硃批：此事錯了。所以興利必思害，凡此皆為有治法而乏
治人者）。

在這份密奏之後，可能是在雍正十年皇帝下令出版「硃
批諭旨」時，被整理的官員寫了「此係田文鏡開列李衛款單，
奉旨不錄」等字，足證是田文鏡參劾李衛之原件無疑[66]。同
時田文鏡在所參的各款中有不少是將人、時、地、事都交待
清楚的，應該不是空穴來風，但是皇帝好像不太重視李衛的
劣跡，硃批都不嚴厲。尤其令人驚奇的，當屬雍正在田文鏡
的參劾密奏上，批了如下的一段文字：

此奏朕嘉悅之懷，筆難盡諭。內外大臣皆肯如此，互
相愛惜琢磨，非卿等相愛，實愛朕也。況朕每以卿與
鄂爾泰、李衛三人為督撫標榜，亦關卿顏面。李衛向

66.國立故宮博物院（編），《宮中檔雍正朝奏摺》，第26輯，頁351-352。另外第
12輯，頁829，田文鏡奏摺中所述亦可證明此事。

有嬉戲之不檢點處，朕所深知，但未料如此之過，此
番陛見，朕加以訓誨，料伊必能領會改革，朕可力保，
豈不美玉去瑕成一全人乎？默默中卿乃李衛之大恩人
也。❻⓻

雍正如此的用硃批文字化解了兩位寵臣的衝突，權術的運用
不能不說是高明巧妙，而他的統治力量也得以維持了。

三、收集臣工資料的硃批

　　雍正非常重視用人，相信用得好官必有善政，因此在他
的統治術中，常以硃批來收集各級官員的操守言行等等資料。
有時候他以硃筆在某些官員人名旁邊寫些「此人居官如何」，
或是指定督撫們將其屬下供職的情形「絲毫不可容隱，隨便
奏來」。在四川學政任蘭枝一次恭請皇帝聖安的奏摺上，雍正
對他批說：「四川文武大吏，吏治如何？據實奏聞。」❻⓼這是
對全四川省官吏的收集資料。又有一次任蘭枝得到皇帝這樣
的一個硃批：「凡事不必迎合督撫，督撫若有無端搜尋難為你
處，使人來密奏朕聞。」❻⓽這是針對大官而發的。雍正從大臣
密奏中獲得不少官員資料應該是毋庸置疑的，以下兩例，可
作說明：
　　雍正五年閩浙總督高其倬報告臺灣一地各官稱：

67.國立故宮博物院（編），《宮中檔雍正朝奏摺》，第12輯，頁703。
68.國立故宮博物院（編），《宮中檔雍正朝奏摺》，第26輯，頁373。
69.國立故宮博物院（編），《宮中檔雍正朝奏摺》，第26輯，頁371。

臺灣總兵……陳倫炯，為人謹慎，……約束操練兵丁，頗為上心（皇帝批：亦未必勝此任，不得其人奈何）。

安平協副將康陵……著實嚴查偷渡，勉力辦理營伍（皇帝批：武夫耳）。

澎湖協副將呂瑞麟，甫經到任……極能管兵（皇帝批：此人似好，亦不敢保）。

臺灣知府俞遵仁……人甚謹慎，且老成歷練（皇帝批：這是上好之員）。

臺灣知縣張廷琰、彰化知縣楊啟聲……此二人向在福建居官俱好（皇帝批：張廷琰「平常」，楊啟聲「中等好，亦不見常」）。

諸羅知縣劉良璧新經調臺，人頗勤慎（皇帝批：朕不知此人）。

高其倬最後總結說：「現在臺灣之官，似皆可以責成料理。」皇帝則批說：「此數人循分供職則有之……若責成料理恐才力見識不能。」❼⓿

又雍正八年 (1730) 廣西提督張溥向皇帝上奏說明該省副參將遊擊等官賢否情形時，君臣在奏摺與硃批文字中有這樣的一番對話：

桂林城守副將董芳，才情幹練，操守俱好，人去得（硃批：好將才，但冒險處不必用）。

慶遠協副將潘紹周，人明白，可以受教，辦事勤謹（硃

70.國立故宮博物院（編），《宮中檔雍正朝奏摺》，第 8 輯，頁 469。

批：料伊不肯玷辱前人也，但中年人，訓導之）。

平樂協副將胡灝，才具頗優，操守中平，現在教導改過（硃批：此人大可望成人之材，當將朕恩重他緣由說與知之，著令勉操守）。

思恩協副將尚清，才技可觀，辦事虛浮，正在著實教導（硃批：亦係上等資格之人，若虛浮，則可惜矣！訓誡之）。

梧州協副將張榮，人欠明白，辦事平常（硃批：非欠明白人也，莫非有病？）。

永寧營參將施善元，人去得，營伍練達，辦事勤慎（硃批：好的、好的、好漢子。實誠效力人也，但恐福基差些）。

鬱林營參將顧純祖，才猷老練，人明白去得（硃批：此人朕不知）。

賓州營參將尚攀鱗，辦事未能練熟，尚須教導（硃批：不過伶達時人耳，尚未知走何路也，教導看看）。

左江鎮標左營遊擊羅玉秀，辦事謹慎，可以上進（硃批：人甚秀健，有出息人，只恐聰明大過也）。

以上這些批語，雍正說「就朕一時所見之記載批來」**❼**，可見他收集的人事資料有多少、有多全面。另外雍正也下令官員對某些特定人物密查暗訪而後給他報告。他曾密諭兩廣總督孔毓珣調查總兵金鐸的聲名，以及年希堯、董象偉二人的賢否。孔毓珣當然遵辦，在雍正二年六月二十四日的奏摺中就作如下的密報：

71.國立故宮博物院（編），《宮中檔雍正朝奏摺》，第15輯，頁541。

年希堯居官謹慎小心。……提臣董象偉未曾會面，聞
得不留空糧，約束兵丁亦嚴。……總兵金鐸離粵已有
十年，臣於無意中探問營內兵丁，多有感激者。細問
其故，因金鐸當日全不操練，兵感其寬也。且好飲踈
懶，在任及巡海之年，地方洋面失事甚多，大約行不
逮言。[72]

署江寧巡撫何天培也「遵旨回奏驛鹽道徐克祺居官之處」，奏
文中有「為人委係平常，做官也還小心老實，正是中等人
材」[73]。武官也向皇帝報告文官情形，廣西提督韓良輔就在
皇帝的指示下，上奏談到「按察使白洵惟以唱戲頑耍為務，
一切正事全不當心，其命盜案件，俱極潦草，此實大吏中之
不妥者。臣不敢隱諱，亦不敢以私廢公，謹據實覆奏」。皇帝
硃批說：「知道了。朕命他哥哥勸導他，改與不改再據實奏。
但不知此人才具如何。」[74]雍正是重視官員們的才能才具的，
即使一些官員品德差些，他還會「教之養之」，希望他能改
進，因為才具是做好官的基本條件。

雍正又有一次以硃批向安徽巡撫李成龍說：「朱作鼎聞得
人甚糊塗，做官平常，據實奏聞。」李成龍在雍正二年十一月
初十日的奏摺中回奏稱：「臣查朱作鼎近年以來，經臣時加訓
飭，雖自知勉勵，而糊塗平常，難逃聖鑒。」皇帝顯然對李成
龍的作風與報告不很滿意，在硃批中說：「你還惜他否？若不

72. 國立故宮博物院（編），《宮中檔雍正朝奏摺》，第 2 輯，頁 804。
73. 國立故宮博物院（編），《宮中檔雍正朝奏摺》，第 2 輯，頁 861。
74. 國立故宮博物院（編），《宮中檔雍正朝奏摺》，第 3 輯，頁 42。

惜他就去他，另更換好的來。」[75]皇帝暗示朱作鼎不宜再做官了，除非李成龍還一味的庇護。雍正有關朱作鼎的糊塗任官事一定是從別的官員密奏中得知。密奏實在是「術」的一種工具。

　　不僅如此，我們還可以從毛克明的事例中，看出雍正硃批「術」的另外妙用。毛克明原本是廣州城副將，在皇帝的命令下呈進了不少密奏，內容包括上自駐防將軍的操守起居，下至營弁雜事。有時皇帝都認為他的報告太「繁瑣」了，抱怨他盡說些「三兩五錢、一名二名」的小事。雍正十年七月十三日，他向皇帝奏呈了一件大事，說到廣州駐防將軍栢芝蕃「操守固清，政亦循舊。但旗官兵未經操閱一次，徒飭令旗馬兵三千名均將馬匹各自拴養，不許騎動行走，因省城人眾，恐干撞傷民命。每日惟念誦經，至四鼓方臥，巳刻始行起身，凡所屬官弁有事稟見，咸稱難以竚候。所管旗營，漸生懈怠。」雍正看密奏後，在奏章上以硃批寫了：「如此據實直奏，方不負朕之任用，勉之！朕已有嚴旨訓誡，並不及汝之奏。汝可再加訪視，如仍不改革，據實再奏。」[76]也許是因為毛克明多次密奏有功，皇帝在不久後便升他為副都統，又兼廣東海關稅務高職。同年十一月初一日，栢芝蕃給皇帝上奏，他說九月十八日收到大學士張廷玉轉來的上諭，指出他「料理營伍事務甚覺廢弛……每日念佛誦經至四鼓，次日巳刻方起……」等事，感到「悚惶無地」，不過他在奏摺中為自己辯解：他因剛到任，「天時濕熱，未服水土，又氣虛染暑；

75.國立故宮博物院（編），《宮中檔雍正朝奏摺》，第 3 輯，頁 453。
76.國立故宮博物院（編），《宮中檔雍正朝奏摺》，第 20 輯，頁 250。

然每日仍舊辦事，亦不因病怠忽，致有遲誤」。至於軍隊不操練的事，栢芝蕃則稱：「因夏間雨澤過多，天氣炎熱，向例於四月十六日住操，八月十六日開操。」不是他偷懶不操閱，而且他已提前在八月初二日就開操了。總之，營務沒有廢弛。皇帝給他的硃批是：「益加策勵莫非益加念佛誦經之工課乎？未有不能勉忠勤、盡人事、惧國廢職之善人佛子也。若以此求福，禍不旋踵，至臨期萬不可怨天佛不靈應。」**⑦⑦**

毛克明真是為皇帝實心辦事，十一月二十四日又上奏報告栢芝蕃的有關事項，他說：「奴才細加查訪，數月以來，如念佛誦經，晚睡遲起，不許兵丁騎馬等事，俱仍不能悛改。惟操練兵丁，每月竟能親赴教場數次，較前稍覺勤緊。」毛克明最後還說：「營伍日漸廢弛，奴才訪查甚確。」皇帝硃批說：「今既同事，可推誠規誡，仍不知改勉，有不妥協處，再密奏以聞。」**⑦⑧**雍正此前已對毛克明說過：「已用你副都統矣，有何可指示，但取出良心，拿來辦事，銀錢不如性命顏面要緊，只此兩句粗俗之語，能諸凡保汝協當也。」**⑦⑨**「勉之，莫移所奏之志。汝漢軍習氣，言行總如天淵。至於汝內外如一與否，朕實不敢預定，行與朕看，自然得知。」**⑧⓪**毛克明為證明「內外如一」，在雍正十一年三月二十八日又上了一份奏摺，指奏栢芝蕃「任性偏執，伊所欲之事，不顧是非，並不與人商議。伊所未行之事，不論曲直，不肯聽人參酌」，顯然

77.國立故宮博物院（編），《宮中檔雍正朝奏摺》，第20輯，頁699–700。

78.國立故宮博物院（編），《宮中檔雍正朝奏摺》，第20輯，頁848。

79.國立故宮博物院（編），《宮中檔雍正朝奏摺》，第20輯，頁595。

80.國立故宮博物院（編），《宮中檔雍正朝奏摺》，第20輯，頁593。

這不是為公事上的問題，而像似對人身作攻擊了；因此，雍正給他的批語說：「同事之人，若無於國事有妨處，只以和為貴，不可逞一己之是，以致互相疑忌也。」[81]從以上毛克明密報栢芝蕃的事件中，似乎告訴我們一些事實：密報可以用為進身之階的工具，硃批是可以控制臣工言動的，而這些都是雍正治術的一部分。

　　經由奏摺與硃批的管道，雍正可以大量而廣泛的收集到雨水糧價、社會治安、士習文風、軍情軍務、農商工業以及海關邊防等等的資料，加上他巧妙的運用，變成治國安邦的一種手段，也是控制臣工的工具。

四、鼓勵官員忠勤的硃批

　　雍正初年，年羹堯在西疆涼州一帶用兵順利時，皇帝常給他寫一些鼓勵的硃批，如：

> 但你一番愛君之心，事事現諸筆墨，此一番大事也。
> 總未教朕心煩一點，上蒼自然佑你。
> 覽奏朕亦踴躍加倍矣！十年以來從未立此奇功……總之，皆你一人好處！
> 朕前諭字字出於至誠。朕一切賞罰若有一點作用籠絡將人作犬馬待的心，自己亦成犬馬之主矣。[82]

　　在浙江巡撫法海所上的一份奏摺中，雍正也批說：

---

81. 國立故宮博物院（編），《宮中檔雍正朝奏摺》，第 21 輯，頁 334–335。
82. 國立故宮博物院（編），《宮中檔雍正朝奏摺》，第 26 輯，頁 442–443。

此一摺奏，足見一片公忠為國之血誠，甚屬可嘉，勉
為之。[83]

廣東潮州總兵侯瀠報告接印等事的密奏上，皇帝批說：

不要大家一同欺隱方好。就讓你通省一氣欺隱，朕亦
另有聞之之道。凡百只知有君而不知有友，方可為國
家臣子。[84]

以上只是萬千件勸說官員忠誠的硃批部分。雍正也常寫
些「絲毫不必瞻顧，秉公實力為之，但要言行相符」、「莫移
此志，勉力秉公為之」、「實實可嘉，有絲毫私心者再不能籌
劃如此周詳」、「但將公私真偽辨得清、看得透、立得定、把
得穩，何任而處不能也」等的硃批，數量很多，但主旨只有
一個，就是叫大臣們分明公私辦事[85]。

雍正也主張官員們辦事要勤勞務實，有關他這一類的硃
批，在大臣們的奏摺中俯拾皆是。例如安徽巡撫徐本奏請委
任李如蘭料理鳳陽關務的一摺，皇帝就給了一個如此的硃批：

不時稽查四字不可作虛文之奏也。言行少不副則負朕
委任之意矣。凡所奏言不可徒舞空文，即一言一字朕
必期其合符也。向後之奏當詳慎斟酌力之能否書呈朕

83. 國立故宮博物院（編），《宮中檔雍正朝奏摺》，第26輯，頁731。
84. 國立故宮博物院（編），《宮中檔雍正朝奏摺》，第26輯，頁786。
85. 國立故宮博物院（編），《宮中檔雍正朝奏摺》，第26輯，頁501、518、790等
處。

覽，此非吟咏風雲月露游戲之文可比，一字不著實則
不可也。勉之！誌之！❽

在另一位安徽巡撫李成龍的報豐收摺上也批過：

向後一切吏治總以實在為主，若仍以寬慰聖懷、恐煩
上慮粉飾隱諱，以為忠能，倘被朕察出，必治以重
罪。❽

對天津總兵韓良輔更直接批說：

只要你們實心任事，秉公無私，一切不妨只管奏。當
行不可行，朕自有道理。❽

再看河南巡撫石文焯的奏摺也有這樣的硃批：

知道了。凡百當務實心奉行，若不辨屬員之賢愚，惡
者不知懲，善者不知勸，一味假示寬仁，府州縣不知
用力，此等事不但不能行，而反擾害百姓，無濟於
事。❽

雍正也對潮州總兵官尚瀠批過：

86.國立故宮博物院（編），《宮中檔雍正朝奏摺》，第 26 輯，頁 844。
87.國立故宮博物院（編），《宮中檔雍正朝奏摺》，第 1 輯，頁 215。
88.國立故宮博物院（編），《宮中檔雍正朝奏摺》，第 1 輯，頁 310。
89.國立故宮博物院（編），《宮中檔雍正朝奏摺》，第 1 輯，頁 760。

如此實心任事，朕甚嘉之。……凡一言一奏，務要據
實，言行相符，不可徒粉飾章奏，以邀朕嘉獎也。❾⓪

皇帝也常用硃批鼓勵大臣勤勞工作，廣東巡撫年希堯有
一次上奏謝恩就得到這樣的一個御批：

但須言行相符方好，爾非他人可比，若不奮勉自勵做
一出色巡撫，則為世間最愚之輩矣，勉之！諸凡惟當
勤慎是務，慎勿耽於安逸。向日朕之踈嬾，爾所稔悉，
當應閒之時，何必汲汲遑遑以自苦，不特無益而反有
害也。俗云「不是閑人閑不得，閑人不是等閑人」，此
語雖俚，是或一道。及至今日，何圖稍圖安閒，責任
在身，非勤不可。爾雖遠在粵東，諒亦必有所聞見，
朕自即位以來之勤辛，天下人所共知，爾寧不當效法
耶？特諭。❾①

皇帝還指出「勤之一字，最為切要，尤須久行不懈，方克有
濟於事也」❾②。

雍正用硃批使官員們忠於君主，秉公處事，勤勞務實工
作，實在給治國的技術又增添了一項有效的工具。

90.國立故宮博物院（編），《宮中檔雍正朝奏摺》，第 26 輯，頁 650。

91.國立故宮博物院（編），《宮中檔雍正朝奏摺》，第 1 輯，頁 648。

92.國立故宮博物院（編），《宮中檔雍正朝奏摺》，第 1 輯，頁 532。

五、警告一般官員的硃批

　　當雍正從官員密奏中知道某人操守有問題，或言行有缺失時，他會用各種不同語氣的硃批文字寫給當事人，以示警告。由於情況不同，用字遣詞也不一樣。例如湖南巡撫王朝恩被人告發家人收取「門包」，雍正對他說：「有人為此奏你，速改！速改！慎之！慎之！」[93]湖北巡撫王璨報告兩湖政務時，皇帝在報告的字裏行間就批寫了一些「視同兒戲」、「一年可採」等語，最後還說了：「用汝者朕欠識人之明，夫復何辭！」[94]河南山東河道總督朱藻奏報雨雪時，雍正的硃批是：「汝此奏雨雪之景，未必十分霑足，況亦不廣，何用如此誇張？汝每多此虛浮之奏，朕甚不取焉。一處不實，則事事難以為信也。誌之。」[95]

　　以上這些警語還算是溫和的。有時皇帝用官位功名或未來禍福警告大臣們，如對宣化總兵官李如柏曾經批寫說：

　　　　聞你吃酒任性，若如此大負朕恩，自暴自棄矣。當惜自身，可惜下半世功名人品。[96]

　　對漕運總督張大有也有這樣的硃批：

---

93. 國立故宮博物院（編），《宮中檔雍正朝奏摺》，第 26 輯，頁 144。
94. 國立故宮博物院（編），《宮中檔雍正朝奏摺》，第 26 輯，頁 167。
95. 國立故宮博物院（編），《宮中檔雍正朝奏摺》，第 21 輯，頁 45。
96. 國立故宮博物院（編），《宮中檔雍正朝奏摺》，第 26 輯，頁 514。

惟有介己秉公乃雍正年保身全名之上策也，再無他
法。❼

廣西分巡道喬于瀛的奏摺被批過：

> 應詳上司之事，不可越分瀆奏，斷不可借此挾制上司。
> 密奏之事，一字露不得，干係一身之禍福，小心謹慎
> 方好。❽

山東巡撫陳世倌則接到過這樣的硃批：

> 若疑信兼半，恐噬臍不及也；今在禍福岐路，在爾擇
> 而行之。❾

還有一種警告的硃批，看似溫情，但給官員們很大的壓
力，像在廣西巡撫李紱的奏摺上，雍正是這樣批的：

> 知道了，你實在比不得別者，務必勉力屏去大小一切
> 私心，莫負朕恩，成全朕之臉面，有一點絲毫不謹，
> 朕實難以為情矣。著實勉之。❿

在河南巡撫田文鏡的密奏上，也有類似的批語：

97. 國立故宮博物院（編），《宮中檔雍正朝奏摺》，第 3 輯，頁 551。
98. 國立故宮博物院（編），《宮中檔雍正朝奏摺》，第 3 輯，頁 427。
99. 國立故宮博物院（編），《宮中檔雍正朝奏摺》，第 3 輯，頁 580。
100. 國立故宮博物院（編），《宮中檔雍正朝奏摺》，第 3 輯，頁 250。

> 著實勉力做好官，你與論甚平常了，你乃朕獨用之人，
> 莫要羞朕的臉才好。❿

也有用以下一些批語警告官員失職的，如山西太原副將
袁立相的恭繳硃批摺上，雍正說：

> 知道了，你自到任以來，總不聞有什麼與地方營伍與
> 興利除弊的好名聲，雖未聞有什麼不好，庸庸碌碌的
> 算得什麼，大失朕用你之望也。勉之！⓲

山東巡撫黃炳則收到如下的一個硃批：

> 武備甚要緊。近年營伍操練廢弛，不可枚舉。爾等若
> 仍然因循欺隱踈忽，不用實力奉行，三年後恐爾等當
> 不起也。勉之。⓳

總之，雍正的硃批確實對當時治國是有幫助的。

六、嚴責不法官員的硃批

官員嚴重失職或違法亂紀時，雍正經常非常生氣，並寫
下一些逼迫與威脅性的硃批。湖廣總督邁柱緝拿大盜不成，
皇帝甚怒，寫下如此硃批：

101.國立故宮博物院（編），《宮中檔雍正朝奏摺》，第 3 輯，頁 377。
102.國立故宮博物院（編），《宮中檔雍正朝奏摺》，第 2 輯，頁 235。
103.國立故宮博物院（編），《宮中檔雍正朝奏摺》，第 2 輯，頁 38。

此皆汝等庸才督撫不知慎密實力奉行，急速緝訪，胡亂聲張，走漏消息，只令遠揚，今推卸與川省，亦屬大笑話也。汝等地方上有此鉅盜，督撫皆聾瞽⋯⋯及經朕開列姓名與汝等，又不知慎密，令首犯兔脫。河南解來盜犯，至汝湖廣皆令開鎖，可謂勝任之賢封疆大臣也，能不少愧懼乎？此二盜案，若不能緝獲，汝與范世繹尚有顏忝居此任耶，豈有此理！[104]

硃諭中用了「庸才」、「大笑話」、「能不少愧懼乎」、「尚有顏忝居此任耶」等詞語，實在很重，也有逼迫感。

四川提督黃廷桂也接到類似的一份硃批：

諸凡若此推卸，可謂勝任提督二字之任矣。[105]

江南按察司僉事王璣奏報政務一摺，皇帝批道：

萬萬不可書生氣，亂作了只可將為非人隨事處分而已。若少以此沽名，禍不旋踵矣。[106]

湖北按察使王柔的〈瀝陳苦衷〉摺上，雍正說：

觀汝自道員來，一味任性自肆，況所條奏十居八九亂

104. 國立故宮博物院（編），《宮中檔雍正朝奏摺》，第5輯，頁327。
105. 國立故宮博物院（編），《宮中檔雍正朝奏摺》，第19輯，頁464。
106. 國立故宮博物院（編），《宮中檔雍正朝奏摺》，第26輯，頁176。

言而不可行，朕皆一一寬恕汝者，惟念一尚肯效實力耳。觀汝近來陳奏，更覺狂誕不經，恃恩尚氣，若然，則上無統率之才，而再乏居屬謙順之能，乃朽木糞土之資，則朕望汝成汝者誤矣！汝若再不知改，經督臣參奏，則朕必嚴懲汝矣。當詳慎之，莫負朕之恩諭。[107]

雍正有時也以辱罵的文字來逼迫不法官員以達到統治的目的。如安慶提督王紘有一次上奏摺，皇帝批了：

未料汝乃一迂腐不通之流！[108]

湖北按察使王柔有一次上奏報告剿撫土司事時，皇帝看了不滿意，硃批說：

觀汝大有瘋氣之景，不然何狂誕至於此極。[109]

蘇州巡撫陳時夏在雍正六年七月二十五日上奏，皇帝龍心不悅，乾脆批了：

朕實厭汝與卜蘭泰二令瑣屑卑鄙！[110]

漕運總督張大有為嚴禁營汛強派苛索事，在雍正七年二

---

107. 國立故宮博物院（編），《宮中檔雍正朝奏摺》，第26輯，頁76。
108. 國立故宮博物院（編），《宮中檔雍正朝奏摺》，第23輯，頁164。
109. 國立故宮博物院（編），《宮中檔雍正朝奏摺》，第26輯，頁77。
110. 國立故宮博物院（編），《宮中檔雍正朝奏摺》，第10輯，頁935。

月初九日上奏,皇帝對他的反應是:

> 書奏此摺能不自發哂乎? [111]

同日張大有的另一份〈嚴禁胥吏勒索摺〉上,雍正的語氣更刻薄、更使人難看了。他說:

> 朕實為汝愧之,待汝之誠,不知汝具何面皮,包何膽量也!亦可謂不世之庸臣也。[112]

甘肅巡撫石文倬〈跪聆聖訓奏〉上的批語也不好看,雍正狠狠地寫了:

> 無恥之極!難為你如何下筆書此一摺![113]

以上只是一些皇帝認為不稱職「庸臣」的批語,一旦他發現官員確有不法事件時,筆鋒就更為尖刻了。陝西延綏等地方總兵官李耀聲名不好,而且有貪污之嫌,皇帝就用硃批威脅說:

> 著實小心,做官貪之一字切記少有,不要連從前都帶出來的。[114]

---

111. 國立故宮博物院(編),《宮中檔雍正朝奏摺》,第 12 輯,頁 428。
112. 國立故宮博物院(編),《宮中檔雍正朝奏摺》,第 12 輯,頁 427。
113. 國立故宮博物院(編),《宮中檔雍正朝奏摺》,第 5 輯,頁 381。
114. 國立故宮博物院(編),《宮中檔雍正朝奏摺》,第 5 輯,頁 846。

沈廷正原是雍正舊日藩邸的人馬，後來也確實被皇帝重用；可是他的姪子沈竹行事乖張，貪財多事，雍正發現之後，便在沈廷正的有關報告上批了：

> 既做河南官（案：沈廷正當時任河南開歸河道道員），他省與朝中未有除皇帝外另有主人上司也。君臣大義，千古名節，時刻不可忘。你的姪兒沈竹將來此人是要耍頭的。❶

另一件有關的硃批是：

> 不但你是他親叔無暇訓他，朕當日再（在）藩邸何言不教導他。一字不聽，只以錢之一字，命都不顧的。況他情形朕深知者。即位以來，如此嚴飭，即內不知改，外象王法恐懼亦不敢蹈故轍方是，仍然毫不忌憚，又作這樣事，還可留於天地間乎？誠所謂下愚不移者也。可憐真孽障也。❶

雍正用了「此人是要耍頭的」、「還可留於天地間乎」等語，沈竹的下場不問可知了。

雍正這類語帶逼迫、威脅的硃批，應該是足以懾服人心的，可以收到治術的效果。其實雍正又豈只在硃批一事上用

115.國立故宮博物院（編），《宮中檔雍正朝奏摺》，第 3 輯，頁 662。

116.國立故宮博物院（編），《宮中檔雍正朝奏摺》，第 3 輯，頁 869。福建布政使黃叔琬也得到雍正硃批：「莫法爾兄之為人，頭臚要緊。」見第 3 輯，頁 187。

「術」，他在平時處理公務上也常用「術」。尤其曾靜一案，得到一個出人意外的結局，這不是「術」的最高表現嗎？由於篇幅所限，這裏不能詳述了。

最後，我們來談談法家所謂的「勢」。「勢」除了權勢的政治術語外，主要有重於客觀的狀態，以及發展趨向的「形勢」。先秦時代不只法家論「勢」，兵家也有論「勢」的，是指在軍事鬥爭中如何占據有利地形、位置而言，這與政治鬥爭中如何依恃權力確保自身地位是共通的，因此法家的「勢」可以視為與君主、權力有密切關係，可作對君主地位一事的解釋。如果從這個方向來看，雍正繼承大位後是非常重視「勢」的，我們可以從以下幾件事窺知其心理：

第一，即位後的一個月就讓兄弟們改名字上一字「胤」為「允」，說是雍正本名為「胤禛」，為了敬避御名，其他兄弟們如「胤礽」、「胤祉」、「胤禩」、「胤禄」等等都改成「允礽」、「允祉」、「允禩」、「允禄」了[117]。敬避御名是漢人帝制時代的文化產物，但也少見改兄弟排行用字的。再說「胤」字排行是康熙欽定的，改了豈不擔上不法祖、不孝的罪名？雍正為了唯我獨尊的「勢」，其他一切是可以不顧的。

第二，雍正即位不到一年，他又下令內閣：「親王、郡王俱賜封號，所以便於稱謂也。如無稱號之王貝勒，在諸臣章奏內，自應直稱其名。再小人等並將閒散宗室亦稱為王，又有貝勒王、貝子王、公王之稱，嗣後俱著禁止。」[118]雍正如此「正名」，也是為了強調君主、權力，做到「民無二王」，只

---

117. 華文書局（輯），《大清世宗憲皇帝實錄》，卷2，頁34。
118. 華文書局（輯），《大清世宗憲皇帝實錄》，卷12，頁14。

有他是至高無上的。

第三，上有好者，下必有甚焉，好逢迎的官員也上奏改鑄八旗印信。因為「八旗都統印信，清文係固山額真字樣，額真二字，所關甚鉅，非臣下所可濫用，應請改定，以昭名分」[119]。原來清文（案：即滿洲文）「固山」(Gūsa) 意為「旗」，「額真」(ejen) 意為「主」；兩字合稱是「旗主」或「旗的主子」。改定之後，稱為「固山昂邦」，「昂邦」滿洲文作 amban，意為「大臣」，如此一來，八旗都統變為八旗大臣了，不再用「主」字了，也就是說只有皇帝一人可以稱「主子」，別人是不配稱「主」的。

第四，雍正的重「勢」還可以在一些地方政策上看得出來。他不但叫宗室親貴改名，命八旗長官不得稱「主」，大家都成為皇帝以下的「臣工」或「奴才」。他對地方上的一切惡勢力，有稱「土皇帝」或稱王稱霸的人也不放過。自雍正元年以來，便下令將各地的賤民，如山西的樂戶、浙江的墮民、安徽的世僕、廣東的蛋戶等等，開放為民，讓他們有置產與參加考試的權利，在社會上不再受到歧視[120]。表面上看這是皇帝的「仁政」，實際上這些賤民是各地土豪劣紳們踐踏與控制的對象，形成了地方上類似「君」、「臣」的階級。賤籍解除了，地方上的皇帝打倒了，雍正成為天下唯一領導、唯一主宰了。

---

119. 華文書局（輯），《大清世宗憲皇帝實錄》，卷9，頁18。
120. 華文書局（輯），《大清世宗憲皇帝實錄》，卷56，頁27；卷81，頁38；卷94，頁17等處；及《雍正朝起居注》，國立故宮博物院藏本，元年九月初九日條等處。

第五，漢人自古以來就有牢不可破的夷夏之防，尤其對於「異族入主」，深惡痛絕。清朝是滿族建立的，當然也不例外受到漢人的仇視反對，因而武裝反清復明的運動層出不窮，清廷也以強大軍力鎮壓，乃至消滅此類動亂。但是不少文人卻以詩文為工具，發抒黍離之悲，或倡言反清思想，這也是清初大興文字之獄的原因。汪景祺在〈歷代年號論〉中認為年號「凡有正字者，皆非吉兆」，結果弄得家破人亡[121]。查嗣庭以「維民所止」或是《易經》「正大而天地之情可見矣」等為考題也犯了悖逆罪受到重罰[122]。陸生枏的《通鑑論》更因對封建、建儲、兵制、人主等等的解釋不同，被雍正認為他「素懷逆心，毫無悔意」，將他在邊疆的軍前正法，官方文件上說是「以為人臣懷怨誣訕者戒」，實際上是給侵犯皇權、破壞君主獨有「勢」的人，作了趕盡殺絕的嚴懲[123]。

第六，雍正把儒、釋、道三教作一體觀，是他治國術的一種表現。他做儒家的皇朝皇帝，做佛教的法王，則又是他重勢的實踐。尤有甚者，他對西洋宗教最初也並非有惡感，甚至發現少數傳教士為異己兄弟奔走效力時，還說對「慎守法度，行止無愆」的應該「推恩撫卹」，「異域遠人，自應從寬」[124]。顯見他並不想對西洋教士進行無理的迫害。至於回

121.華文書局（輯），《大清世宗憲皇帝實錄》，卷39，頁21；《雍正朝起居注》，國立故宮博物院藏本，三年十二月十八日條。

122.華文書局（輯），《大清世宗憲皇帝實錄》，卷48，頁24；《雍正朝起居注》，國立故宮博物院藏本，四年九月二十六日條。

123.華文書局（輯），《大清世宗憲皇帝實錄》，卷83，頁1；《雍正朝起居注》，國立故宮博物院藏本，七年七月初三日條。

124.國立故宮博物院（編），《宮中檔雍正朝奏摺》，第3輯，頁392；中國第一歷史

教徒，當時有地方官員說他們「不敬天地，不祀神祇，不奉正朔，不依節序」，而且「黨羽眾盛，到處橫行」，上奏希望皇帝降旨將回民「錮禁」。雍正並不以為意，他說：回回堂只是敬奉場所，「不能惑眾」，就像「僧、道、回回、剌麻（喇嘛）斷不能一時改革也」。又說：

> 且朝廷一視同仁，回民中拜官受爵、洊登顯秩者，常不乏人，則其勉修善行，守公守法，以共為良民者，亦回民之本心也。……朕念萬物一體之義，豈忍視回民與眾民有殊？❿

由此可知，不論是西洋的天主教或是回教，只要他們尊重皇權，奉公守法，皇帝的「勢」不被破壞，雍正是可以容忍他們的存在。

　　總之，宗室也好、大臣也好、地方紳衿也好、各種宗教信徒也好，只要雍正的「勢」能駕凌他們的地位之上，大家便能相安無事。

　　我們還可以從另外的一個角度看出雍正的勢不可當與氣勢凌人。在不少大臣的奏摺上，皇帝的硃批真是可觀，其用字遣詞充分表現出高傲與自負。例如：

> 你非長才之人！（見甘肅巡撫石文倬奏摺）

　　檔案館（譯編），《雍正朝滿文硃批奏摺全譯》，上冊，頁257。

125.國立故宮博物院（編），《宮中檔雍正朝奏摺》，第3輯，頁177；華文書局（輯），《大清世宗憲皇帝實錄》，卷80，頁6。

你乃窮書生！（見吏部右侍郎嵇曾筠奏摺）

你知道什麼！（見雲南按察使常安奏摺）

所見甚淺矣！（見陝督岳鍾琪奏摺）

你的見識朕實信不及！（見福建巡撫毛文銓奏摺）

看你伎倆實屬特平常！（見四川巡撫法敏奏摺）

什麼文章格式，自己不能也不尋人問問。（見定海總兵張溥奏摺）

　　另外還有一些雍正常用的批語，如「不學無術」、「無知小人」、「滿口支吾」、「喪盡天良」等等，都是些以文字顯示其專制君主地位的尊貴，法家所謂的「賢而屈於不肖者，權輕也。不肖而服於賢者，位尊也」。雍正處處為自己造勢，以達到統治臣民的目的。

　　以上不過是法家勢治主義的表面部分，而國君要治理國家，除乘其權位之「勢」外，還要乘其他各種的「勢」。如慎到說的：「身不肖而令行者，得助於眾也。」也就是說國君要有權勢固然重要，但是要能好好地統治一個國家，君主個人的能力是不夠的，他需要眾人的幫助，尤其是一個能力不足或是不稱職的君主，更需要得「眾」之「助」。「眾」有兩層意義，一是眾臣，二是眾民，即國君必得眾臣與眾民的「助」，才能把國家治好。雍正很了解這一道理，他雖然一再強調重法，說什麼「王法森嚴，決難輕貸」；但他也發現有的官員「因提解耗羨，而火耗轉致加增。因清查稅課，而有司轉行苛索」，這明顯的是人謀不臧，所以他感到很好的法制也要好官來推行，不然會變為「貪營取巧」的工具⑱。這也是

雍正常說「有治人，無治法」的原因。

　　雍正心目中理想的眾臣是那些類型的人呢？我們可以從他經常獎勵與讚美的王公官員中找到答案。例如怡親王允祥是他得力的助手，皇帝對他的讚揚是無以復加的，甚至到允祥死後，皇帝在很多大臣的奏摺上還不斷的批寫有關這位皇弟的功績與貢獻，並且下令恢復「允祥」的名字為「胤祥」，以示對他的尊重⑫。雍正對他的評價是：「公廉忠誠，為當代諸王大臣中第一人。」⑫在中央的大臣中，皇帝最欣賞的是大學士張廷玉，這位漢人重臣在參預機務與書寫文字方面確實為皇帝盡了不少心力，尤其工作的勤奮更令皇帝激賞，他幾乎是個日日為君上與國家賣命的人，雍正也因此稱他為「大臣中第一宣力者」⑫，是位「器量純全，抒誠供職」的人⑬。

　　在雍正朝的硃批諭旨中，我們時常可以看到皇帝對鄂爾泰、田文鏡、李衛這三位大吏的美言批語，如說鄂爾泰的識人之明，「實越常人」；又稱他為「模範督撫」，他「居官奉職，悉秉忠誠，此專心為國，而不知其他者」；當然鄂爾泰的「籌及遠大」有遠大眼光也深受皇帝器重⑬。田文鏡則正如皇帝濃圈讚賞他的「惟知有君，則凡事悉秉至公」；他被譽為「巡撫中之第一人」，是因為他辦事時一心為國，不避嫌怨，

126.華文書局（輯），《大清世宗憲皇帝實錄》，卷89，頁6-7。

127.華文書局（輯），《大清世宗憲皇帝實錄》，卷94，頁14。

128.國立故宮博物院（編），《宮中檔雍正朝奏摺》，第3輯，頁602。

129.張廷玉，《澄懷園主人自訂年譜》，卷2。

130.華文書局（輯），《大清世宗憲皇帝實錄》，卷159，頁24。

131.請參看：允祿（等編），《上諭內閣》，七年十月諭，及國立故宮博物院（編），《宮中檔雍正朝奏摺》，第6輯，頁881。

毫不瞻顧的打擊地方惡勢力，為雍正的新政推行不遺餘力；
田文鏡自己的操守也好，皇帝要多給他養廉銀，他竟然拒收，
實在是少見的封疆大吏[132]。李衛事實上是個「粗才」，但是他
「勇敢任事」，大刀闊斧的整頓地方事務。他的缺點很多，但
雍正仍視他為得力助手，對李衛的「嬉戲之不檢點處」，都是
「惜之、教之」，「屢經諄訓，不啻再三」的容忍他；而李衛
也真是有膽量辦事，甚至對當時權傾中外的寵臣鄂爾泰也不
顧忌，照樣對他弟弟鄂爾奇給予參劾，結果鄂爾奇被革職，
此一事件即可說明他是不畏權威而實心辦事的人。

怡親王允祥是皇室親貴。鄂爾泰是滿洲旗人，舉人出身。
田文鏡屬八旗漢軍，監生出身，由地方小吏起家。張廷玉是
安徽人，中過進士，歷任中央中、高級官員。李衛是江蘇人，
捐資為兵部員外郎而走上政壇。由此可見，雍正寵信的這些
官員助手，有滿人、漢人，有舉人、進士科舉正途出仕的，
也有監生與捐資出身的，似乎沒有一定的用人標準。他說過：
「朕即位以來，視滿漢臣工均為一體。」[133]並且告訴官員，大
家都為朝廷辦事，不必分滿漢，應當「滿漢協心，文武共濟，
而後能致治」[134]。至於官員是不是科舉出身的問題，他也說
過：「朕自即位以來，亦素重待科甲，然立賢無方，不可謂科
甲之外遂無人可用；倘自恃科甲而輕忽非科甲之人，尤為不
可。自古名臣良輔，不從科甲出身者甚多，而科甲出身之人，

---

132 允祿（等編），《上諭內閣》，四年十二月初八日諭；國立故宮博物院（編），《宮
　　中檔雍正朝奏摺》，第 6 輯，頁 847。

133 《雍正朝起居注》，國立故宮博物院藏本，四年十二月二十六日條。

134 允祿（等編），《上諭內閣》，六年八月初九日諭。

亦屢見有蕩檢逾閑者。」[135]所以「國家用人但當論其賢否，不當限以出身」。而且「觀人必以其素，不以一事之偶差而掩其眾善，亦不以一端之偶善而蓋其眾愆。……鄂爾泰公忠體國，其辦理之事，陳奏之言，悉本至誠，愷切之心，以為事君之道。……楊名時巧詐沽譽，朋比欺曚，從不實心辦事，毫無親君愛國之心」[136]。雍正也稱讚過張廷玉「辦理事務甚多，自朝至夕，無片刻之暇」[137]。總結一句，就是雍正的這些得寵之眾臣，都須具有公、忠、能、勤等優點，特別要有「親君愛國之心」，懂得「事君之道」的才好。

　　雍正不但用人唯才，有才能的官員即使行為差些的也能容忍，而給予「惜之、教之」的機會。更值得注意的是他可以不依法規用人，在登基後不久就給臺灣的一位千總武官何勉越級擢升為參將，原因是何勉深入鳳山密林山區擒獲了朱一貴的黨羽王忠等人，功勞很大[138]。雍正十二年五月初一日江南總督趙弘恩上奏推薦官員時，皇帝批語是：「於省內或宜此缺之人，不論擅越與否，可作速遞擬人員奏摺以聞。」意思是只要是合適的人可以由趙弘恩「擅越」推薦補授[139]。以上二例足以說明終雍正之世，官員的遷升調補都是可以不按人事法規決定。不過，雍正朝的官員也會受到長官與皇帝的嚴格監督、考核，尤其皇帝本身也以密奏制度等工具對各級官

135.允祿（等編），《上諭內閣》，四年七月十三日諭。

136.允祿（等編），《上諭內閣》，五年四月十九日諭。

137.允祿（等編），《上諭內閣》，十三年三月初七日諭。

138.中國第一歷史檔案館（譯編），《雍正朝滿文硃批奏摺全譯》，頁 105、284 等處。

139.國立故宮博物院（編），《宮中檔雍正朝奏摺》，第 22 輯，頁 885。

員增加了解，進而給予賞罰，這事在以上硃批的運用文裏已作說明，不再贅述了。

雍正有了一批既忠公又能勤的官員隊伍為他工作，得眾官之助以加強個人「勢」的目的，當然也就容易達成。

再就得眾民之助的方面作一些敘述。要得人民之助，必先給百姓安居樂業的環境，民情安定，社會就安定，社會安定，君主當然可以順利統治國家。如何使百姓安居樂業呢？雍正首先注意的是對民生的顧惜，他不斷的下令減免賦稅，革除浮糧，賑卹災害，減少供應，以減輕人民的經濟負擔。同時又訓誡地方官員要「潔己愛民」，不可「加派補庫，輾轉累民」，更不能「不卹小民之脂膏，但飽谿壑於無厭」。皇帝尤其重視州縣等級的親民父母官，希望他們「興仁興讓，教孝教忠，物阜民安，刑清訟簡」。對於這樣的好官，他「將升之朝寧，用作股肱」。地方官「如或罔念民瘼，恣意貪婪，或朘削肥家，或濫行逞虐，或借刻以為清，或恃才而多事，或詔媚上司以貪位，或任縱胥吏以擾民」；對於這些不愛民不潔己的官員，皇帝說得很清楚：「王章具在，豈爾貸歟！」不把吏治弄好的人，一定會嚴辦不輕饒[140]。當時人批評雍正朝官場「進人太驟，退人太速」，可能就與皇帝對官員嚴加考核與處分有關，好人出頭得快，不法官員下臺得也快，其實這就是皇帝希望得到好官，好讓人民有好的生活環境；社會平靜，統治權就穩定了。

除了耳提面命的訓示官員愛護百姓、顧惜民生之外，雍正還下令推動一些對人民有利的措施，例如實行重農的政策，

140.請參看：華文書局（輯），《大清世宗憲皇帝實錄》，卷3，頁5–25等處。

鼓勵墾荒、興修水利，打擊地方的惡勢力，解除賤民的卑下身分。丁銀隨地畝徵收，消滅民間動亂；嚴懲盜匪，禁絕賭博等等，這一切都是營造一個安和樂利社會的必要措施，因為皇帝知道人情好利重利，大家安居樂業，人情之「勢」也就容易得手了。

官員能夠為國君服務，百姓能夠平靜生活，國家的治理也就不難。法家所謂的「眾之勝寡」，即乘眾之「勢」可勝「寡」的道理，雍正是瞭然於胸的。眾亂則亂，眾治則治，為人君的豈能無視於「眾」、無視於「勢」？博學智慧的雍正應該精通於這一邏輯的。

現在就讓我給本文作一個結語吧！

從先秦思想家們的學術理論上看，法、術、勢原本有其他的意義，如「法」有方法、技巧的意思，兵家的「法」是指軍事上用兵的技巧。「術」也有技術、方法之意，因而「法」、「術」是可以連用的。「勢」又作「權勢」、「形勢」解。另外，當年講求「法」、「術」、「勢」的思想家，也不限於法家一派，如法家代表人物多喜「黃老刑名之術」，表示法家有其與黃老道家的淵源。李悝曾是孔門弟子子夏的學生，這又說明法、儒有著相當的關係；而兵學家吳起的理論與實踐中則有強烈的法家色彩。由此可知，先秦思想家們彼此互有關聯。如果更進一步的探討法家本身，商鞅似乎不僅只言「法」，申不害也不僅只言「術」，慎到更不是只講「勢」而不及其餘。發展到後來，法家確對「法」、「術」、「勢」有了偏重，但又因發展地政權的不同，文化背景的差異，而有了內部立場的改變。韓、趙、魏的三晉之地因處於邊陲地帶，

受邊疆戎狄文化的影響很大，與以儒家禮文化為中心的齊國產生差異，因此三晉法家對齊國法家具有強烈的排斥性，而齊國法家對三晉法家則有較多的包容與開放性；在這樣不同的背景發展下，兩派法家對「法」、「術」、「勢」有了不同解釋。

對於「法」的看法，晉、齊法家都認為刑賞是重要的；不過三晉法家更偏重「嚴刑峻法」，不贊成儒家的禮義德治主張。齊法家則不反對儒家，並將道德教化思想應用於實際政治的治理中。雍正的法家思想，我個人以為他兩者都強調，只有時側重「嚴而少恩」的一邊。我們從史實上已經看到，他對宗室異己的打擊毫不留情；對「功臣」的恩仇也是說變就變的；對貪官追賠虧空更是近乎殘忍，嚴苛得怕人，真是「法不阿貴，繩不繞曲」。事實上，他對「天地君親師」的老師也是一樣，只認法不認人，以下一例，可為說明。皇帝在雍正九年十二月十六日頒降了一道上諭說：

> 名宦鄉賢關係國家崇祀大典，朕屢降諭旨令該督撫等秉公詳慎，以彰激勸。該督撫自當仰體朕心，不應尚有瞻狗冒濫者。此本內江西學道高鑌，昔年曾教朕讀書，其在江西學政內，亦非一塵不染，人所共知者，乃朕所深知。今巡撫謝旻題請崇祀名宦，不知高鑌之視學江西，果有教澤及人、士子實心感頌乎？抑謝旻以高鑌昔曾教書，是以列於名宦之內？而非出於輿論之公乎？著行文該督撫將高鑌應否崇祀名宦之處，詢問江西通省紳士，令其據實陳奏，俟奏到之日，再降

諭旨。以朕所知之高鑌如此，則其他可知。朕屢經教
導，而督撫等身受封疆之重寄，尚不能鑒別公當，返
之於心，能無愧乎？[141]

雍正對自己的老師高鑌審核如此嚴格，對江西巡撫謝旻的「逢
迎」責以「能無愧乎?」給人的感覺是這位「暴君」嚴刻寡
恩，六親不認。其實雍正對他的其他老師還是很有感情的。
顧八代就是他最崇敬的一位，據說顧八代死時，「貧無以殮，
世宗（案：即雍正）親臨奠，為經理其喪。雍正四年，詔復官，
加太傅，予祭葬，諡文端。又以其貧，賜其家白金萬。八年，
建賢良祠京師，諭滿洲大臣當入祀者五人」，顧八代即其中之
一[142]。皇帝為什麼對他如此呢？因為顧八代「品行端方，學
術醇正」的緣故[143]。而高鑌之不得入賢良祠則是皇帝知道他
有操守上的問題，他不是「一塵不染」的人，因此雍正才作
出如此的決定。這說明了皇帝不僅是位務實崇法的領導，而
且也透現出他是把法看得比禮更重的人。

　　其次，在先秦法家的用語中，「術」與「數」是相通的，
都是指一種權力的運用方法。《商君書》中說：人世間有萬事
萬物，「聖人非能通知萬物之要也，故其治國舉要以致萬物」。
就是說聖人只能舉「要」中之「要」來治國而已。「要中之
要」的「至要」一般指賞罰。除了賞罰之外，《商君書》又

141.中國第一歷史檔案館（編），《雍正朝起居注冊》，九年十二月十六日條。

142.王鍾翰（校閱），《清史列傳·卷11·顧八代傳》（北京：中華書局，1987）。

143.國史館（校註），《清史稿校註·卷25·列傳55》，第11冊（臺北：國史館，
　　1988），頁8602。

說:「夫萬乘失數而危,臣主失數而不亂者,未之有也。」[144]
由此可知:數與術也是一項「國之要」。到韓非時代,「術」
(數)的發展已成為一種專為統治地位君主所壟斷的,是一種
權術,是一種權力鬥爭的工具,而鬥爭的對象是臣下,並且
是君主暗用的機智,與「法」的公開性不同,因此韓非說:
「術者,藏之於胸中,以偶眾端,而潛御群臣者也。」[145]雍正
即位後,確實是以權術治國的,前面已舉出不少例子說明。
事實上他對最寵信的大臣也免不了用了權術,像他一再稱讚
的「巡撫中第一人」田文鏡,他也曾命人暗中調查。雍正早
年門下的舊人王國棟就在密奏中寫過:「至撫臣田文鏡居官之
處,奉旨令臣細加體訪,於兩三月後摺奏。」又說「聖諭除所
到密加察訪外,凡接見官員士庶人等,即將田文鏡居官為人,
辦理公事之處,據實平情」奏報[146]。另一位「模範巡撫」李
衛,也被皇帝命總兵官馬會伯察訪過,因為雍正聽說「李衛
狂縱,操守亦不如前」,所以叫馬總兵「據實奏聞」,而且「隨
便奏,不必特使人來」[147]。如果是一位真正崇儒的君主,能
這樣不講仁德的派人刺探大臣的隱私嗎?儘管雍正為他的使
用權術作過辯護,他說:

> 朕自朝至夕,凝坐殿室,披覽諸處章奏,目不停視,
> 手不停批,訓諭諸臣,日不下數千百言,悉出於至公

---

144. 《商君書・算地》、《商君書・賞刑》等處。
145. 《韓非子・難三》。
146. 國立故宮博物院(編),《宮中檔雍正朝奏摺》,第25輯,頁796–797。
147. 國立故宮博物院(編),《宮中檔雍正朝奏摺》,第2輯,頁870。

至正之心，而叛逆之人謂朕為權術馭下。夫欺人者人
即欺之，今臣下有能欺隱者乎？[148]

雍正「手不停批」的看大臣密奏，而且常常批寫不下數千百
字都是事實，但是他不用「權術馭下」能相信嗎？他以硃批
聯絡大臣、紐合大臣、鼓勵大臣、恐嚇大臣，甚至挑撥大臣
以及要大臣相互告密，他自己批些昨是今非的甜言蜜語，在
在都足以說明雍正是位善於用「術」的君主，可能也是前無
古人、後無來者的用術大家呢！

　　先秦的晉法家與齊法家都重「勢」，並且理解「勢」是與
君主能不能治好國家有關的。不過，就其產生的合法性而言，
齊法家認為君主的「勢」來源於君主與國家，如慎到說：「立
國君以為國，非立國君以為君也。」[149]管子也以為：「天下之
有威者，得民則威立，不得民則威廢。」[150]而晉法家視君主之
「勢」為天然合理，並且借助於「勢」的提高，凌駕於大臣
及民眾的地位之上，具有強烈的專制獨裁特徵。其後韓非將
「勢」區分為兩種：一是「自然之勢」，強調客觀的形成；一
是「人設之勢」，則為主觀之造成。韓非如此區分是基於對
「尚賢」一說的評論。他認為堯舜式的賢人幾乎不可一見，
即使出現，桀紂式的暴君也不能徹底消滅，與其等賢人政治
降臨，不如謀求「得勢」，走向強權政治，而這種強權即使是
一般君主也可以辦到。雍正似乎對這種具專制獨裁性的「勢」

148.《雍正朝起居注》，國立故宮博物院藏本，四年十月十六日條。

149.《慎子‧威德》。

150.《管子‧形勢解》。

比較欣賞。

前面已經談過雍正讓他的兄弟改行輩用字、禁止親貴稱王稱主、打擊地方土皇帝、消滅士子反清言論、要宗教信徒視他為至尊，乃至於他自己以高傲文字在奏摺裏罵人、威逼或利誘大臣與百姓為他服務，營造他的崇高地位等等，都是因為他了解「賢不足以服不肖，而勢位足以屈賢矣」的道理[151]。

雍正在造「勢」方面確實做得很成功，從以下兩件瑣事上可以了解。有一次岳鍾琪在奏摺上忘寫明確日期，雍正閱覽後先畫一個圓圈，然後寫了八個字：「不必介意，戲圈來的。」[152]岳鍾琪接到硃批後，即刻上奏說他「惶恐萬狀」，心中恐懼不言可知。另外皇帝的親信王國棟有一次上了一件請安摺，上面僅僅寫了「恭請皇上聖安」等字，雍正在上面寫了：「此朕几案上所污，恐汝恐懼，特諭！」[153]這些小事，實足以顯示雍正當時權勢之高、淫威之烈。理想儒家君主的行事會如此嗎？

還有兩件案例也許更能讓我們看出雍正治國的主張，究竟他是重儒還是重法。我們知道：自從清初以來，清政府一直提倡崇儒尊孔的國策，孝道尤其受帝王提倡。就以犯死罪的人來說，如果他家中沒有次丁、成丁，而高曾祖父母及父母年在七十以上，又有疾病需人侍養的，這死刑犯可由皇帝決定是否處以死刑。康熙皇帝多是以「存留養親」減刑，在

151.《慎子‧威德》。

152.國立故宮博物院（編），《宮中檔雍正朝奏摺》，第 7 輯，頁 680。

153.國立故宮博物院（編），《宮中檔雍正朝奏摺》，第 25 輯，頁 741。

他末年還在律書上明記此一寬免定例❿。存留養親原本含有尊親後嗣有人、家門永存之意，是孝道的一種主張。雍正年間，皇帝雖也照這條法令行事，但他覺得也不太合理，如此寬減，豈不讓殺人之人反得留養，死者之家若無次丁、成丁又將如何合理合情呢?還有中國家庭一直有長尊幼卑的傳統，也是孝道。結果造成長輩殺幼輩時，常對長輩寬免，雍正曾下令改法，認為尊長權力應維護，但尊長恣意為非作歹，仍應受嚴法處分❿。福建建安縣民人魏華音將親姪魏樟茂於昏夜勒斃，以為圖賴之計。事發後，福建巡撫與法司均照尊親法條，判魏華音杖責充軍。皇帝大不以為然，認為魏華音既偷割他人稻穀，又殺已故胞兄獨子以為誣告圖賴；如此「兇惡慘毒之人，已在倫常之外，安得尚論尊卑長幼之名分?」下令修法，重判魏華音❿。雍正十二年夏，福建武平縣發生縣民藍厚正打死胞兄藍元正之事，起因是兄長倚恃輩分欲占胞弟之田，二人理論時發生慘劇。藍氏兄弟當時有老母戴氏，年逾七十，而藍元正「雖生一男，年方七歲，腳患廢疾」，福建官員乃把「應否將厚正免死留養之處，請旨定奪」。皇帝先要大臣研議，大臣中以戶部尚書慶復一派的認為「弟毆兄致死法無可貸」；禮部尚書三泰等人則依律說「戴氏年老，一孫幼稚，厚正之罪，可以從寬」。皇帝最後降諭說：「朕思人心風俗之根本，莫重於倫常。夫以田土細故事而毆胞兄至死，實屬人倫之變。若因母老而曲從寬宥，則凡凶惡之人，父母

154.崑岡、李鴻章（等修），《大清會典事例‧刑部‧名例律‧卷732》。
155.允祿（等編），《上諭內閣》，六年六月初四日諭。
156.《雍正朝起居注》，國立故宮博物院藏本，六年六月初四日條。

年高、兄弟單少者，皆得肆行無忌，並可置倫常於不問矣！有是理乎？……此等兇暴之徒枉法容留，但足以為人心風俗之害，尚望其孝養伊母撫乃兄之幼子俾其成立耶？」更特別的，皇帝竟在同一諭旨中，對主張「存留養親」一派中掌管刑名的大臣福敏、張照、王國棟等人訓斥了一番，說他們「識見卑庸，糊塗姑息」，並且「不可不加懲懲，著交部嚴察」。藍厚正不久就「照律即行處斬」了[157]。從以上福建兩例命案，我們不難看出雍正表面上是維持盡孝的儒家思想，暗地裏似乎是「重法輕儒」的。

綜合以上所述，我們可以看出基本上雍正是重法治，而且嚴於用法，常「以刑止刑」、「以辟止辟」為主張。同時在有關的官書檔案中，人們也很容易發現雍正很喜歡用權術，雖然他自己一再否認，然而他幾乎是時時用術、處處用術來對付臣工的。至於「勢」的方面，不論是自然之勢，或是人設之勢，他謀求的成果都是被肯定的。他將皇權提升到極高，權勢變得極重，專制獨裁的地位建設得無以復加。如此一位講求「法」、「術」、「勢」的君主，而且運用得如此成功的君主，我個人以為如果只稱他是「外儒內法」似乎還不夠，說他是位「法家君主」可能更恰當。

157.《雍正朝起居注》，國立故宮博物院藏本，十二年五月二十七日條。

雍正與酒

一、小引

在中國，酒的歷史很悠久，酒的功罪也是說不清的。酒曾經幫助一些政治人物取得或鞏固政權與地位，但酒也使某些統治者毀了身、亡了國。所以無論在政治、經濟方面，或是軍事、外交方面，酒都扮演重要的角色。清人說：酒是飲食之事，亦是文化之事，應該是妥切的。

清朝自興起之後，不少領導人都認清酒是政治飲料，而且視為無益之物。太祖努爾哈齊因為國中大臣及人民中有嗜酒的習性，曾降諭訓誡說：「爾等曾聞古來飲酒之人，於飲酒之中得何益？習何藝？有所裨益者乎？……昔賢云：『藥之毒者，雖苦口，能卻病焉。酒之旨者，雖適口，能召疾焉。』」又說：「愚者飲之喪身，賢者飲之敗德，……則酒固宜切戒也。」[1]努爾哈齊不但勸臣民戒酒，他自己也以身作則。他的繼承人太宗皇太極就說：「太祖（案：努爾哈齊）素不飲酒，因

---

1. 華文書局（輯），《大清太祖高皇帝實錄》（臺北：華聯出版社，1969），卷9，頁 17–18。

而群臣庶民凜遵教訓，故太祖國勢振興，諸臣迄今殷富。」❷
皇太極還以金朝歷史為鑑，諭誡大臣們說：「凡為君者，耽於
酒色，未有不亡國者。」❸當然他也不是一位嗜酒的君主。

清朝入關後的第一代君主順治帝，他先對西洋天主教產
生興趣，後來篤信佛教，因此史料裏沒有他嗜酒或酗酒的有
關紀錄。他的兒子康熙繼承皇位，這位開盛清時代的明君，
年輕時能烟能酒，不過他知道擔任國家領導人的責任重大，
因而戒了烟，也變成「能飲而不飲」的了不起人物。他在訓
誡子孫的語錄中曾留下不少名句，他說：「人有點酒不聞者，
是天性不能飲也。如朕之能飲而不飲始為誠不飲者。大抵嗜
酒則心志為其所亂而昏昧、或致疾病，實非有益於人之物，
故夏先后以旨酒為深戒也。」又說：「世之好飲者，樂酒無厭，
心恆狂亂，遂至形骸顛倒，禮法喪失，其為敗德，何可勝言，
是故朕諄諄教飭爾等斷不可耽於酒者，正為傷身亂行，莫此
為甚也。」❹

康熙在廢皇儲後曾一度以西洋葡萄酒治病，但未酗酒，
更沒有因此上癮，可見他是一位自制的人❺。康熙死後，繼
任大清皇帝的是清世宗雍正，這位爭議極多的新君，一直被
人們目為「暴君」，他是不是也像國史上的夏桀與商紂一樣
呢？酗酒而傷身亡國呢？他對酒的看法以及對酒的政策又是
如何呢？就讓我以下面的篇幅做一些探討。

2. 華文書局（輯），《大清太宗文皇帝實錄》，卷 54，頁 21。

3. 華文書局（輯），《大清太宗文皇帝實錄》，卷 32，頁 8。

4. 《聖祖仁皇帝庭訓格言》，收入：《欽定四庫全書・子部 23・儒家類》，第 717
册（臺北：臺灣商務，1983），頁 21–23。

5. 請參看拙作：《康熙寫真》（臺北：遠流，2000），頁 39。

二、雍正飲不飲酒?

　　人們視雍正為失德的暴君，並不是始於後世，而是在雍正執政的當時就流傳了，特別是雍正六年 (1728) 曾靜、張熙師徒上書岳鍾琪勸其反清反滿時，雍正被他們列出十條罪狀，包括謀父、逼母、弒兄、屠弟、貪財、好殺、酗酒、淫色、懷疑誅忠、好諛任佞，雍正成為一位罪大惡極的人❻。據說當日社會上傳說皇帝好飲酒，帶著大臣在圓明園中白晝也飲酒作樂，不理政事，簡直是個荒君。如果曾靜指控的屬實，雍正真是嗜酒酗酒的人。可是雍正不承認此事，曾在《大義覺迷錄》一書中作過辯白。同樣的，他也在雍正六年十一月十一日降諭給諸王以及滿漢大臣時，對十大罪狀逐條加以駁斥，其中酗酒一項，皇帝的說法是:

> 又逆書謂朕為酗酒。夫酒醴之設，聖賢不廢。古稱堯千鍾、舜百榼;《論語》稱孔子惟酒無量，是飲酒原無損於聖德，不必諱言。但朕之不飲，出自天性，並非強致而然。前年提督路振揚來京陛見，一日忽奏云:「臣在京許久，每日進見，仰瞻天顏，全不似飲酒者，何以臣在外任，有傳聞皇上飲酒之說?」朕因路振揚之奏，始知外間有此浮言，為之一笑。今逆賊酗酒之謗，即此類也。❼

6.《大義覺迷錄·卷一》，收入:《清史資料》，第 4 輯 (北京: 中華書局，1983)。

7.中國第一歷史檔案館 (編)，《雍正朝起居注冊》，第 3 冊 (北京: 中華書局，

　　按照雍正帝以上的說法，有兩點值得我們注意：一是在曾靜等上書岳鍾琪指出皇帝酗酒前兩年，就已經有人傳言雍正酗酒的事了，這可能與允禩、允禟等門下太監、家人放逐邊疆有關，因為確有被充軍的人在各地散播雍正「失德」祕聞。二是雍正否認自己酗酒，而且說他自己是「出自天性」「不飲」的人。雍正是不是真的不飲酒呢？我個人認為值得商榷。照康熙帝的名言「如朕之能飲而不飲始為誠不飲者」的解釋，是說康熙原本能飲酒的，「不飲」並不是能力問題，而是不使心志昏亂才「不飲」的。雍正向諸王大臣的諭旨似乎也說他有控制能力，並非點酒不能入口而不飲。以下有些原始文獻也許更可以說明此事。且不談雍正早年藩邸舊人戴鐸從福建派人送酒到京城給主子皇帝，年羹堯也有從四川呈送土酒至京的事。這裏有一件雍正二年 (1724) 正月二十八日山東巡撫黃炳呈送四箱荔枝酒的奏摺，文中有：

　　　　竊臣于正月二十七日接得臣父國材處送來荔枝酒四箱，內三箱係做趙文璧製法，用新興香荔枝做的，內一箱係臣父國材署內用乾荔枝做的。臣謹將此酒四箱，現在送交怡親王處轉進，仰祈皇上恩賜賞收。但此二種是否堪用，并祈皇上指示，以便嗣後製造進呈上用。為此繕摺尚差家人延壽柱賷奏，伏乞皇上批示遵行。

　　在這份奏摺末尾處，雍正用硃筆批道：

_____

　　1993)，頁 2402，雍正六年十一月十一日條。

　　黃色者佳，照此則上好矣！紅色者不用，再不可
多。……從來不善飲酒，博爾多知道的，原為賜人玩，
非要用之物也。❽

　　以上硃批行文不太順暢，而且不是一氣呵成，其間有加
添字樣。不過黃炳既然奏稱「此二種是否堪用，並祈皇上指
示，以便嗣後製造進呈上用」等語，可見黃炳送酒的目的是
為皇帝「上用」的。雍正在硃批中寫了「黃色者佳，照此則
上好矣」等字，也足以證明皇帝是品嚐了送來的酒，並分出
黃的比紅的好。雖說「原為賜人玩，非要用之物也」，顯見他
沒有拒絕黃炳「嗣後製造進呈上用」。雍正說「不善飲酒」，
但不表示他滴酒不沾。

　　另外，有傳說在雍正四年 (1726) 端午節當天，皇帝與大
臣們乘坐幾十艘龍船，一同飲蒲酒作樂，這件事在清代官方
史書裏也提到過❾。雍正應時應景的小酌一番可能是有的，
他在詩作中就有此類的文句，如〈花下偶成〉詩記：

　　對酒吟詩花勸飲，花前得句自推敲。
　　九重三殿誰為友，皓月清風作契交。❿

　　正如雍正引用孔子所說的「惟酒無量」原則，只要是「不

8.國立故宮博物院（編），《宮中檔雍正朝奏摺》（臺北：國立故宮博物院，
　1976），第 2 輯，頁 280。

9.允祿（等編），《上諭內閣》，雍正四年五月初九日諭。

10.《世宗憲皇帝御製詩文集》，卷30，收入：《清代詩文集彙編》（上海：上海古
　籍出版社，2010）。

及亂」、「無損於聖德」的小酌，應該是「不必諱言」的。馮爾康教授說：「當皇帝，那有像平民間存在的推心置腹的密友，他有孤獨之感，就把清風明月鮮花美酒當作知心朋友，聊以消遣。他喝酒不爛，因為他勤政，不允許他整日在醉鄉之中。」⑪我很同意這種看法。

事實上，雍正是一位勞碌命的勤政皇帝，每天從早到晚忙於政事。白天與大臣議政，處理公務；晚上批答臣工的奏章，經常看到深夜。而且他非常關心政壇的事務，關心民間的疾苦，他曾說：

> 聽政每忘花月好，對時惟望雨暘勻。
> 宵衣旰食非干譽，夕惕朝乾自體仁。⑫

這樣一位成天戒懼、不敢怠惰的君主，要想每天喝得爛醉恐怕是很難的，因為他沒有這份「享酒福」的時間與心情。總之，我個人的看法是雍正應該是偶而也會小酌幾杯，但不會整天酗酒的。

三、雍正不熱心嚴禁燒鍋

雍正對於侵犯他皇權、危害清朝存在以及影響社會治安的人事物，都深惡痛絕，必定除之而後快。他繼承皇位以後，深感皇室親貴令他不安於位、文武權臣恃功而驕、內外官員貪贓枉法、地方惡霸欺凌善良，這些皇家兄弟與中央地方不

---

11. 馮爾康，《雍正傳》(北京：人民出版社，1985)，頁532。
12. 《世宗憲皇帝御製詩文集》，卷29，收入：《清代詩文集彙編》。

法人士幾乎都被他整肅處分了。不好的國家制度，他也不計一切的加以改進，實行儲位密建法、創立軍機處、推行火耗歸公、廢除賤民階級等等，在在說明了他有改新弊政的決心。甚至賭博一事，他認為是足以荒棄一般人的本業，蕩盡人的家財，因此非禁不可。不但終雍正之世三令五申的嚴禁賭博，同時還發明了更徹底的防止賭博事件的發生，那就是嚴查賭具來源，毀滅製造賭具的工廠，懲辦賭具廠商，甚至連工廠所在地的地方官也株連受罰。雍正朝賭禁的雷屬風行，由此可見。酒在雍正心目中也不是有益之物，是不是也像賭博一樣的視為社會一大「惡」呢？製酒的工廠是不是也像造賭具的工廠一樣被摧毀呢？以下幾件當時第一手史料顯然可以仔細一讀。

　　雍正元年 (1723) 二月初六日，巡城御史莫爾渾上奏談到「燒酒一項並非民之必需之物，前雖曾禁止，但人為圖其私利，地方官員失於覺察，亦未可料」，因而燒酒價格往往高出一至二倍。他奏請皇帝「嚴禁將上年米賤時所製燒酒，以現價出售，則米貴酒賤，無利可圖，燒酒之人，不禁自少也。若高於限令之價出售，則予治罪」❸，這是以價制量的一種方法，但皇帝未作批示，談不上實行。不過，在另一方面，雍正在同一年卻同意直隸巡撫李維鈞的奏請，讓宣化府等地的燒鍋可以公開製酒出售了。王棠在一份奏摺中談到這件事，他說：

13.中國第一歷史檔案館（譯編），《雍正朝滿文硃批奏摺全譯》（合肥：黃山書社，1998），頁 26。

雍正元年，原任直隸巡撫李維鈞奏請弛燒鍋之禁等事，以宣屬所產高粱米澀性燥，豐收之年，人皆不食，只作燒酒圖利，每年不下六七十萬金，並請其餘各府一概弛禁等因，經戶部議覆奉旨：宣化府地方不必禁止燒鍋，其餘各府仍照常禁止，欽此。

王棠在同一奏摺中又說：

自雍正元年來，陸續開設缸房四百餘座，每座歲征稅銀一兩二錢，而開設之家屯買高粱，燒酒鬻販，一歲約用高粱數十萬石，當此歉收之年，高粱既全歸缸房採買，米價自必偏昂。……臣愚以為宜將宣府燒鍋停其征稅，暫行禁革，俟來年秋收之後，許其復開。其未禁之前業燒成酒者，勒限半月全數發賣。半月之後如有私囤私燒者，照例治罪。此項高粱缸房既不燒酒，不惟不復收買屯貯，而前此收貯者必仍貸之民間，窮民利其平賤，自不嫌其燥澀……及時平糶，而米價自可因而漸減矣。❹

王棠是口北道御史，呈送這份奏摺的時間是雍正八年(1730)十一月十五日，可見雍正在執政後八年之間，燒鍋、缸房是時開時禁的，地區也不普遍，一省之內制度也不同，如此想斷絕酒源的供應，當然是難收功效。加上開放燒鍋與缸房，政府可以徵收稅金，而酒商與製酒者獲利豐厚，說不定

14.國立故宮博物院（編），《宮中檔雍正朝奏摺》，第17輯，頁166–167。

官員還可以從中得利，因此如果不是遇上糧食歉收，糧價上漲，地方官多半是不會上奏請求禁酒的。由於貧民們糴買糧食「委屬艱難」，雍正才批示：「此事詳明該督唐執玉，一面出示禁止，一面具奏以聞。」

　　兩年多以後燒鍋製酒的事在陝西等地仍然興旺，太常寺少卿朱曙蓀向皇帝上了一份奏摺，談到不少禁開燒鍋的小史以及當時的現況，同時他又提出一些嚴禁的具體主張，他說：

　　竊臣仰見皇上宵旰勤勞，首重民依，乃愚民無知，只貪眼前微利，私開燒鍋，每年耗費穀麥不計其數，各省燒酒發賣甚多，燒鍋到處皆有。至陝西一省，則州縣村鎮無處不開設燒鍋。西安府屬一縣之中竟有開至千餘座者，約略計之，每年每座耗費穀麥三五百石，是一年一縣耗費三五十萬石也。康熙三十五年正月二十一日欽奉聖祖仁皇帝上諭，嚴禁燒鍋；戶部移咨直隸、山東、山西、河南、盛京五處。雍正四年三月二十九日欽奉上諭，盛京口外蒙古交界之處，內地人等出口燒鍋者甚多，無故耗費米糧，著議政大臣定議嚴行禁止，俱欽遵在案。伏思陝西正當辦理軍需之際，穀米關係緊要；去年冬間米價騰貴，而有司視燒鍋為泛常，未免陽奉陰違，偶或查禁，不過假手衙役，一票到手止為若輩網利之具，拿獲到案，竟不通報，僅以杖責完結。是以愚民竟不畏懼，轉相效尤，雖名為禁止，而燒鍋之開實日甚一日。臣請嗣後有私開燒鍋者，比照興販私鹽例杖一百、徒三年。左右鄰佑通同

容隱同罪，地方官查拿不力照失察私鹽例降級；其拿
獲一次者紀錄一次，拿獲二次者紀錄二次，拿獲三次
者加一級，如此則有司自顧考成，查禁必嚴，小民畏
罪，自然改業，庶穀麥不甚耗費，而糧價不致於騰貴。
臣不揣愚昧，敬抒管見，是否允協，仰祈皇上睿鑒施
行。❶

朱曙蓀的這件奏報是雍正十一年 (1733) 四月二十七日呈
上的，皇上並沒有在奏摺上作任何批示，不過雍正對他的建
議顯然很重視，因為在同年六月初六日史貽直與鄂昌的聯名
奏報中看出了端倪。史貽直等說：

本年五月二十六日，承准大學士臣張廷玉寄字內開雍
正十一年五月十二日奉上諭：「聞得陝西之三原、涇
陽、咸陽、渭南、富平等縣，燒鍋各以千計，其餘州
縣亦皆有。朕思燒鍋既多，必將糧食耗費，甚屬無益。
但恐遽令禁止，又滋煩擾。爾可寄信與署撫史貽直等，
令其悉心籌畫，若禁止不致累民則禁之為便，抑或多
方勸諭，令其醒悟，不期禁而自止，是封疆大臣斟酌
可行之，不可強迫。」欽此等因到臣等跪讀之下，仰見
皇上愛養黎元，敦本重農之至意。伏查燒鍋一項，西
北各省所在有之，只因小民愚闇，往往捨本逐末，惟
圖燒鍋之微利，遂忘儲蓄之本源，積習相沿，由來已
久。……臣等復思欲杜燒鍋之原，當嚴造麴之禁。民

15.國立故宮博物院（編），《宮中檔雍正朝奏摺》，第 21 輯，頁 455。

間每於麥收之後，不以積儲為急務，而以踏麴為生涯；所費之麥，不可數計。惟嚴禁造麴，則燒鍋不禁而自止矣。……惟是秦民艱於生理，往往借日用之需以為糊口之計，倘本地糧食充裕，百姓藉燒鍋以覓微利，亦屬謀生之一道，若概令禁止則誠如聖諭不無煩擾之虞。臣等仰體天心，惟當因時酌量視年歲之豐歉，審民力之盈虛，或出示嚴禁，或多方勸諭，務使閭閻有儲蓄之需，草野有資生之策，庶於國計民生，均有裨益。❶

皇帝在史貽直的奏摺上批了：「覽。辦理甚屬妥協。」可見雍正對於「或出示嚴禁，或多方勸諭」的不徹底辦法是認可的，而且認為是「甚屬妥協」。

第二年，即雍正十二年 (1734) 五月中，又有一位協理山西道事的御史趙晃，為地方官員嚴禁燒鍋不力上了奏章，報告裏稱：「違禁網利之徒，公然開設燒鍋，毫無顧畏。當豐稔之年則廣囤糧石，以供其需，如或收成稍歉，則爭先搶買，以致米價頓昂，於民生實有未便。」他又說：

雖地方大吏時飭查拿，而幅員遼闊，一時耳目難周，在勤慎之有司固奉行惟謹，而不肖之州縣未免陽奉陰違，甚且藉查拿居奇，視燒鍋為壟斷。賄賂既行，彼私燒之家，益無忌憚。

16.國立故宮博物院（編），《宮中檔雍正朝奏摺》，第 21 輯，頁 673–674。

趙晃最後向皇帝請示說:

> 查巡察御史於通省之府州縣無不遍歷,應令其留心查
> 案,訪有違禁私燒之家,即飭地方官嚴拿懲治,倘該
> 地方官既故縱於前,臨時又巧為庇護,境內燒鍋本多,
> 僅拿一二家搪塞了事,該御史即移合督撫題參,交部
> 嚴加議處,庶州縣各顧考成,實力奉行,米糧不致耗
> 費,於民生似有裨益。**⑰**

雍正在這件奏摺未作隻字批示。

總之,從雍正即位到他死前一年,確有不少官員為耗費
糧食、影響民生與軍糧而經常上奏,希望嚴禁燒鍋,但效果
不顯著,而皇帝的態度更是表現得不夠積極熱心,與雍正朝
禁賭政策相較,真有天壤之別。

四、雍正對旗人醉酒案的處理

燒鍋不嚴禁,酒的來源當然不能斷絕。有酒的供應,必
有嗜酒、酗酒的人們,而「樂酒無厭,心恆狂亂」,社會上就
容易發生亂行敗德的事件了,現在我們先從雍正朝八旗軍民
因酒而起的事件說起。

八旗是滿清的根本,清初以來歷代帝王都非常重視這一
群人,雍正當然不會例外。關於八旗酒禁的事,在康熙死後
約一個月時,雍正就迫不及待的以新君身分降下了諭旨,諭
文中說:

17.國立故宮博物院(編),《宮中檔雍正朝奏摺》,第23輯,頁39–40。

比見八旗官員兵丁內，嗜飲沉酒，以致容貌改常、輕
生破產、肆行妄為者甚眾，其中豈乏材具可用之人，
朕實憫之惜之。著八旗都統各查該屬官員兵丁內，酗
酒不肖之徒，定以限期，速令悛改，能改則已，如不
能改，係官員即行題參，應襲者令人承襲，係兵丁即
行革退，以示懲戒，法在必行。⑱

這道諭旨雖是對官員兵丁而發的，但是八旗制度也是一
種軍制，兵丁與旗民是一體的，凡有「肆行妄為」的必遭重
罰。雍正二年四月間，皇帝看到刑部所奏旗民對七用刀戳劉
四的事，作了如下的判決：「對七酒醉持刀妄行戳人情由可
惡，著發往黑龍江當差。」⑲

雍正四年九月初四日清宮檔案中有這樣一段記事：

右衛將軍色穆德參奏防禦四格乘醉妄為，詈罵該管協
領馬郎阿，應將四格議罪一疏。上曰：四格身為職官，
因醉著婦人衣妄為，將該管官詈罵，情屬可惡。四格
著革職，發遣吉林烏拉當苦差。⑳

可見雍正對醉酒的八旗軍官處分是很嚴厲的。同樣的，
旗人文官若有嗜酒事實也是不予寬貸。雍正五年閏三月間，

18.華文書局（輯），《大清世宗憲皇帝實錄》，卷2，頁17。

19.中國第一歷史檔案館（編），《雍正朝起居注冊》，第1冊，頁210，二年四月十
　　二日條。

20.中國第一歷史檔案館（編），《雍正朝起居注冊》，第1冊，頁761。

皇帝又降諭旨說：

> 看來學士圖蘭平日飲酒，現今驛站缺少三人，著將圖
> 蘭降五級調用，與原任布政使佟吉圖一同發往驛站，
> 令其自備效力。❷❶

　　儘管皇帝處分醉酒的八旗文武官民很嚴，但飲酒的人仍
然很多，到雍正六年三月發現「護軍等群聚園館酗酒」之事，
因此再頒發諭旨，訓誡旗人。諭文中有：

> 鑲黃旗大人等旗下人等毫無所事，每日在園館恣意酗
> 酒，其事甚屬惡濫，枉費貲財，迷亂性情，荒廢學藝
> 當差正事，且起爭鬥之端，行止下賤無恥，毫無益處。
> 朕恐旗下無知少年，無人教訓，漸積成習，不自覺其
> 所為之非，是以特降諭旨令八旗大人將此輩無知之人，
> 嚴加訓誨約束，倘有兇惡肆行下賤無恥、不率教誨、
> 不知悛改者，即行參奏。❷❷

　　皇帝雖然三令五申，但旗人飲酒者仍犯者自犯，以下一
些事實，可為說明：
　　雍正九年 (1731) 二月二十日《雍正朝起居注冊》中記：

> 吏部議：倉場總督岳爾岱等參奏：通州中倉監督兵部

---

21. 中國第一歷史檔案館（編），《雍正朝起居注冊》，第 2 冊，頁 1098。
22. 中國第一歷史檔案館（編），《雍正朝起居注冊》，第 3 冊，頁 1866–1868。

筆帖式富隆，嗜酒糊塗，倉務廢弛，應革職。其濫行
保送之署兵部尚書三泰應於現任內降三級調用一疏。
上曰：三泰著降二級從寬留任。餘依議。❷

富隆被革職了，三泰則降二級留任，處分也算不輕。
同年九月，《雍正朝起居注冊》又記：

正白旗滿洲都統奏：天津水師營撥回馬甲老格，差使
懶惰，飲酒放肆，應將老格於高牆外永遠枷號一摺，
奉諭旨：老格著於天津地方，永遠枷號。❷

按照清朝的八旗制度，凡屬滿、蒙、漢八旗的屬下人都
是旗人。雍正十一年任職廣州防禦的漢軍李承裕被正藍旗漢
軍都統參奏，建議皇帝將他革職，雍正則降諭說：

李承裕由驍騎校揀選補授廣州防禦，乃並不實心效力，
且敢酗酒狂縱，甚屬可惡，著重責四十板，令在步軍
上當苦差，交與步軍統領嚴行管束，如不悛改，即行
奏聞，永遠枷號。❷

皇帝對老格與李承裕的處分不可謂不嚴重。
然而，直到雍正死前一年，旗人官民因嗜酒或醉酒而發

---

23. 《雍正朝起居注》，國立故宮博物院藏本，雍正九年二月二十二日條。
24. 《雍正朝起居注》，國立故宮博物院藏本，雍正九年九月十八日條。
25. 《雍正朝起居注》，國立故宮博物院藏本，雍正十一年十一月二十日條。

生的案件還是層出不窮,如駐西藏的滿族官員清保、苗壽被革職就是一例。據雍正十二年二月二十二日的一件上諭記:

> (案:兵部)尚書僧格、都統邁祿自西藏回京奏:清保、苗壽駐劄藏內,終日飲酒,醉後任意妄行擾累唐古特等語。清保、苗壽原係微員,朕屢加格外之恩,用至大臣,差往緊要地方,並不感激,實心效力,乃飲酒妄行,負朕擢用之恩,清保、苗壽俱著革職,自備鞍馬回至成都候旨。❷⑥

皇帝不但對嗜酒、酗酒的旗人官員不滿,就連好喝酒官員推薦的人選也不能信任,雍正十二年就發生過這樣一件案例:

> 正紅旗滿洲都統奏請補授天津驍騎校二缺,帶領擬正、擬陪人員引見。奉諭旨:邁祿自到天津,每日飲酒,辦事任意,伊所保送之噶爾柱、巴滿泰著駁回。朕非謂伊等不應保送,但邁祿所保之人,朕不深信。❷⑦

雍正十二年十一月,刑部呈送上一批初步擬判死刑犯人的名單,請皇帝作最後裁定,其中有兩件值得一看:

> 斬犯七兒與護軍拴住,同飲俱醉,因換帽不允致相毆

26.《雍正朝起居注》,國立故宮博物院藏本,雍正十二年二月二十二日條。

27.《雍正朝起居注》,國立故宮博物院藏本,雍正十二年十月十日條。

打。拴住拾石打七兒不中，隨亦儻（躺）倒，令七兒打己，七兒隨拾石毆傷殞命一案。上曰：此案情罪不過鬥毆，按律祇應問絞，而刑部依奴婢毆良人至死律擬斬，此必盛安之意，欲以正名分之說，以掩其罔上行私之罪。夫良賤之名分固宜正，亦須視所謂良人者何如。拴住與七兒同飲，又醉後臥地，令其毆打，此等無賴形狀，如何亦以毆良律擬斷，七兒著緩決。

其次是一名叫七十兒的旗人，「因護軍法忒納醉後與人吵嚷，於七十兒之女人前無禮混罵，七十兒赴勸被罵，以致互毆打傷法忒納殞命」。皇帝認為「此案與七兒一案相同，七十兒亦著緩決」[28]。

雍正是位法家天子，他按律改判七兒與七十兒二人為「緩決」，確實有其法理的依據。不過，雍正也有法理不外人情的時候，如雍正十二年七月初二日的一道諭旨就說明了這一事實。該諭旨說：

佟四既有瞽目之子，不應准其留養，部議甚是。但伊與孫大飲酒戲謔爭論，舉碗拋擲，適中孫大額角，半月之後受風傷發殞命，佟四情罪尚輕，著照例減等發落，存留養親。

原來佟四有年逾七十之父，其子雖年足二十三歲已成丁，但自幼廢瞽，所以雍正帝才有此一裁決[29]。

28.《雍正朝起居注》，國立故宮博物院藏本，雍正十二年十一月二十日條。

在雍正朝，當官不是易事，有官員並不嗜酒卻也因酒而被罰。有一次皇帝「聞得熱河總管花色、同知陳肇奎甚是罷軟，不能管理，既不用心操演兵丁，又不禁止酗酒賭博，懲治奸宄，是以眾皆流入惡習」。皇帝下令：

> 熱河總管、同知等缺，俱屬緊要，花色、陳肇奎俱著來京，另有詢問伊等之處，總管員缺著原任副都統馬爾圖補授。其補放同知人員，著該部速行揀選具奏。[30]

當然花色等人丟官的原因可能很多，但是不禁止兵丁酗酒是其中之一，可見雍正重視兵丁酗酒的一斑了。

總之，雍正年間，旗人因醉酒言行失態、或曠職誤事、或毆鬥死傷的，通常都會受到重罰，甚至被判處死刑。

五、雍正對漢人醉酒案的處理

雍正是一位重法治的君主，自他繼承大統以來，在司法制度上作了不少改革，例如為「慎重民命」，他下令廢除割去犯人腳筋的酷刑。又如以前有關蒙古、色目人婚姻法條已經不合時宜，應當刪去。他如獄政弊端中罪犯不分首從，一概混行收押以及獄官獄吏接受賄賂等等。另外，雍正「期於好生」、「恤慎刑之至意」，又下令將地方死刑犯名單也需呈送中央，讓他作最後裁量，是否處決人犯。他曾以硃筆書寫諭旨如下：

29.中國第一歷史檔案館（編），《雍正朝起居注冊》，第 5 冊，頁 3896。

30.中國第一歷史檔案館（編），《雍正朝起居注冊》，雍正五年四月二十日條。

朕惟明刑所以弼教君德，期於好生；從來帝王於用刑
之際，法雖一定，而心本寬仁，是以虞廷以欽恤垂訓、
周書以慎罰為辭，誠以民命至重，寧過乎仁毋過乎義
也。朕自臨御以來，一切章奏，無不留心細覽，於刑
讞一事，尤加詳慎，恐法司未能平允，情罪未能悉當，
朕心深用惻然，故凡京城及直省題奏讞獄，但少有可
矜者，無不法外施仁，量加末減。獨念朝審重囚其情
實者，刑科必三覆奏聞，勾除者方行處決；而外省情
實重囚，惟於秋審後法司具題，即咨行各省，無覆奏
之例。朕思中外一體，豈在京諸囚宜加詳慎，在外省
者獨可不用詳慎乎？人命攸關，自當同仁一視，自今
年為視，凡外省重囚秋審具題情實應決者，爾法司亦
照朝審之例，三覆奏聞，以副朕欽恤慎罰之至意。㉛

　　就因為這道硃諭，地方死刑犯也需要呈列名單送到中央
請皇帝作最後裁決，這就是地方三覆審制的實行。由於三覆
審地方人犯，清宮文獻裏也留存不少有關資料，使我們對雍
正處理酒醉刑案的情形有了深一層的了解。現在就抄錄一些
與漢人有關的資料：

㈠、雍正六年九月二十四日，皇帝看到刑部呈送來有關「斬
　　犯秦梅欠黨文奇銀，醉後爭鬧，黨文奇趕打秦梅，秦梅
　　拾石還擊中頂心等處殞命一案。上曰：醉後索債，應屬
　　誤傷，秦梅著緩決」。

㈡、雍正六年九月二十五日，皇帝「閱至絞犯徐華逸酒後殺

31.中國第一歷史檔案館（編），《雍正朝起居注冊》，雍正二年四月初七日條。

妻葉氏殞命一案，上謂大學士等曰：酗酒不法，朕從前
曾降旨嚴禁，惟恐人使酒行兇，陷身罪網也；今不必因
前諭而固執之見，爾等云何？大學士等奏曰：徐華逸殺
妻原在酒醉之後。上曰：徐華逸因宴客肴饌不佳，遂割
去其妻一耳，兇惡殊甚，亦倫常所關，著予勾決※」。

※勾決：判決死刑之罪犯監候處決者於秋審及朝審後，開具名冊案
由，奏請予勾，其經御筆勾除者即照原判處決，謂之勾決。

㈢、雍正六年九月二十六日，皇帝「閱至絞犯張六素疑蔡三
家窩留妓女，致相詬詈。張六酒醉持刀往尋蔡三家吵鬧，
時值昏暗，誤推隔壁吉五之門，吉五趨出爭較，張六見
來勢甚猛，持刀戳中吉五胸膛身死一案。上曰：張六亦
係誤殺，著緩決」。

㈣、雍正六年十月初五日，皇帝「閱至斬犯施顯隆與桑泓之
父桑鳳章有嫌隙。泓乘顯隆請知縣飲酒，直入無狀。顯
隆喝令伊弟顯德等將泓毆打，又自持鐵鐐打傷肚腦等處
殞命一案。上曰：此案朕曾下過旨意，既有知縣在家飲
酒，何難禁止而任其打死？（案：大學士）馬爾賽曰：桑泓
死後三日地方始行申報，若知縣在彼飲酒，是目擊其事，
似不待地方申報矣。上曰：施顯隆著改絞予勾」。施顯隆
當日必已飲酒，可能毆人行為不是發生在酒後，故「改
絞予勾」。

㈤、雍正七年閏七月二十三日，皇帝降諭：「李長著以枷責完
結。」原來李長一案是李妻「白氏酒醉與鄰居婦人嚷鬧，
李長往勸不從，一時氣忿，腳踢白氏右前肋以致殞命」。
刑部認為「李長情有可原，應免死減等杖流」。皇帝顯然

更同情李長而有此裁判。

㈥、同年十一月十六日，皇帝改判「郁紹臣著枷責完結」，刑
部原判郁紹臣「免死減等」，供皇上參考。皇帝則認為
「郁紹臣與邵弘源飲酒戲擊，致邵弘源跌傷殞命」，應予
寬減[32]。

㈦、雍正八年九月八日，「刑部議蘇州巡撫尹繼善奏：華大升
等繼死王福一案，緣王福淫惡不悛，探知村鄰華大升之
妻少艾，遂與通姦，及大升將妻休棄，王福反揚言欲將
大升毆死。鄰人公憤不平，李天祥與大升同謀，備酒詭
言解和，乘王福酒醉，即以束腰手巾，同張叔采繼緊殞
命。李天祥、張叔采已經病故，華大升應擬絞監候。……
奉諭旨：王福以淫惡為地鄰公憤，李天祥等起意繼死，
華大升等原係聽從指使，今造意之李天祥、張叔采已監
斃，華大升等從寬免死，照例減等發落」。

㈧、同年十一月二十三日，「刑部議廣東永安縣民黃相球與陳
日攤同店住宿，陳日攤因醉中推倒溺桶，黃相球詈罵，
陳日攤回罵，黃相球拾棍擊傷陳日攤左肋，越七日殞命，
黃相球應擬絞監候。……奉諭旨：陳日攤縱酒無禮，不
知己非，肆罵黃相球，黃相球不甘，拾棍一擊，越七日
殞命。黃相球情有可原，著以枷責完結」。

㈨、雍正九年三月二十日，皇帝看了「刑部議署直隸總督唐
執玉奏民人吳可友係吳興龍緦麻服姪，吳興龍撫養長大，
乃躭酒不法，吳興龍訓責其非，吳可友乘醉還罵，吳興

<hr>

32.以上各案請參閱：中國第一歷史檔案館（編），《雍正朝起居注冊》，頁2274、
2281、2289、2318、3032、3284等處。

龍氣忿拳毆，吳可友輒持磚毆打仆地，吳興龍因取木棍擊其臁脅，越九日隕命，吳興龍應擬絞監候」的報告，降諭說：「吳興龍情有可原，著以枷責完結。」

(十)、同年同月二十二日，福建人吳龍生答應當張明純家傭工，但兩人在酒後吳龍生反悔，「欲別往」他處，因而發生爭執，吳龍生乘醉罵張明純，張明純便用鈍器傷吳龍生胸部，不多時即死亡。刑部也判張明純「絞監候」。皇帝則認為「張明純情尚可原，著從寬免死，照例減等發落」。

(土)、天津州民吳五與王進福飲酒，「王進福醉後索飲，吳五以無錢回答，王進福即行詈罵，吳五趨避，王進福又趕擲土坯，以致吳五情急拾坯還擊，中傷王進福，越日隕命」。刑部擬判吳五「絞監候」，皇帝則以為「吳五情尚可原，從寬免死，照例減等發落」。皇帝降諭的日期是雍正九年四月二十四日。

(圭)、雍正九年八月八日，山西霍州民人「賀重建醉酒，令安瑞償錢，安瑞不允，賀重建即將安瑞捺住欲毆，安瑞急欲脫身，舉足一踢，適傷賀重建致斃」。刑部擬判安瑞「絞監候」，皇帝說：「安瑞情尚可原，從寬免死，照例減等發落。」

(圭)、同年九月二十六日，馮琦生與史賢飲酒，言及舊欠未還，彼此角口相毆，馮琦生奪史賢柴棍還擊，史賢殞命。刑部判馮琦生處斬，皇帝說：「馮琦生……非有欲殺之心，著改絞予勾。」

(盂)、同年十一月二十六日，山東章邱縣民陳世德與胡宗孟、馬邱吉，會親飲酒，因戲謔嚷鬧，酒散行至棗樹林，馬

邱吉乘醉罵胡宗孟，胡宗孟趕毆馬邱吉，適陳世德出聲相勸，胡宗孟不服，用頭碰觸，陳世德恐被碰傷，用手一推，胡宗孟仰跌樹荏之上扎傷腎囊等處，越三日殞命。刑部擬判陳世德「絞監候」，皇帝以「情尚可原」讓陳世德「從寬免死」。

(齿)、雍正九年十二月十八日，皇帝降諭：安徽無為州民「王林士酒醉扯碎楊恆書衣服，復持算盤向毆，楊恆書隨手一搪，將算盤搪回，致傷王林士眉叢額角，越五日殞命。楊恆書情尚可原，著從寬免死」。刑部原擬罪為「絞監候」。

(夫)、雍正十年五月十八日，「刑部議廣東香山縣民朱英長、張裕權飲酒角口，張裕權揪毆朱英長左乳，朱英長用拳一格，適中張裕權左脇仆跌木樁之上，磕傷心坎殞命。朱英長應擬絞監候」。皇帝認為「朱英長情尚可原，從寬免死，照例減等發落」。

(杏)、雍正十年閏五月十五日，皇帝降諭：「（湖北應城醉酒縣民）李己與胡作舟戲謔拾磚互拋，李己適傷眉際殞命，胡作舟情尚可原，從寬免死，照例減等發落。」

(穴)、雍正十二年十月六日，對於「山東省絞犯鄔守業因醉後無禮，被梁韶夫婦詈責，懷恨誣控梁韶搶錢，囑令衙皂董超為伊洩忿，董超遂將梁韶捆縛拷逼致死一案」，皇帝認為鄔守業「即有囑託，未必遽欲致之死地，乃董超私刑拷逼，以致殞命，罪在董超，既經正法，鄔守業著仍緩決」。❸

33.以上各案散見：《雍正朝起居注》，國立故宮博物院藏本，原本各年月日條下，

　　以上只是雍正朝漢人因醉酒而釀成命案的部分舉例，因為還有不少酒後重大刑案，皇帝未作最後裁決，批些「九卿議」、「九卿定議」等等的，這裏不擬贅錄了。總觀上述各案判決，顯見皇帝多以「情有可原」、「情尚可原」而「從寬免死」完結，比起八旗民人因醉毆鬥、失態等情事動輒處以革職，或發往黑龍江、吉林邊地當苦差、或罰永遠枷號來，似乎輕多了。很能令人聯想到雍正可能存有調和滿漢感情的政治動機。我個人這一想法並非全無原因，以下一個案例也許能作為佐證：

　　雍正五年四月《雍正朝起居注冊》中有一段記事說：

> 刑部議署直隸總督宜兆熊奏順義縣民張四戳傷旗人方冬魁一案，張四應擬絞監候一疏，奉諭旨：方冬魁乃旗下閒散人而居鄉者，必係懶惰不堪用之人，理應安分家居，今因飲酒沉醉，見張四不曾讓坐，遂恃強詈罵扭打，以致張四情急，刀戳殞命。向來居鄉旗人倚恃強力，欺凌民人者甚多，即方冬魁之事可見。著將張四免其死罪，枷號兩個月，責四十板，從輕發落，以為旗人不論理、恃強凌弱、欺壓民人者之戒。[34]

　　方冬魁欺凌漢人固然不對，但是雍正帝「著張四免死」，正如前引的很多漢人醉酒殺人被視為「情尚可原」一樣，於

請參閱。

34.中國第一歷史檔案館（編），《雍正朝起居注冊》，第2冊，頁1213，雍正五年四月二十一日條。

法似乎有些不合。皇帝利用三覆審的機會做些調和滿漢，或是以此作收買漢族人心的政治手段，不能說絕無可能。

雍正對漢籍人民酗酒生事的不但多予從寬發落，對飲酒的漢籍文武官員似乎也比較寬容，例如在雍正五年八月初一日貴州威寧鎮總兵官孫士魁的一件奏摺上，皇帝批了：

> 聞你吃酒，鄂爾泰將此大事交付你，朕甚不放心。不可負委託之重任！戒酒戒貪，一切事無欺無隱，秉公竭力，悉心辦理可也。[35]

第二年二月，孫士魁向皇帝呈上報告地方軍政情形的奏摺，皇帝降諭說：「孫士魁人明白、漢仗好，聞得性好飲酒，其勝任與否，著詢鄂爾泰具奏。」[36]

可見皇帝聽到別人報告孫士魁好酒，先則勸誡，最後還要聽鄂爾泰的意見，顯然是符合皇帝一再宣稱其「惜之、教之」的用人原則。

雍正六年 (1728) 五月初一日，宣化總兵官李如柏呈上了〈奏報改造鳥槍〉一摺，皇帝硃批要他「此事亦與（案：提督）楊鯤商酌」。不過在這句批示之前，又寫了「聞得你近日不吃酒了，好！」幾個字[37]，皇帝鼓勵官員戒酒的心意可謂畢宣紙上。

同年五月十二日，李如柏又上了〈奏謝恩賜錠藥〉一摺，

35.國立故宮博物院（編），《宮中檔雍正朝奏摺》，第 8 輯，頁 607。

36.中國第一歷史檔案館（編），《雍正朝起居注冊》，雍正六年二月二十日條。

37.國立故宮博物院（編），《宮中檔雍正朝奏摺》，第 10 輯，頁 378。

文中有：

> 時時恪循聖訓，事事謹遵天言，尚恐奉行未及，不克
> 勝任，何敢以吃酒一事，致忝厥職，有負我皇上諄諄
> 戒勉深恩。今蒙皇上燭微批示，恩賜錠藥，臣受奉之
> 下，畏感交集，自茲以往，惟有觸目警心，必益加惕
> 勵，期報皇上洪恩於萬一。

　　雍正看完他的報告之後，批寫了：「往往見好酒之人戒
酒，第一難事，莫作容易，要看你後半世的造化福量的！當
竭力詳慎，不可自暴自棄，可惜朕恩，可惜父母所生之身，
此二句當終身誦之。」[38]由此可見，皇帝不但動之以情，誘之
以後半生官祿訓勵李如柏，同時還送給他藥物，真可謂仁至
義盡了。
　　官員聚飲之事在雍正朝也是時有發生的，如雍正六年十
一月間，廣東將軍蔡良上呈一件奏本，參劾左營中軍副將等
人「酗酒不職」，清官書記錄：

> 左營中軍副將金國泰、右營遊擊吳廷元，酗酒不職。
> 得旨：廣東文武官員，每以飲酒宴會為事，相習成風。
> 今將軍標下將弁，群聚酗飲，致相爭毆，此風不改，
> 官箴安在。……嗣後該督撫將軍，應將屬員嚴加申飭，
> 其或不悛，即行參處。大凡居官者，或遇節令之期，
> 或有喜慶之事，設酒開筵，原所不禁，若以酒食游戲，

38.國立故宮博物院（編），《宮中檔雍正朝奏摺》，第10輯，頁447-448。

徵逐應酬，不惟玩愒時日，廢弛政務，并起忿爭結怨之端，有關大體。各省文武大臣，俱宜約束屬員，時加訓誨，庶於風俗官方，竝有裨益。㊴

顯見皇帝只打打官腔，並沒有作具體的處罰指示。

雍正七年 (1729) 十一月間，代理江西巡撫謝旻又上了一件奏摺，說到該省也發生官員聚飲不快衝突事件，文中提到：

據建昌府知府楊敏稟稱：建昌營遊擊陳聖訓因南城縣知縣鮑源新任，設宴相延，復延原委署篆之通判梁德崇、原任知縣陳廷稷、並咨提來江之原任山西蒲州知州崔佩及本營守備李璉、把總孫世祚等相陪。適鮑源以審理案件遲到，伊等校射守備把總先以飲醉，鮑源到時，遜讓坐位，眾客推鮑源為首席，詎把總孫世祚面叱鮑源，以多大知縣僭坐通判之語。鮑源分辯，孫世祚即出言罵詈，復拔小刀，向前欲刺，經眾勸釋，鮑源即向陳聖訓云：今日受把總惡氣，惟看主人面上，故不與較。……其時孫世祚尚在門外等候，仍欲持刀拼命，又經崔佩等勸回等因。臣思同城文武，以新官初到，飲食聚會，亦屬情理之常；但因酒醉罵詈，持刀相向，有干定例。遊擊陳聖訓平時不能約束屬官，亦可概見。

謝旻在報告中又說由於各方傳來酒醉爭吵的說法有多

39. 華文書局（輯），《大清世宗憲皇帝實錄》，卷75，頁19–20。

種，他還在繼續收集調查，容後稟報。皇帝沒有下令處分任何官員，只在鮑源人名旁邊批寫了：「何如鮑源，看此人不妥、無能為人也！張坦麟尚欲調省會要任，似此察吏伎倆，奈何！奈何！」❹

雍正九年兵部報告：「浙江總督李衛參奏嚴協中軍都司吳應魁交結會飲，挾制生監。嚴協右營守備陳必達嗜酒成疾，弓馬生疏，俱玷職守，均應革職。」李衛是雍正最寵信的地方大臣之一，對他常是言聽計從的，因此對此事皇帝作了如下嚴厲的決定：「吳應魁著發往軍前戴罪效力，餘依議。」陳必達當然是被革職了❹。

雍正九年十月二十四日，皇上降諭：「（興安州知州）張勤寵嗜酒貪佚，無故稽留屬員，此等舉動，難以居官臨民，議以斥革洵不為枉。」❹

雍正十一年安西同知李天成因「酗酒溺職」被革職。同年七月，廣西思恩府知府劉斌也因「縱酒肆刑」治罪，也是漢籍官員因酒而受罰的實例。這又表現雍正對不法官員的重法治基本主張。

從以上各酒案，我個人以為雍正對文武官員酗酒是不能容忍的，特別是一些不法的官員，凡是有玷職守、嗜酒又貪的一定遭到革職或發往軍前邊疆效力。只是對於一些他熟悉、關愛的官員，他會「惜之、教之」，以溫情批語令他們戒酒改過，正如他說的：「及至教而不聽，有真憑實據時，處之以

40.國立故宮博物院（編），《宮中檔雍正朝奏摺》，第14輯，頁884。

41.《雍正朝起居注》，國立故宮博物院藏本，雍正九年四月初三日條。

42.《雍正朝起居注》，國立故宮博物院藏本，雍正九年十月二十四日條。

法，乃伊自取也！」❸

　　至於兵丁喝酒，皇帝更是重視，為防止造成動亂及社會問題，他常是防患於未然。如前所述，他在登基後不到一月就降諭八旗都統，叫他們「各查該屬官員兵丁內，酗酒不肖之徒」，如不能改，「兵丁即行革退」。另外，在雍正十三年(1735) 七月十一日，即皇帝駕崩前約一個多月，有西征軍隊回防時，兵士們在進入關口之後大吃大喝，皇帝得訊後，立即降諭說：

　　　　軍營撤回之兵丁，今已漸次進口，朕訪聞得伊等進口
　　　　之後，見有酒肆，往往入而沽飲。雖目前尚無酗酒生
　　　　事實蹟，然將來撤回之兵甚多，不能保其無麴蘖之迷
　　　　心而罹於法網者，伊等俱係出征回家之人，若因此獲
　　　　罪，朕只得執法，若欲從寬而國法又豈可廢？著該督
　　　　撫轉飭州縣官嚴禁賣酒之家，不得賣與軍營撤回之兵
　　　　丁，違者重加責懲，並令該管之將弁曉諭所轄之兵丁，
　　　　各遵朕諭，思患預防，以副朕眷養之意。❹

　　兵丁喝酒鬧事，問題一定很嚴重，皇帝不得不預先提防，由此也可以看出雍正對「酒患」的重視。

六、結語

　　自古以來，人類似乎都與酒結下了不解之緣，中國人也

43.國立故宮博物院（編），《宮中檔雍正朝奏摺》，第 6 輯，頁 420。
44.《雍正朝起居注》，國立故宮博物院藏本，雍正十三年七月十一日條。

不例外。儘管不少統治者以酒非有益之物，實行禁酒命令，但效果通常有限，為時也不會長久。加上種種文化上與社會上的因素，酒在中國歷史上可以說是占據很多篇幅的。以本文而看，不也是「酒香四溢」嗎？

綜合以上清宮史料所記，我們似乎可以看出幾點結論：

第一，雍正的父親康熙常說自己「能飲而不飲」，這是他表示自己有極大節制的能力，不過他又說過，在「平日膳後或過年節筵宴之日，止小杯一杯」。另外我們也看到他與外藩、蒙古等使臣慶宴時，也舉杯小酌以盡禮儀，可見他不是滴酒不沾。更值得注意的是在康熙四十七年 (1708) 初廢皇太子之後，心情不佳，他竟大肆搜求西洋人帶來的葡萄酒，「每日竟進數次」，「甚覺有益，飲膳亦加」。由此可見，康熙原是有酒量的，而且酒量還很大，一天能數次飲酒，當然他是為治病而飲酒，因為他相信西洋人說的：「葡萄酒乃大補之物，高年飲此，如嬰兒服人乳之力。」總之，從生理條件上看，康熙身體細胞或器官都能接受酒精，不是對酒具敏感反應，禁不住酒精刺激的人。雍正的兒子乾隆對酒是不是喜愛呢？當時朝鮮人說他「平生不飲酒」，不過，這說法是不正確的。據目前清宮留下的檔案，我們可以看到乾隆在晚餐時都會「例進玉泉酒二兩」。玉泉酒是用北京近郊玉泉山水製成，乾隆事事講求品味，對酒也一樣，他做試驗玉泉水質輕味甘，稱為「天下第一泉」，用此製酒，必得佳釀。事實上，宮中至今還保存著玉泉酒的材料配方，所以乾隆是喝酒的，而且每天小酌，不是酗酒就是了。

由此推之，從生理基因等方面看，雍正應該是可以飲酒

的，他說「不飲」當是指他能理性的控制而已。再說從現存的雍正硃批奏摺看來，大臣有為專製美酒敬呈的，字裏行間也透露皇帝品嚐了這些酒。皇帝自己也寫過飲酒的詩句。如果說雍正天性不飲，一口不沾，從不喝酒，應該是不切實的。至於外間浮言，如陝西提督路振揚所言「有傳聞皇上飲酒之說」，當指雍正嗜酒，甚至酗酒，那也是不正確的，除了路振揚連日覲見時觀察到雍正「全不似飲酒者」之外，皇帝每日工作情形也能說明雍正不是一位「醉如泥」的君主，否則他怎麼能御門聽政、朝見官員、夜批奏章，整日不停的幹活呢？

　　因此，我的結論是雍正是可以喝酒的，但能理性的克制，他不嗜酒，更不會酗酒。

　　第二，酒真是飲食之事，也是文化之事。自從酒發明之後，中外歷史上有關酒的功過都是史不絕書。以中國而言，春秋時期的楚莊王、越王句踐就以酒攏絡人心，收到良好的效果。《說苑·復恩》中說楚莊王在酒宴中以「從寡人飲者，纓不絕不歡」事感動了大將唐狡，日後唐狡為報答王恩，身先士卒，打敗來犯的鄭國大軍，穩固了楚莊王的政權。越王句踐早年因酒廢政，後來他記取教訓、奮發再起，採行了一系列的興邦振國之策，其中與酒有關的是有酒與民同樂、賜酒給人民以鼓勵生育，以及他表面上仍以縱酒荒政來鬆懈吳王夫差對他的戒心，結果完成了復國的心願，可見酒是可以成大業的（請參看《史記·越王句踐世家》、《呂氏春秋·順民》等書）。秦漢以下，以酒成就事業、建立功勞的也有很多，如劉秀以飲酒作樂麻痺劉玄、北魏孝武帝賜酒崔浩、曹操「煮酒論英雄」、趙匡胤「杯酒釋兵權」等等佳話，儘管有些未必是史

實，但至今仍為大家所傳誦，強調酒是具有妙用的。對於文人而言，酒更是靈感的誘發劑，也是消愁的麻醉品，功用多元。當然酒在國史的記載中造成的禍也很多，大到亡國毀家、傷身害命，小到失禮失節、口角鬥毆，可謂到處可見，比比皆是。由於離本文過遠，這裏不擬多述。

雍正對酒的為害應該是很清楚的，從他對醉酒犯罪者常用的一些評語可以知道。例如「肆行妄為」、「迷亂性情」、「曠職誤事」、「傷身毀家」、「起爭鬥之端」、「行無恥之事」等等。既然酒的為害不小，他又是一位關心國事與社會的人，並且被人視為嚴酷的君主，想來他會實行酒禁、並訂嚴法懲治醉酒肇事的人才是。然而，事實並不如一般人想像那樣，他的作為似乎並不剛猛，先就禁酒一事作一觀察。

歷代禁酒主要是禁止酒的生產製造、斷絕源流，沒有酒的供應，當然也就無酒可喝了。只是禁止製酒是極難的，即使部分禁酒也不易。康熙三十五年 (1696) 曾下令在直隸省區嚴禁燒酒。但到雍正即位的第一年，當時直隸總督李維鈞就上奏章請求弛禁燒鍋，也就是請開放民間工廠燒酒。雍正沒有重申禁令，顯然直隸各地燒酒生產恢復了。其後雖然官員上奏請再禁燒鍋，但多未得正面回應，而且上奏的官員都是御史、太常寺卿等人，而不是親民的地方大官，由此可見，皇帝與地方官之間似乎有些不想嚴禁的默契，最多也是「或出示嚴禁，或多方勸諭」，「勸諭」能使酒廠不燒酒嗎？可見雍正與一些大臣的態度是不積極禁酒的，而皇帝還認為如此「辦理甚屬妥協」，當然禁燒不成，酒源當然也不絕了。雍正是位勇敢有擔當的君主，他在統治期間常常是站在第一線與

惡法弊政鬥爭，禁酒的事何以表現得如此「軟弱」呢？以下
一些原因也許可以作為解釋：

㈠、酒確是中國文化之事，從官方說，改朝換代、改元、冊
　　立、皇家慶典、出師、祝捷以及帝王布德的大酺等等，
　　樣樣少不了酒。民間更多禮俗也是非酒不禮，如元旦吉
　　祥酒、清明懷悼酒、端午避邪酒、中秋團圓酒、重陽長
　　壽酒、除夕別歲酒，加上兒童誕生、成年、婚喪嫁娶、
　　慶生奠死、迎賓送客等等，酒已成為中國人日常生活中
　　少不了的內容之一了，皇帝如何能禁？

㈡、除了「酒以禮成」的傳統之外，還有一些現實問題影響
　　禁酒。自漢代以後，酒稅已成為國家的重要財政來源之
　　一，斷了酒也就斷了中央與地方的財路，因此不能全禁。

㈢、人民燒鍋製酒，當然可以賺錢，酒商、酒肆也共蒙其利，
　　解決不少人民的經濟問題，也活絡了市場上的商業行為。
　　另外地方官員衙役也可以陽奉陰違的用禁令作「網利之
　　具」，大家有利可圖，酒禁當然不能嚴屬實行了。只有在
　　荒年人民缺乏糧食時，或是出兵急需軍糧時，皇帝才下
　　令作有時限、部分地區性的禁酒。雍正的禁酒政策可以
　　說也是在這些傳統因素與當時大環境下做成。

　　第三，有了酒的販賣，有了人的飲酒，因酒而發生的案
件必然是層出不窮的。雍正對酒案的看法如何？又是如何處
理？據留存下來的清宮史料，我們可以看出：皇帝對旗人的
處罰較嚴，如旗民對七持刀妄戳人即被判發往黑龍江邊地當
苦差。旗籍兵丁四格醉酒辱罵長官、穿著婦人衣也被發遣到
吉林烏拉當苦差。內閣學士圖蘭平日飲酒被降五級調用到驛

站工作，並令其自備一切去效力。兵部筆帖式富隆嗜酒糊塗、
廢弛通州倉務被革職，連保薦他的兵部尚書三泰也受到降二
級的處分。天津水師軍官老格飲酒放肆，工作懶惰，處以永
遠枷號。駐守西藏大官清保、苗壽也因「終日飲酒」被革職，
並命令他們「自備鞍馬回至成都候旨」。以上隨意舉出的酒
案，都沒有殺人致死等重大情節，雍正的最後判決不能說不
重。

雍正年間，漢人因醉犯罪者更不可屈指，特別的是不少
兇殺案，皇帝卻沒有判凶手死刑，如本文前面所述：秦梅醉
後殺死黨文奇、張六殺死吉五、李長踢死醉妻白氏、郁紹臣
醉擊邵弘源致死、華大升謀殺王福、黃相球棍斃陳日攏、張
明純打死吳龍生、安瑞擊斃賀重建……等等重案，刑部原先
都是判犯人「斬」、「絞」，皇帝竟改判為「緩決」、「免死減等
杖流」或「從輕減等發落」，甚至「枷責完結」，他改輕判的
原因多是「情有可原」、「情尚可原」、「非有欲殺之心」等等。

更令人驚異的是，雍正五年間有位直隸省的漢人張四在
酒館與醉酒的旗人方冬魁因爭坐問題發生衝突，方冬魁因是
圈地上的莊住旗人，倚恃強力，詈罵扭打張四，張四一時情
急，以刀戳死方冬魁。刑部判張四「絞監候」，皇帝則改判為
「著將張四免其死罪，枷號兩個月，責四十板，從輕發落」，
並且還說他的改判是「以為旗人不論理、恃強凌弱、欺壓民
人者之戒」的。儘管皇帝的這種作法可能有著調和滿漢情感
的政治作用，但是他不依法條判案以及對漢人酒案輕判是顯
然的。

另外，雍正對漢人文武官員嗜酒者也比較寬容，例如用

硃批文字動之以情的勸他們戒酒，或誘之以利祿的叫他們遠離酒患，甚至還有賜贈藥錠來協助他們斷癮，真可謂苦口婆心的對官員們「惜之、教之」，非常難得。

雍正朝由於種種原因，沒有徹底禁酒，所以民間酒肆依然林立，《清稗類鈔》中記北京城中「酒肆有三種，酒品亦最繁」。趙駿烈在《燕城燈市竹枝詞》裏也寫京師「九衢處處酒簾飄，淶雪凝香貫九宵」，足見人們到處可以飲酒。南京的情況絕不亞於北京，《儒林外史》記南京「大街小巷，合共起來，大小酒樓有六、七百座。……到晚來，兩邊酒樓上明角燈，每條街上足有數百盞」，與南京隔江的歷史古城揚州，酒肆與飲酒之風似乎也很旺盛，盛清時代不少名人在《竹枝詞》一類文章中留下很多名句，如「十錦塘邊貰酒香」、「燕城簇翠酒旗飄」、「春風到處酒卮香」、「樓船載妓醉金卮」、「酒簾高傍畫船斜，岸上鳴鞭入酒家」、「醉眼流波笑靨開，雙鬟扶得下船來」等等，透現了當時的實情。趙翼是儒官、史家、詩人，他在乾隆朝退休後即在揚州安居，他的詩作中常見「詩酒漸為終老計，江湖高臥太平人」、「樽前論公同一笑，傳人未必盡公卿」、「使君留此無多日，莫負樽前菊有花」、「人生何者是真福，飲酒看花一生足」等充滿酒香的語言，這位「謹願之人」都如此放懷暢飲，寒酸之士與平民的「縱酒談天，形骸放蕩」當然不難想像了。

總而言之，被人目為「凶殘暴君」的雍正，在他的嚴法統治期間，酒泉沒有斷絕，酒禁也像其他朝代一樣，只做到禁弛稅張、有稅無禁的地步。這其中原因，我個人以為傳統中國是以儒法兩家哲學思想為國策主流，雍正雖倡行儒、釋、

道三教一體觀，但釋、道只是他用作政治的手段，他對酒的政策也是如此。佛家嚴申酒誡，視酒為諸惡之源；道家認為酒能養氣、求樂，對之主張疏放自由；儒家在酒上重理、重禮，禮與法有時是同義字，因此雍正對酒的態度似乎也有意識或不自覺的反映了儒法兩家的文化理念。他既不以清教徒的方式叫人完全戒酒，也不站在道家那樣以酒要求生命自由狂放的一邊，他採取中庸之道。當然他務實的體認國家不能沒有酒稅的收入，那是他更重視的一點。

雍正硃批密摺簡介——兼述清朝密摺由來

　　中國古代臣下向君主所上的報告，稱為「奏」、「疏」、「章」、「奏章」或是「封事」等等。這一制度，淵源很久遠，漢唐兩宋的史籍中常見這類名詞。明代這一文書制度更具規模，除有「題」、「奏」、「啟」本的不同外，並且還嚴定書寫格式和傳遞程序等，不能混亂。清朝是關外滿族人所建，早年根本沒有言事制度，後來有些漢人投效了滿洲，才有這類事象發生；在努爾哈齊時代，有漢人用漢文寫了上呈努爾哈齊的文書，建議他要「成帝王之正業，勿狃夷霸之偏安」，儘管這是「奏章」的一種，但在當時為數不多，文詞又粗鄙，當然跟真正的「章」、「奏」不能相比❶。這一漢人呈奏的文件上寫著「臣學成」字樣，顯然是當時投降的遼東漢人「劉學成」。他到清太宗皇太極時還經常以漢文上書言事，例如「請議和以順人心」、「請安內攘外」、「請壇郊外及設通政司」等等，是位喜歡發言的降官❷。

1.努爾哈齊與皇太極時代留下一些滿洲文寫記的老檔案，約三千多頁，在原編號「宙」字檔第73頁背面，書寫了這份漢字奏章，時間是「天命辛酉（六）年(1621)十二月」，報告人作「臣學成」。

　　我們知道：努爾哈齊建立的政權稱為「金國」或「後金國」。皇太極因為占領遼東、打敗蒙古、甚至征服了朝鮮，帝國規模已形成，所以他把「金國」改稱為「大清國」，投降的漢人更多了，因而使用章奏風氣也大為流行。提奏人多為漢人，奏事的範圍則廣泛地涉及軍民政法，翻譯漢文經史、施仁布義，以及規勸帝王勤學修身各方面，漢人文化中的章奏制度，從此在清朝政府中奠定初步堅實的基礎。不過，滿洲人在入關之前，由於連年征戰，為了使通訊迅速安全，他們曾經使用過一種向中央報告的特殊方法，就是用一種結實的木牌，刻上滿洲文字，把戰地消息及其他種種情況傳到後方，供中央主事者作為戰略參考，或是當作戰後敘功和處分的依據，後人稱為「木牌奏事」。這些木牌還有存留到現在的，為數不多，據北京故宮內閣大庫檔案中發現的共有二十八片木牌，經過專家們研究，最初找到的二十六片是清太宗崇德元年 (1636) 阿濟格征明時的遺物，後來出現的兩片則是崇德三年 (1638) 多爾袞與明朝戰爭時的一些紀錄，這些木牌上刻寫的文字都是出征各旗的戰績報告，有些內容不見於清代官書上，可謂珍貴史料❸。這種木牌奏事方式似乎使用了一段時間，直到清人入關、定鼎中原之後才停止。《清實錄》順治二年 (1645) 五月甲辰（二十三日）記：「令各衙奏事，俱繕本章，不許復用木籤，從御史高去奢請也。」❹

---

2. 羅振玉（編），《天聰朝臣工奏議》，收入：羅振玉（編），《史料叢刊初編》（臺北：國風出版社，1968）。

3. 請參看本人編印的《第三屆東亞阿爾泰學會會議記錄》(*Proceedings of the Third East Asian Altaistic Conference*)（臺北：臺灣大學歷史系，1969），頁182，日本學者松村潤的專文。

　　順治初年，朝廷政務全由多爾袞攝理，一切典章制度幾乎仿照明朝，上書言事的方式也不例外。由於當時剛入中原，各地反清活動很多，北京中央為了了解各地實情，多爾袞曾下令都察院說：

> 爾等既職司風紀，為朝廷耳目之官，一有見聞，即當入告。凡貪污枉法，暴戾殃民者，指實糾參，方為稱職。……自今以後，凡六部卿寺堂屬大小官員，爾等宜從公舉劾，直言無諱，賢者即實稱其賢，內勿避親，外勿避仇，不肖者即實指其不肖，勿徇私情，勿畏權勢。……倘儻同伐異，誣陷私仇，門戶相持，援引朋類，必置重法。❺

　　同時因為滿洲社會原本簡樸，不尚浮華，加上滿族高層主事者又多不諳漢文漢語，所以多爾袞特別又降諭官民人等說：

> 政貴有恆，辭尚體要。以後一應章奏，勿得拘牽文義，摭拾浮詞，但將時宜事務，明切敷陳，蓋語簡而支則難聽，言簡而當則易行。……自今遇有切於時務者隨便入告，不必等待多款，以致遲延國家利益之事，早行一日，則受一日之福，遲行一日，則受一日之病，

---

4. 華文書局（輯），《大清世祖章皇帝實錄》（臺北：華聯出版社，1964），卷16，頁18。

5. 華文書局（輯），《大清世祖章皇帝實錄》，卷6，頁22。

惟以迅速為尚耳。❻

可見當時政府急於了解各地實情，不在乎送來的奏章文字美醜，內容簡要能說清楚「時宜事務」是最要緊的。這道諭旨可能就是順治二年政府規定奏章內容不得超過三百字、貼黃不得超過一百字限定的由來❼。「貼黃」是司法用語，有兩種解釋，一是判給受害的當事人以經濟補貼或賠償損失文件；一是依照律文正確的定罪量刑，以糾正輕罪重判或重罪輕判的詞語。

然而在多爾袞攝政末期，官員有與「吏役通同作弊」的，也有大貪大惡之人，「每多徇私」的，這種互相包庇的現象，實際上保障了不肖官員的惡劣罪行，地方與中央的官員即使「明切敷陳」政情的真象，但效果不佳，奏章失去了作用。因此皇帝親政後，在順治八年 (1651) 春天下令吏部：

> 著令督撫官嚴加甄別，有德有才，兼通文義者，著保奏；不識文字、聽信吏役害民，不堪為民牧者，立行參劾，不得姑留地方害民，如徇情隱蔽，不行糾參，即為溺職，事發，一併治罪。❽

同時清人定鼎北京以後，明朝縉紳入仕新朝的人很多，這些人由於思想與背景的不同，他們把明末黨爭的風氣也帶

---

6. 華文書局（輯），《大清世祖章皇帝實錄》，卷7，頁 9–10。

7. 崑岡、李鴻章（等修），《欽定大清會典事例》，卷13，頁 2–3。

8. 華文書局（輯），《大清世祖章皇帝實錄》，卷54，頁 6–7。

到了清初政壇，言官與一般官員為了徇護同黨或懼畏異黨，不少人當然不敢上書言事。

順治發現這些問題之後，一方面減少箝制言官的阻力，一方面獎勵盡責的言官，或懲處不法的言官，使言路正常通順。同時他又規定了奏章的規格，改良傳送的手續，更重要的是他自己親閱奏章，不假手其他大臣，如此一來，奏章制度的效果大大增加了，整個言事實質作用比以前改良了，朝廷對內外的官箴以及地方上的利弊得失事項，也有了更多更深入的了解。

順治主政約十來年的光景，患痘症逝世了。繼承他的是康熙皇帝，這位以仁厚著稱的君主，上臺後勤政愛民，以實心行實政。他強調尚德的主張，相信「法令禁於一時，而教化維於永久」。加上初年由四大權臣輔政，壓制公正言官行使職權，甚至在康熙七年 (1668) 八月還下令「各部院衙門，凡不係具題緊要事情，槪不准給驛站」，章奏制度可以說又開了倒車❾。到四大輔政大臣的勢力完全推倒後，皇帝對言官們稍加鬆綁，不過對於「風聞言事」一點，他仍然堅持不允。他說：

> 漢官中有請令言官以風聲言事者，朕思忠愛之言，切中事理，患其不多。若不肖之徒，借端生事，假公濟私，人主不察，必至傾害善良，擾亂國政，為害甚鉅。又諭曰：從來與民休息，道在不擾，與其多一事，不如省一事。朕觀前代君臣，每多好大喜功，勞民傷財，

---

9. 華文書局（輯），《大清聖祖仁皇帝實錄》，卷26，頁22。

紊亂舊章，虛耗元氣，上下訌囂，民生日蹙，深可為鑒。❿

　　由此可見，當時康熙是不贊成「風聲言事」的。甚至到康熙二十三年 (1684) 三月間，皇帝仍然對章奏之事不表熱心，他以明朝為例，「奏疏多用排偶蕪詞，甚或一二千言，每日積滿几案，人主詎能盡覽，勢必委之中官，中官復委於門客，此輩何知文義，訛舛必多，奸弊叢生，事權旁落，此皆文字冗穢以至此極也」⓫。總之，康熙認為奏章的問題很多，不值得著意提倡。

　　然而到了康熙中期以後，皇帝的想法變了，這可能與以下的一些事件有關：

㈠、滿洲重臣分結黨派，如索額圖與明珠兩大集團。漢大臣也依附他們，互相從事鬥爭。

㈡、漢大臣之間也彼此傾軋，如李光地與陳夢雷的互訐、徐乾學陷害湯斌、高士奇與王鴻緒的植黨招權等。

㈢、皇子繼承大位的事更引起政壇的大亂象，滿漢官員結黨營私，各為其主，使康熙極為不快與不安。

　　皇帝為了真確了解皇子間的活動、大臣們互鬥的情形，以及地方人民的生活狀況，他需要得到多方的消息，奏章特別是祕密的報告正是取得這類情報的好工具，於是他暗中命令親信的臣工給他上呈密奏，或是公開下令有關機構與官員據實糾參。他當時所用的方法是：

10.華文書局（輯），《大清聖祖仁皇帝實錄》，卷40，頁20–21。

11.華文書局（輯），《大清聖祖仁皇帝實錄》，卷114，頁28。

一、鼓勵言官上奏彈劾不法人士

康熙早年不讓言官多上奏，更不許他們風聞入奏，還有些言官因奏事而丟官的。現在皇帝的態度大不同了，除了下令言官們「各抒己見，陳奏勿隱」外，又取消了不少以前對言官所定的限制。例如言官奏事不當的，不予坐罪，也就是不會處罰他們，只把奏章退回。如康熙三十九年 (1700) 七月山東道御史呂琨上疏「條奏春秋罪案，宜分兩議」，皇帝認為「此事斷不可行」，於是下令將奏疏「還發呂琨」，並且說：

> 給事中、御史專任言職，各以聞見入奏甚是。朕此發還，非阻言路之意，因於事不合，故發還耳。❶

事實上，皇帝在三年多前就給吏部與都察院降諭說過：

> 國家設立都御史及科道官員，以建白為專職，所以達下情而怯塞蔽，職任至重。使言官果能奉法秉公，實心盡職，則閭閻疾苦，咸得上聞，官吏貪邪，皆可釐別，故廣開言路，為圖治第一要務。近時言官條奏，參劾章疏寥寥，雖間有入告，而深切時政，從實直陳者少，此豈委任言路之初旨乎？自今以後，凡事關國計民生及吏治臧否，但有確見，即應指陳，其所言可行與否，裁酌自在朝廷，雖言有不當，言官亦不坐罪。自皇子諸王及內外大臣官員，有所為貪虐不法並交相

---

12 華文書局（輯），《大清聖祖仁皇帝實錄》，卷 200，頁 9–10。

比附，傾軋黨援，理應糾舉之事，務必大破情面，據
實指參，勿得畏怯貴要，瞻徇容隱。即朕躬有失，亦
宜進言，朕決不加責。其有懷挾偏私，借端傾陷者，
朕因言察情，隱微自能洞悉。凡屬言官，尚各精白乃
心，力矢忠讜，以無負朕殷切責望至意。❸

可見皇帝當時確實急於了解內外各種政情。這次發還呂
琨的報告，也是兌現他「言官亦不坐罪」的承諾。

同時康熙又命將以前丟官的言官重新起用，吏部遵旨立
即將「原任科臣蘇俊等五員職名，開列啟奏」。皇帝對此事還
發表了一些談話：

科道職司耳目，年來並無一人陳奏，故朕將現任言官
嚴飭，又將伊等起復，言路必大開矣。此後條奏內，
如果可行，即批准行，否則俱批「知道了」；若一概交
部議覆，必多更張成例之弊。況朕令其陳言，原欲聞
軍國要務，如但以浮詞細故，塞責陳奏，殊非朕求言
本意。❹

康熙確實要「大開言路」了，而且給他的報告可以「即
批准行」，顯然他要不經部院衙門，直接處理政務。

13.華文書局（輯），《大清聖祖仁皇帝實錄》，卷180，頁4-5。

14.華文書局（輯），《大清聖祖仁皇帝實錄》，卷180，頁5-6。

二、利用寵信臣工給他上呈密報

康熙曾經說過：「大臣乃朕股肱耳目，所聞所見，即當上聞。若不用露章者，應當密奏。天下大矣，朕一人聞見豈能周知，若不令密奏，何由洞悉。」又說：「密奏之事，惟朕能行之耳。前朝皆用左右近侍，分行探聽，此輩顛倒是非，妄行稱引，僨事者甚多。」[15]明朝用近侍給皇帝密報，常有顛倒是非之事。他的大臣是「股肱耳目」，應當為他密奏見聞，所以像江寧巡撫宋犖、河南巡撫趙弘燮、江西巡撫郎廷極，以及任職提督李林盛、梁鼐、趙弘燦、總兵官劉漢業等等文武官員，都因得到康熙信任而允許他們密奏言事。另外還有一些出身內務府的官員，更是忠誠的「奴才」，皇帝也令他們隨時密奏。像出任蘇州的織造李煦、杭州織造孫文成、江寧織造曹寅等，至今還有很多滿漢文寫成的密奏存留下來。

以上兩類密奏，以後者存世的數量為多，也最精彩，這可能與康熙的命令有關。皇帝曾對李煦說：「近日聞得南方有許多閑言，無中作有，議論大小事，朕無可以託人打聽，爾等受恩深重，但有所聞，可以親手書摺奏聞才好。」他也向曹寅說：「已後有聞地方細小之事，必具密摺來奏。」因此從康熙三十二年 (1693) 開始一直到康熙末年，李煦不斷地在請安摺子裏向皇帝報告地方雨水、糧價、科場案件、賊匪情形、督撫不和、海盜搶劫，甚至朱三太子的逃竄行蹤，以及散帽黨徒妖術叫魂等等，請安摺有了新內涵[16]。曹寅自康熙二十

15.華文書局（輯），《大清聖祖仁皇帝實錄》，卷 275，頁 19–21。

16.故宮博物院明清檔案部（編），《蘇州織造李煦奏摺》（臺北：國風出版社），下

九年 (1690) 出任蘇州織造，第二年改任江寧織造，到康熙晚期，前後任職二十多年。皇帝常說：「倘有疑難之事，可以密奏請旨。凡奏摺不可令人寫，但有風聲，關係匪淺，小心！」當然他的密奏就不絕於途了。特別是有關熊賜履在鄉行動、一念和尚等案、江南科場案等，他報告的很多。有時皇帝還嫌他報告太晚，忍不住責備他：「凡可奏聞之事，即當先一步才好，事完之後，聞之何益！」❼

　　有時皇帝出巡，他也關心京中發生的大小事務，命令留京的官員在他旅途中上呈報告，王鴻緒就是其中著名的一位。康熙四十四年 (1705)，皇帝南巡江南，臨行時命尚書王鴻緒把京中可聞之事向他密報。現在國立故宮博物院就珍藏著當時王鴻緒的幾十件密報，這些報告只有兩寸長、一寸寬的大小，真是「小報告」，王鴻緒把這些小密報封在請安摺中，避人發現。根據這些報告的內容，我們可以看出，所謂「京中可聞之事」，都是一些官員的私事，如傅作楫被洗劫盤纏、順天鄉試士子的惡習、通倉虧空米石、官員販賣子女等等❽。總之，這類事都是康熙以前不屑於聽聞的，現在都變成受重視的了。

三、增多京中密報官員，以擴大消息來源

　　由於康熙晚年儲君繼承人問題令他煩惱，皇子中有多人結黨互鬥的事發生，他為了解個中情形，在五十一年 (1712) 正

　　冊，頁 854–906。

17.國立故宮博物院（編），《宮中檔康熙朝奏摺》，第 1 輯，頁 19；第 2 輯，頁 51、264、363 等處。

18.《故宮文獻季刊》，1:1（臺北：國立故宮博物院，1970），頁 79–126。

月降諭給領侍衛內大臣、大學士、都統、尚書、副都統、侍郎、學士、副都御史等官說：

> 朕為國為民，宵旰勤勞，亦屬分內常事，此外所不得聞者，嘗令各該將軍、總督、巡撫、提督、總兵官因請安摺內，附陳密奏，故各省之事，不能欺隱，此於國計民生，大有裨益也。爾等皆朕所信任，位至大臣，當與諸省將軍督撫提鎮，一體於請安摺內，將應奏之事，各罄所見，開列陳奏。所言若是，朕則擇而用之；所言若非，則朕心既明，亦可手書訓諭，而爾等存心之善惡誠偽，亦昭然可見矣。朕於諸事謹慎，舉朝無不知之。凡有密奏，無或洩漏。……一概奏摺，不遲時刻，皆不留稿，朕親自手批發還，凡奏事者皆有朕手書證據，在彼處不在朕所也。爾等果能凡事據實密陳，則大貪大惡之輩，不知誰人所奏，自知畏懼，或有宵小誑主，竊賣恩威者，亦至此顧忌收歛矣。⑲

據此可知：皇帝在康熙五十一年以前早就命令各省文武官員密奏陳事了，現在又命京中的大臣，「一體於請安摺內，將應奏之事，各罄所見，開列陳奏」，並保證「無或洩漏」，難怪在康熙末年，密奏在京中外地便到處流行了。就清代密奏制度發展言，當時已到達了一個新境界。

明代的言事制度中，大臣用「題」與「奏」等本子報告皇帝。凡內外各衙門一應公事，使用題本，鈐印具題；臣工

19.華文書局（輯），《大清聖祖仁皇帝實錄》，卷249，頁 5–6。

們本身私事，則用奏本，概不鈐印。奏本須用細字書寫，在
報告最後要註明「以上某字起至某字止，計字若干，紙幾張」
等字樣，題本則不計字數紙張。清初全仿明制，到康熙末年
臣工們多以奏本報告公私事，這是傳統中國言事制度的一項
變改。另外康熙命大臣密奏的事，有各地雨水、糧價及其他
廣泛事務，往往列出長表似的文字，紙張當然需要多張，呈
送時須折疊成本子，因此有折子或摺子之稱，放在向皇帝請
安的奏本中，乃有「請安摺」的名稱。康熙在諭旨中也常有
「請安摺」、「奏摺」之說。因此就文書意義來看，「奏摺」可
以說是奏本與摺子的結合名詞，這也是出現於康熙朝。另外，
題奏制度到康熙朝已是奏多於題，而奏本的書寫等嚴格規定
也不注重了。加上呈送密奏的人數大增，內容也不似以往，
所以我認為是進入了一個「新境界」。

　　康熙六十一年 (1722) 十一月十三日，老皇帝逝世，繼承
大位的雍正，新君在他父親死後的第十四天，下達了一道命
令：

　　　　所有皇考硃批諭旨，俱著敬謹封固進呈。若抄寫、存
　　　　留、隱匿、焚棄，日後發覺，斷不寬恕，定行從重治
　　　　罪。❷⓿

　　雍正是怕不肖官員拿著康熙的硃批文字，捏造行事，損
壞盛世明君的令名，這可能不是真正的原因。因為同月底他
又降諭對大學士們說：

────────────
20.允祿（等編），《上諭內閣》，康熙六十一年十一月二十七日條。

爾等具摺，或滿字、或漢字，各須親寫，不可假手於
子弟，詞但達意，不在文理字畫之工拙，其有不能書
寫者，即行面奏。至於政事中有應行應革，能俾益國
計民生者，果能深知利弊，亦著各行密奏。[21]

　　雍正即位之時，宮中與京中因繼承鬥爭事充滿訕謗不安
情勢，各地也有動亂，尤其滿漢大臣間的朋黨傾軋，更令雍
正煩惱。為了鞏固君權，穩定政局，他不得不多方打探消息，
包括他父親當年與大臣們之間往來的奏章，他也要大臣繳回
供他參考。另外，他又強調奏摺保密的重要，他不在乎文理
通不通順，字跡好不好看，甚至不能寫的也可來向皇帝當面
報告，他求「知」的欲望可謂非常迫切。由於雍正放寬了中
外大臣的上奏權，一時密奏滿天飛，情況非常熱烈，在現存
的資料中，我們發現具奏人包括親王、貝勒、尚書、侍郎、
大學士、學士、侍讀學士、編修、庶吉士、祭酒、檢討、詹
事、少詹事、寺卿、少卿、通政使、參議、僉都御史、副御
史、給事中、總管、郎中、員外郎、總裁官、宗人府丞、監
察御史、總督、巡撫、將軍、提督、總兵、都統、副都統、
佐領、副將、參將、遊擊、都司、道員、知府、府尹、府丞、
知州、學政、布政使、按察使、觀風整俗使、鹽運使、織造、
知縣等等，其中外任地方官員的奏摺也很多。

　　提奏的人多了，奏摺的數量必然大增。雍正又是一位勤
勞負責的君主，他事必躬親，大臣官員的報告每件都仔細閱
看，工作量是相當可觀的。他為了減少一些無益無聊的奏摺，

21.華文書局（輯），《大清世宗憲皇帝實錄》，卷1，頁30-31。

減少國家資源的浪費，決定向官員提出某些限制，例如報告
應有內容，須對吏治、民情、物產、雨水、糧價、治安等方
面正確的事，或提出有關意見者才能上報。只為逢迎皇帝而
無具體內容者不必上書。如此可以節省傳遞費用、人員辛勞，
以及皇帝的寶貴時間。儘管如此，現存的有關報告仍有兩萬
多件，為數不能說不多了。

　　據現存的兩萬多件雍正朝奏摺資料來看，內容可分為請
安、謝恩、繳回硃批，以及上呈大事等幾類，最後一類當然
是最重要的。雍正曾說過：他每天白天上朝理政，晚上忙著
看奏摺，常常忙到深夜，看得眼睛腫痛，而他堅持這份工作，
並對提奏人書寫他內心的看法，「每摺或手批數十言，或數百
言，且有多至千言者，皆出一己之見，未敢言其必當」[22]。
雍正真是一位勞碌命的帝王，不過他的收穫也是可觀的，除
了藉以強大君權之外，他確實收集很多中外實情資料，如時
政得失、吏治整頓、營伍實況、財政改革、錢糧虧空、鹽課
積弊、荒地開墾、社倉舉辦、米石採買、災民賑濟、水利推
廣、河工治理、軍需籌辦、邊疆經營、八旗事務、祕密社會
活動等等，這對治理國家都是大有裨益與幫助的。在今天看
來，也是我們研究雍正朝不可或缺的重要史料。這裏先舉一
兩件有關雍正朝祕密社會活動的事件，作為說明：

　　雍正年間，民間盛傳俠客甘鳳池的故事，野史裏更誇張
說甘鳳池的武藝高超以及他有心刺殺雍正等事。就連《清史
稿》中也有〈列傳・藝術四〉為他立傳，說鳳池「少以勇

---

22 文海出版社（輯），《雍正硃批諭旨》（臺北：文海出版社，1965），卷首，上
　諭。

聞」，雍正中因「江寧顧（案：應作張）雲如邪術不軌獄，株連百數十人，鳳池亦被逮」。雍正命從寬辦理，釋放了鳳池，「或云鳳池年八十餘，終於家」❷。然而事實並非如此，據《雍正硃批諭旨》雍正七年 (1729) 十二月初二日浙江總督李衛的報告稱：他設了騙局讓甘鳳池及其子甘述分別套問，以好言安慰，得以審得實情，結果以案情重大，「俱遭誅戮」。雍正在李衛的奏摺上還多處批示，著墨很多，如「各犯到時嚴究之」、「此乃變在匪類，萬不寬疎者」、「此等匪類行藏從來關係國家休戚之風習，若督撫大臣果肯如此防微杜漸，為國家懲姦，……其功於社稷蒼生也大矣」❷。

　　另外，在雍正十年 (1732)，臺灣因大甲西社原住民反官事件引起了島內的動亂，規模雖較康熙朱一貴事件與乾隆林爽文事件為小，但也驚震了臺海兩岸，動員官兵來平定，大小官員上奏摺報告事變的數十人，奏摺可能以百件計。我們從中可以看出變亂的原因有原住民權利的被侵、內地移民的不安分活動、在臺官員的辦事不力等等，最後引起全島兩處的大反清風潮，特別是南部的起事又涉及反清政治事件，頗令雍正不安。反清領袖吳福生等人，最後都被拿獲歸案。在大臣的報告中有吳福生等人的供詞，是極為珍貴的史料。據吳福生說他是被人報稱「交結匪類，隨起意和楊秦、林好、許籌說大家來反」的，他們分黃、青、白三色，「中協是黃，左協是青，右協是白。小的（案：吳福生自稱）為首大將軍……旗

23. 國史館校註，《清史稿校註・卷 512・列傳 292》，第 15 冊（臺北：國史館，1999），頁 11569。

24. 國立故宮博物院（編），《宮中檔雍正朝奏摺》，第 15 輯，頁 161–167。

五桿，小的一桿是長泰白布三角旗，旗上寫大明二字」❷。反清復明的心意是極為清楚了。另有軍師叫洪旭的，也供稱他的首領是烏眼賽，在康熙六十年 (1721) 朱一貴事件中當過將軍，「烏眼賽就拿一張劄付給小的（案：洪旭自稱），劄上寫大明招討左將軍」。他們豎了旗，「和官兵廝殺，搶奪布店，為首的吳福生和烏眼賽……輸陣，……走到虎尾溪被營兵拿解」❷。

就在這一次民「番」大變亂中，一些臺灣官員的劣行曝光了，如淡水同知張弘章對管轄地區內的人民「不能撫馭，事覺後竟自奔跑」，自己逃到彰化縣城裏。鳳山知縣熊琴對「事件並不深究，掩飾矇混」。臺灣道臺倪象愷則是「親戚、民壯，擅殺熟番，故番人唧怨」。由於他們「撫綏無術，激成變禍」的❷。

說到官場的問題，我們再舉一些互控、貪財的事來看看密摺的重要性。雍正即位初年，派了一位名叫禪濟布的滿族人到臺灣擔任巡臺御史，讓他當雍正的耳目。禪濟布抵臺了解各方情形後，確實為皇帝提供了不少好意見，如改革兵制、府城建造木柵、治理原住民政策等，但他也向雍正報告一些島上官場情形，首先他和漢御史景考祥相處不好，特別對臺灣知縣周鍾瑄的貪污劣跡訴述得很多。景、周以及福建的文官都是科舉出身，互相庇護，禪濟布則是從小科員苦幹升上

25.國立故宮博物院（編），《宮中檔雍正朝奏摺》，第 19 輯，頁 852。

26.國立故宮博物院（編），《宮中檔雍正朝奏摺》，第 19 輯，頁 853。

27.國立故宮博物院（編），《宮中檔雍正朝奏摺》，第 19 輯，頁 285、307、609、642；第 20 輯，頁 254 等處。

的，因而又引起出身不同的鬥爭。禪濟布與景考祥、周鍾瑄等人的互控案從雍正三年 (1725) 一直鬥到雍正七年，從臺灣鬧到福建，最後還讓皇帝派出大官，南下福州審問，結果鬥得兩敗俱傷。京中大官審判的結果是周鍾瑄因貪贓枉法處以「絞監候」，禪濟布處以「交部嚴加議處」[28]。不過，皇帝為表示寬大，後來免了他們的罪。像這樣的地方官員失職貪贓事件，《雍正硃批諭旨》記錄的很多，這裏不能贅舉了。

臺灣是海疆，中國還有很多地方是陸疆，在雍正年間，蒙古、西藏、西南苗疆的問題也是層出不窮。康熙時三征外蒙，得到一時平靜；雍正五年 (1727)，外蒙領袖噶爾丹策零又興兵來犯，並煽動西藏與青海之亂。雍正七年，皇帝特任岳鍾琪為寧遠大將軍，並以領侍衛大臣傅爾丹為靖邊大將軍，分南北兩路進攻伊犁。外蒙見大勢不妙，乃謊稱將進獻青海亂首羅卜藏丹津以歸降，皇帝與前線領軍大將等都受了騙，結果反被蒙古兵擊敗，直到雍正逝世，這一帶邊疆仍不時發生亂事，疆界也終未達成定議。清朝中央後來編印的官書裏雖然談到此事，但當時前線將領向皇帝的報告，以及皇帝的硃批中留下的資料更多更深入。例如雍正與朝中親王大臣們會商的「三般意見」，以及岳鍾琪等從外蒙人口中供出的情形，都是聞所未聞的，頗值得參考[29]。

康熙末年，西藏因受外蒙煽動以及真假達賴喇嘛之事，與清廷發生過戰爭。雍正即位後雖將以前入藏的軍隊留守西

28.國立故宮博物院（編），《宮中檔雍正朝奏摺》，第 12 輯，頁 404–407 等處。
29.國立故宮博物院（編），《宮中檔雍正朝奏摺》，第 15 輯，頁 113、235、491 等處。

藏，並令將軍延信駐守，但後來又發生前藏總管人康濟鼐被殺，局勢一度混亂，雍正因而命大學士僧格為駐藏大臣，再領川陜兵駐藏，至此才使西藏安定下來。在一般清代官書裏我們只看到表面的文章，事實上年羹堯對平定藏事的功勞不小，只是後來因為雍正與年羹堯的關係轉壞，甚至「賜死」結束了年的生命，史官們的記事也多少受到一些影響，《清實錄》等官書的內容顯然有些選擇性了。所幸當時年羹堯所上呈的不少滿洲文奏摺還存在，讓我們窺知若干實情，例如雍正二年 (1724) 六月二十一日〈奏報捉拿羅卜藏丹津情形摺〉中，在奏報與批語的文字中我們可以看到君臣間的對話。年羹堯說：

> 竊查，克利亞位於藏之東北、噶斯之西南面，自準噶爾往藏之岔路，由康濟鼐處，惟五日路程。若往準噶爾，其間有五百餘里戈壁，倘急速而行，三日方能經過。羅卜藏丹津被逼無奈，若往準噶爾，今思策妄阿喇布坦緝拿，解送我等矣。倘戈壁大，伊不能過，必被我等大軍拿獲。

雍正看到這裏，即用硃筆批寫道：

> 羅卜藏丹津欲生，惟此一條路。策妄阿喇布坦，雖緝拿不送我等，亦將伊為奴，折磨而已。設想不准伊抬頭，亦如同死人也。西地事甚妥了結，我等兵丁亦多辛勞，將羅卜藏丹津能為後患之處，理應通達辦理。

為緝捕羅卜藏丹津一人，勿勞苦不必要之兵士，該死
的若往克利亞，康濟鼐執之。若往策妄阿喇布坦處，
任伊往之。我等軍士甚遠行，勿指示地名，伊等視情
形而行為妥。❸⁰

　　另外在雍正三年三月初三日的〈奏請撤回駐藏兵丁摺〉
中，年羹堯建議說：

臣等詳思，藏地極小，我大軍久駐，斷乎不可。而縱
其唐古特，輒集守備，亦非長遠之計。是故，請撤回
藏兵。今既撤藏兵，藏務交與極可靠、賢能之人固守，
方可堅固。查得貝子康濟鼐、阿爾布巴、公隆布鼐、
札薩克臺吉頗羅鼐、札爾鼐等，雖皆感戴皇恩效勞，
但伊等之中，康濟鼐為人頗信實，且有才能，技藝亦
優。先前準噶爾策凌敦多布在招地方時，康濟鼐係一
等閑小第巴，而能抵禦策凌敦多布矣。今蒙皇恩為貝
子，駐於阿里（克）地方，益加揚名，準噶爾、青海人
等皆頗懼康濟鼐，惟康濟鼐係阿里（克）地方之人，請
將康濟鼐停其往住阿里（克）地方，留之於藏，一切事
務俱交與康濟鼐，令與其餘貝子、公等商議辦理。於
阿里（克）地方，康濟鼐揀選其所知可靠優良之人派駐
可也。❸¹

30.中國第一歷史檔案館（譯編），《雍正朝滿文硃批奏摺全譯》，上冊，頁 851。
31.中國第一歷史檔案館（譯編），《雍正朝滿文硃批奏摺全譯》，上冊，頁 1073。

從以上兩份報告中，我們可以看出： 1.羅卜藏丹津的身
敗是必然的了，因為他已無所憑藉。 2.藏事善後問題在年羹
堯看來，清軍應撤離西藏，他又大力推薦康濟鼐為主掌西藏
事務的人選，並且主張只管招（西藏）地事務，不必兼管阿里
（克）地方。年羹堯的奏請似乎沒有得到清廷的全部認可，因
為《清實錄》裏日後是這樣記述：

> 諭撫遠大將軍年羹堯：爾欲令康濟鼐駐扎西藏，所議
> 雖是；但康濟鼐居住阿里地方，亦甚緊要，不知康濟
> 鼐情願與否。且與阿爾布巴、隆布奈等，彼此能和睦
> 與否？今康濟鼐為總領，帶領伊屬下唐古特往居西藏，
> 阿爾布巴等儻有不服，康濟鼐孤身在彼，雖欲效忠，
> 勢必不能。朕意康濟鼐仍兼兩處往來行走，似有裨益。
> 若令康濟鼐居住西藏，伊即欲往阿里地方照管，亦不
> 可得。此事極宜斟酌，如以康濟鼐兩處行走為是，康
> 濟鼐往阿里地方去後，令何人居住西藏總領辦事，著
> 會同侍郎鄂賴詳慎妥議辦理。尋議康濟鼐應遵旨於招
> 地方、阿里地方，兩處往來。若康濟鼐往阿里地方，
> 其招地方事務，即著貝子阿爾布巴總領辦理。從之。㉜

據此可知：康濟鼐「係駐阿里地方之人」，阿里是他的老
根據地，年羹堯認為他有才能，「準噶爾、青海人等皆懼」畏
他，讓他「帶領伊屬下唐古特往居西藏」，專職管理、必然有
成。朝廷中央則決議命「康濟鼐應遵旨於招地方、阿里地方，

---

32 華文書局（輯），《大清世宗憲皇帝實錄》，卷30，頁2-3。

兩處往來」。如此一來，真讓康濟鼐「孤身在彼」西藏地方
了，以致釀成雍正五年康濟鼐被阿爾布巴等人慘害的不幸事
件。

　　從雍正年間的西藏事件中，似乎可以透現出當年祕密奏
摺的史料價值了。

　　雍正朝對內政方面改革的事項也很多，密奏裏當然記載
了豐富的資料。皇帝勤於政事，實心實政的治理國家，他特
別對理財一事重視，因為他非常了解，財政失策，刑名教化
等等都不能談的，所以在錢糧收取、虧空補足、耗羨歸公、
丁隨地起等方面，大刀闊斧的進行工作。他從戶科給事中王
澍的奏報中看出「國家正賦，田地與人丁並重，……但不肖
官員每以審丁為利藪，富民有錢使用，丁雖多而不增。窮民
措錢不遂，丁雖少而不減，弊有不可勝言者」[33]。雍正因而
在奏摺與批語中與直省商討，不少督撫或布政使都先後奏請
將丁銀併入地畝攤派，皇帝乃允准攤丁入畝的美政，豁免無
地貧民的丁銀負擔，使租稅制度更加合理。

　　多年以來，地方政府在徵收正賦錢糧時，都有火耗、鼠
耗、雀耗的損失。鼠雀之耗是指糧倉中的米糧被老鼠鴉雀吃
掉的損失。火耗則是人民繳納碎銀稅金，地方政府須熔成大
塊運送中央時，火煉中損失的雜質而使銀塊變少變小。這些
損失通常由人民負擔，即地方官在正賦外又加一些附加稅。
康熙末年，皇帝即認為多加百分之十五至二十附加稅的官員
是清官，因為當時不少地方要人民多繳百分之三、四十，甚
至五、六十的，多收的附加稅大都被官員們中飽私囊。官員

33.國立故宮博物院（編），《宮中檔雍正朝奏摺》，第 1 輯，頁 54。

們如此貪婪也是有原因的，因為當時官俸都很少，薪水不足養活家人，加上幕友等人的薪金也須地方官付給，所以地方官不得不用各種名目，「貪」得地方的財源了。雍正即位後，下定決心要改革此一弊政，他不斷地與地方高官溝通聯絡，特別是從山西巡撫諾岷、布政使高成齡等人處了解實情，並取得若干解決問題的方法。高成齡曾對雍正報告：「州縣耗羨銀兩自當提解司庫，聽憑大吏分撥，以公眾之耗羨為公眾之養廉，天理人情之至，王法所不禁也。況耗羨提解於上，則通省遇有不得已之公費，即可隨便支應，而不分派州縣，上司既不分派，則州縣無由借端科索里甲，是提解火耗，亦可禁絕私派，豈非因時制宜安上全下之要務乎？」㉞提解耗羨就是耗羨歸公，歸到各省的司庫，而不是上繳中央。如此既可彌補地方虧空，支給官吏養廉，又能禁絕不肖官員私派，確是良法。

雍正不久即下令實行所謂耗羨歸公的政策，並命各省按實際情形執行，各就本省情況酌定分數徵收，所得存放地方庫房，以備地方公用。各省大小不同、貧富不一，所徵數額各異，如奉天各州縣每兩銀收一錢；直隸之遵化、豐潤、張家口等地，每兩收五分；福建徵秋屯糧米每石取一斗等。各省所徵雖不上繳中央，但受中央監督。耗羨歸公的實行，不但減少了人民的重稅，也解決了部分官員養廉銀及貪瀆的問題，而這些珍貴資料在當年的密奏文件中收藏得極多。

清初社會存在諸多問題，雍正登基後，大力謀求改進，

34.國立故宮博物院藏，雍正二年六月初八日高成齡奏摺，宮中檔第78箱，第526包，20204號。

在滌除貪暴、改良風俗、維持治安、解除賤籍等方面，他都做了不少工作。雍正曾說：「地方之害，莫大於地棍土豪之橫暴，巨盜積賊之劫奪，此等之人不能化導懲戒，則百姓不獲安生。」因此他強力推動消滅土豪巨寇的政策。皇帝又發現讀書人中有不少「蕩檢踰閑，不顧名節」的，還有一些「包攬詞訟或武斷鄉曲，欺壓平民，藐視國法」的，必須予以懲處。邪說妖言的則更應該受到法律的制裁。還有賭博、酗酒等等不良嗜好，鬥毆、搶劫等犯法行為，都應嚴懲不貸。另外當時社會上還有一些階層的人被視為「賤籍」，如山西的樂戶、浙江的墮民、九姓漁民、江西的棚民、廣東的蜑戶等等，他們當中有人穿衣戴帽不能與一般人民一樣；有的終身以船為家，不准登岸居住；有的被排斥在荒山中生存，不列他們的保甲。雍正認為這是相沿的惡習，應該革除，所以從雍正元年 (1723) 到八年之間，陸續下令取消他們的賤籍，開放賤民為良民，使社會上萬民平等，當然他的君主地位仍是高高在上的，不過，他能有如此平等人權的思想已經是不容易了。

　　總而言之，雍正一朝儘管只經歷了短短的十三年，但他在各方面所做的工作確是徹底而多樣的，這也是他在歷史上有褒貶不同評價的原因。我個人認為一個人如果沒有深入、客觀的研讀雍正朝硃批諭旨，他根本無法作合理的評論，這批文獻檔案的史料價值極高，不能不予以重視。

附言：有興趣研究雍正硃批諭旨的讀者，請參看以下幾位學者的著作：
莊吉發，《故宮檔案述要》，臺北：國立故宮博物院，1983。
楊啟樵，《雍正帝及其密摺制度研究》，臺北：源流文化事業有限公司，

1983。

黃培，〈雍正時代的密奏制度〉，《清華學報》，3.1（臺北，1962.05）。

Silas Hsiu-liang, Wu.（吳秀良），"The Memorial Systems of the Ch'ing Dynasty (1644–1911)" *Harvard Journal of Asiatic Studies*, 27 (1967): 7–75.

Silas Hsiu-liang, Wu.（吳秀良），*Communication and Imperial Control in China: Evolution of the Palace Memorial System, 1693–1735*. Mass: Harvard University Press, 1970.

雍正朝臺灣原住民事務略述

　　清康熙二十二年 (1683) 鄭克塽降清，臺灣內附中國，第二年清廷下令在臺灣設一府（臺灣府）、三縣（臺灣、鳳山、諸羅），隸福建省。行政區域雖然設置，但康熙並無意積極治理與開發臺灣，其原因很多，例如臺灣地處海外，統治不易；島上居民成分複雜，有明鄭遺民散兵，有當地原住民族，有閩粵新來的墾民，還有逃避政府追捕的盜匪，紊亂可知，皇帝一向有「多一事不如少一事」的心理，對臺灣的態度因此更為消極。

　　康熙五十三年 (1714)，福建巡撫覺羅滿保上奏請求開墾諸羅縣以北地區，他認為：「若該地區俱行墾出，則於地方有益，對錢糧亦有益處之事。」皇帝對他答覆則是：「在臺灣地區廣行開墾，招募多人，乃為眼前耳。日後福建地方無窮之患，將由此而生也。」❶當然未予同意。同時又有諸羅縣知縣周鍾瑄提出將臺灣北路半縣「改置為縣治，張官吏、立學校，以聲明文物之盛」❷，康熙也沒有回應。皇帝對臺灣早就有

1.中國第一歷史檔案館（編譯），《康熙朝滿文硃批奏摺全譯》（北京：中國社會科學出版社，1996），頁 893。

「臺灣僅彈丸之地，得之無所加，不得無所損」的想法，他沒有新作為是可以理解的。

康熙六十一年 (1722) 老皇帝病逝了，繼承皇位的是雍正，他對國家事務極度關心，不到一年，清朝官書裏就寫記了這樣的一段文字：

> 巡視臺灣御史吳達禮奏言：「諸羅縣北半線地方，民番雜處，請分設知縣一員，典史一員。」應如所請，從之。尋定諸羅分設曰彰化。❸

可見康熙多年不願在臺灣增設行政單位的事，雍正上臺不久便下令同意了。事實上，在吳達禮上奏之前，雍正已接到一個名叫赫碩色的工科給事中的密奏，稱他因擔任繪圖一事到過臺灣，發現島上「所屬地方很大」，而官員都住在臺灣府所在地臺南為多，很少出巡，「不但不能詳知地方番民之利害」，遇到緊急事務常常「不得而聞」❹。以上吳達禮與赫碩色都提到「番民雜處」與「番民之利害」，顯然當時島上原住民與清初新到臺灣的居民之間確有些問題了，至少這件事是增設分縣的一個原因。

臺灣的原住民在清朝的文字史料中統稱之「番」，是沿襲

---

2. 周鍾瑄（等編），《諸羅縣志‧兵防志》，收入：《臺灣文獻叢刊》（臺北：臺灣銀行，1958），頁 111。

3. 華文書局（輯），《大清世宗憲皇帝實錄》（臺北：華聯出版社，1964），卷 10，頁 7。

4. 中國第一歷史檔案館（譯編），《雍正朝滿文硃批奏摺全譯》（合肥：黃山書社，1998），頁 29。

中國唐宋以來的稱呼（本文所引用的有關資料，都從原文抄錄，特此註明），當時以漢化程度與官府關係的不同，分為「熟番」與「生番」兩種。雍正時期，在島上的生熟番人，據稱約有十萬多人，所居住的地方稱為「社」，分布於山地及部分平原地區。由於他們人口眾多，生聚地區遼闊，生活方式與社會組織跟漢人很不相同，加上性情強悍，語言不通，乃形成當時臺地行政上的重大問題。

　　早期的生熟番人，因為與地方政府的關係有親近疏遠的不同，政府對他們的管理政策也各相異。熟番服從政府教化，事徭役並向政府輸納課稅，政府對他們也給予相對的權利與義務上的享受。生番則因為不剃髮、不衣冠，地方政府也就將他們置之化外，官員也不得而治了。

　　清朝政府在臺灣設置府縣之後，仍沿明鄭舊制，在熟番各社中設置土官，土官的產生由社內耆老公舉，而後得政府認可。政府認可的土官則發給戳記，以資約束番眾。為了與官府及漢人溝通，各社又有通事人員。通事因負有傳達政令、誘導教化番民事務等責，所以他們在政府的理番政策中，有著相當重要的地位與作用。

　　熟番輸餉，早年常由一批稱為「社商」的人代為包辦。「社商」是郡縣中有財力的人，他們因認辦課稅事務，因而能自由出入番地，包攬番地貿易；有的社商更深入番地，設寮開墾土地，因此原住民的經濟利益常被社商把持，甚至剝奪。

　　社商既有侵削原住民利益之事，雙方衝突也就時有發生。在康熙年間即有幾次所謂的「番變」，如康熙三十八年 (1699)

吞霄社殺害通事的不幸事件等，就是顯例。政府為革除這些
弊端，曾設法制定一些保護措施，如嚴禁通事剝削原住民、
禁止無賴混入原住民區，又革去社商包課制度，只留通事一
人，而另以書記一人辦理社餉差徭等事，致使情況稍有好轉。
不過臺灣地區的吏治一向不好，貪墾山地的漢人日多，康熙
末年貧困失所的原住民也增加了。

清初對於生番的治理，全採消極政策，只注重「封禁番
界」一事。當時官員以為漢人不入番地，衝突就較難發生；
可是入臺的漢人多了，越界墾地者也日多，雙方糾紛不能避
免，所以到康熙末年，生熟兩類原住民都對漢人與地方政府
有著不滿與憎惡，甚至有人參加朱一貴反清行列，進行武裝
行動。

雍正繼位之後，一面新設彰化行政區，一面也下令官員
認真從公辦事，表面上看是收到一些效果，從所謂「番人向
化」一事中可以證實此事。就目前存在的原始清宮檔案所記，
雍正二年 (1724) 清廷派駐臺灣的官員就有不少人對向化事作
過報告，像巡臺御史丁士一、禪濟布、臺灣總兵官林亮、福
建巡撫黃國材等都專摺呈報，內容大同小異，現在只選錄林
亮的一件，摘要如下：

> 自我皇上登極之元年至今，南路大山以前傀儡生番歸
> 化者接踵而至，本年拾月拾陸日，南路山前復招有生
> 番歷歷社、爪覓社、率罔社、大龜文社、謝不一社等
> 共伍社。拾壹月初貳日，北路山前有生番本祿社、六
> 龜呂走社、南仔加瀨社、裡色見社共肆社，俱經宣揚

聖德，厚加賞給，以慰歸誠。……茲有八里圂社、加
留難社、射己寧社、勝哈社、八里圂雅社、大板六社、
大狗社、蝐仔彌社、柯木社、勝北社……共陸拾伍社，
歡躍歸誠，各差土官小馬……等共貳拾捌名，隨同守
備吳崑於拾壹月貳拾貳日，前來府治齎獻戶口冊籍，
男婦共有伍千柒佰玖拾玖名口，願附版圖。臣即會同
巡臺御史臣禪濟布、臣丁士一、臺廈道臣吳昌祚暨文
武官弁，齊集臣署，深加慰諭，再行賞給。

林亮在奏報最後還說了「惟我皇上仁風丕冒，威德遠揚，
是以從古未見」一類的好聽話，雍正看後，當然十分高興，
親手批示說：「林亮等招徠諸社生番，甚屬可嘉，從優議敘，
著福建司庫賞林亮銀一萬兩。」❺

雍正三年 (1725) 三月初一日，福建巡撫黃國材又傳來佳
音，他向皇帝報告說：

雍正三年二月初四日，復據臺灣道吳昌祚等報稱：新
設彰化縣內山又有巴荖遠社、蘇著蘇著社、獅仔頭社、
獅仔社生番共男婦八百五十一名口，各土官造具其戶
口冊歸化等由前來，臣隨同督臣覺羅滿保捐發銀兩，
飭行道府採買鹽布等物給賞。

黃國材把臺灣番人向化歸功於「皇上恩周四海，澤及萬

---

5. 國立故宮博物院（編），《宮中檔雍正朝奏摺》（臺北：國立故宮博物院，
　　1976），第 3 輯，頁 528。

方，天意人心，至誠孚威」所致；不過雍正在他的奏摺上則批寫了：「今日之接踵歸化固可喜，又在地方文武官弁緝安得法也，不然亦當防異日背叛逃亡之可愧方好！爾等封疆大吏不可不預為籌劃，嚴飭屬員施仁布德，令野人心悅誠服，永永向慕，而無更變，方可謂久安長治之道也。總之，勉勵屬員以實心任事，無有不能辦理者也。」❻

皇帝在硃筆批寫的文字中用了「亦當防異日背叛逃亡之可愧方好」等字，可能是有原因的，因為在稍後不久，巡臺御史禪濟布報告同一批番社向化時，他寫了：「聞有生番傷人之事，未（為）何未奏！」❼同樣地，在同年五月林亮再報生番向化時，皇帝說：「招撫歸化目下觀之甚好，……另永永恭順方好，若日久有逃亡不法之舉，倒不如非歸化之人不傷國體也。要打量永遠之道，加意教養，不可作賤而貪其利用，令已歸之心而復生離意也。」

在不少官員高呼「皇恩浩蕩」時，雍正為什麼寫出如此殺風景的批語呢？原來他在雍正二年八月收到了返任回京臺灣巡察御史吳達禮遲來的密報，內中談到臺灣官吏等人剝削土番的實情。諸如官吏虧空令土番補償；通事欺騙番人，「妄行派取，肆意客扣」，把原住民「男、婦、眾子、差使如奴僕」。他建議皇帝嚴諭總督，「巡撫令島上官員不得妄取番人一米一木，否則即指名參奏，通事更不可違法辦事，否則依法從重治罪」❽。

---

6. 國立故宮博物院（編），《宮中檔雍正朝奏摺》，第 4 輯，頁 11–12。

7. 國立故宮博物院（編），《宮中檔雍正朝奏摺》，第 4 輯，頁 54。

8. 國立故宮博物院（編），《宮中檔雍正朝奏摺》，第 4 輯，頁 294。吳達禮密摺則

　　我們知道，雍正即位之後，大力提倡「密奏」制度，命內外大臣祕密寫小報告，報導官場及地方各項情形，所以他收集很多的資料，對施政極有幫助，大為改善官員只報喜不報憂的情況。臺灣原住民的若干情形顯然他也了解得很多，因而他對有關官員提出警示。更不幸的是被雍正預料成真了，臺灣地區確實發生番變。禪濟布等在雍正三年十月十六日的奏報：

> 臣等查得本年二月十九日，臺灣之羅漢門地方有汛兵林觀、董廣、楊捷、賴雲、齊歡等五人，奉差至坑口伏路，因天雨淋濕衣服，三更時分至路旁空草厝內，引火烘衣，忽有生番數人突入厝內，將林觀、董廣鏢傷斃命，而楊捷、賴雲、齊歡執械與敵，幸有巡夜兵丁接應，殺死生番二名，餘番逃竄山中，因夜黑未即擒獲。

這份奏報還提到：

> 去年九月內亦有生番傷人之事，其時臣禪濟布與臣丁士一查閱舊案，除康熙六十年以前未設巡臺御史，其康熙六十一年、雍正元年及雍正二年春季，皆有生番傷人之案，而御史臣吳達禮、黃叔璥皆未陳奏。

　　可見多年來生番傷人之事時有發生，而禪濟布等未作報

以滿洲文寫製，見中國第一歷史檔案館（譯編），《雍正朝滿文硃批奏摺全譯》。

告是臺地的傳統，他現在上報了，是對皇帝上次問他「為何
不奏」的回答。禪濟布還在同一報告中說明番人傷人的原因，
據他的說法是：

> 地方官員立有界線，不許民人輕入生番地界，惟內地
> 之偷渡而來者，不遵禁約，潛入其地，致遭毒手。❾

禪濟布在不久後又呈奏專摺向皇帝報稱：

> 雍正三年十月二十日，據鳳山縣知縣蕭震報稱：本月
> 十六日武洛社熟番貓力同伊子株嘮到山邊砍竹，不知
> 何社生番從草間突出，將貓力鏢死，割去頭顱。株嘮
> 走脫，該縣通報督撫在案。又於本年十月二十四日，
> 據彰化縣知縣孫魯報稱：本月初九日，有李化、柯左
> 二人同往東勢山砍木，被水裡社同貓螺岸裡社生番鏢
> 死，李化割去頭顱。❿

其他還有雍正三年八月初二日諸羅縣打連莊民李深被殺
割頭；十月十四日武膀灣社丁林等五人遭害，以及十月二十
日南勢莊民林逸遇害等件。禪濟布以為：

> 歷年生番傷人緣由皆因一二無知愚民，貪圖小利入內
> 山溪岸，非為樵採竹木，便是開掘水道，甚至踞其鹿

---

9. 國立故宮博物院（編），《宮中檔雍正朝奏摺》，第 5 輯，頁 277–278。
10. 國立故宮博物院（編），《宮中檔雍正朝奏摺》，第 5 輯，頁 317。

場；而募丁耕種，無非自取其禍，以戕厥命。況生番
性雖嗜殺，不過乘黑夜值雨天潛伏伊近界草間，窺伺
人伴稀少突出鏢殺，取人首飾金，以稱好漢，從不敢
探越內地有剽劫殺掠之患。臣屢達鎮道飭行地方文武
各弁員，嚴禁人民耕種樵採，不許逼近番界。❶

禪濟布顯然指出當時生番殺人是新移民臺灣的內地人
「自取其禍」，解決這一不幸紛爭的最好辦法是劃界隔離。
於此同時，新任福建巡撫毛文銓也上書說：

生番殺害人民，而被殺者悉由自取。夫生番一種，向
不出外，皆潛處於伊界之中，耕耘度活。內地人民，
不知利害，或因開墾而佔其空地開山，或因砍伐而攘
其藤梢竹木，生番見之，未有不即行殺害釀成大案者。
為今之計，惟有清其域限，嚴禁諸色人等，總不許輒
入生番界內，方得無事。歷仕督撫諸臣，亦無不頻加
禁飭，總難盡絕。今臣已檄行道府，移會營員，務令
逐一查明，在於逼近生番交界之間，各立大碑，杜其
擅入。❷

在毛文銓的心中也是認為新移民是禍源，用立碑劃界可
能是避免紛爭的好方法。同時他又指出島內官員間的不和更
影響到政策的推動，如滿漢御史禪濟布與景考祥互相「唧

11.國立故宮博物院（編），《宮中檔雍正朝奏摺》，第 5 輯，頁 448–450。
12.國立故宮博物院（編），《宮中檔雍正朝奏摺》，第 5 輯，頁 390。

恨」、「不悅」，以致各有支持者互鬥。皇帝對此也批示說：
「不和之景已露至朕前矣！但人一不和則難辨其是非也！」⑬

　　新移民既違法開墾，官員們又不能實心任事，原住民的
怨恨必然增多，動亂也隨之四起了，結果在島上南北兩路都
番亂疊見，鳳山、諸羅有山豬毛社製造不安，北路則在彰化
縣內發生水沙連社的大變亂。毛文銓說：「大武郡新庄民李双
等一十一命被水沙連等社生番殺死。」「大里善莊民周賢亮等
九人復被水沙連社生番殺死，又傷二人，又三人現尋未獲。
莊屋燒燬八座，耕牛焚斃九十七條。」⑭情勢日趨嚴重了。

　　官員們多認為「水沙連等社生番，因歷來從不繩之以法，
所以竟無忌憚」生亂，因而決定臨之以兵威。

　　雍正四年 (1726) 九月，為了撫定水沙連社變亂，福建總
督高其倬特別命令臺廈道吳昌祚赴閩，面授機宜，委以兵符。
正在吳昌祚返臺後籌備出兵時，「兇番又到快官莊殺死四人，
焚房十間、牛四隻。到貓霧揀藍張興莊殺死功加、許元大，
又莊內十人。……仍敢肆惡無忌」。吳昌祚等決定十一月十六
日發兵，但「連值大雨水發，至十二月初三日始直抵山
口」⑮。吳昌祚攻打水沙連社的行動，在事後臺海兩岸都有
官員報告詳情，現在擇其重點，分述如下：

㈠水沙連各社中以水裡社最強，首領是骨宗，而助其為惡的
　是哈裡難社，他們一居南港，一居北港。

㈡吳昌祚也分兵兩路，他與守備戴日陞等領兵走南路；參將

13.國立故宮博物院（編），《宮中檔雍正朝奏摺》，第 5 輯，頁 506–507。

14.國立故宮博物院（編），《宮中檔雍正朝奏摺》，第 5 輯，頁 833–834。

15.國立故宮博物院（編），《宮中檔雍正朝奏摺》，第 7 輯，頁 276。

何勉及原任淡水同知王汧則帶兵從北路而入。

㈢十二月四日至八日間，他們先派人入山曉諭，此次出兵只針對水裡社骨宗與哈裡難社，其他社人不必驚怕。

㈣由於剿撫並用成功，除不少番社歸誠外，抵抗官兵的也不敵火槍，紛紛敗退。骨宗及其子均被逮捕，後押抵府城。

㈤骨宗及其支持者的住所巢穴都被焚燬，生存的反叛者也被拿獲法辦，水沙連的反叛基地與成員可謂澈底消滅。

㈥索琳與吳昌祚等人在此次征討中「攀籐爬山，不避艱險」，表現得非常盡職❶。

雍正看了這些報告之後，一面以獎勵的口吻說：「在事人員事定後應議敘者，酌定奏聞，應具題者題奏。」另一面則不安心的批寫：「朕看此光景，不似能一勞永逸之景，務令料理妥協，永久平靜方好。」真是被他不幸言中，水沙連一役並沒有真正解決島上的變亂問題。就在雍正四年歲末「傀儡番鏢傷砍柴民人陳六祖等三人」；第二年三月十七日「熟番阿猴社⋯⋯被山豬毛、北葉二社傀儡番殺死番丁巴陵及其甥女阿郎並幼子女二口。又殺死番丁大目卿之妻雙云並其女芒仔，共計六名，俱被割去頭顱，焚燒番藔」；閏三月十日「傀儡番殺死加走庄砍柴民人陳義」；十三日「懷忠里東勢庄糖廍被兇番放火燒死民人蘇厚、陳信二人，割去頭顱，并鏢傷蘇文、洪祖二人」；十五日「傀儡番至東勢莊殺死民人謝大奇、賴登新二人，並割去頭顱；並傷賴應南、賴應西、黃顯義等三人」。可見數月之間，燒殺事件疊起，這是巡臺御史索琳等人

16.國立故宮博物院（編），《宮中檔雍正朝奏摺》，第 7 輯，頁 275–278、288–292、892 等處。

奏報中陳述的，應該是當時的實情[17]。

雍正五年 (1727) 五月十二日，又有北路「莊民俞毓惠、危淑昌、賴漢舉三人入山砍鋸枋桷，俱被右武乃合歡山生番殺死取頭顱」。據索琳說臺灣地方官也曾對作亂的番社用過兵，收得一時平靜，但小型亂事仍不斷發生。

同年七月初八日，福建總督高其倬在一份有關臺灣事務的報告中，談到原住民生亂及治理的辦法，值得一讀：

> 番人焚殺一節，此事情節，中有數種：
>
> 一則開墾之民，侵入番界，及抽籐弔鹿，故為番人所殺。此應嚴禁嚴處漢人，清立地界，不應過責番人。
>
> 一則番社俱有通事，通事刻剝，番人憤怨，怨極遂肆殺害，波及鄰住之人。或舊通事與新通事爭佔此社，暗唆番人殺人，此應嚴查僉准通事之地方官及嚴懲通事，而番人殺害無辜者，亦應兼行示懲。
>
> 一則番社殺人數次遂自恃強梁，頻行此事，殺人取首，誇耀逞雄，此應懲創番人，以示禁過。
>
> 臣再四詳思，治番之法，最先宜查清民界番界，樹立石碑，則界址清楚，如有焚殺之事，即往勘查，若係民人侵入番界耕種及抽籐弔鹿，致被殺死，則懲處田主及縱令擾入番界之保甲、鄉長、庄主。如漢民並未過界，而番人肆殺，則應嚴懲番人。但向來非不立界，而界石遷移不常。又數里許方立一通石碣，若遇斜曲山溪之處，量界既難，移那亦易，未為妥協。臣行已

17.國立故宮博物院（編），《宮中檔雍正朝奏摺》，第 7 輯，頁 811、874 等處。

令臺灣文武，又與新府縣面說，令會同徹底踏查清楚，隨其地勢，或二十步、三十步即立一碼，大字書刻，密密排佈，不可惜費，既定之後，非經有故另詳，不許擅移尺寸，界址既清，庶生事之時，係番係民，清查有憑，懲處庶可得實。

至通事一節，臣現在嚴禁嚴查，又行令道府稽查各縣，不許接受餽送，濫以無妻子田房、身家不殷實及行事不好之人僉充，及無故屢更通事，致彼此仇唆滋事。又行各縣嚴行查處，通事不許侵剝番人，胥役不許需索通事。再臣亦詳行細訪詳酌，若各社可以不用通事，可以行得，臣即盡行革除。[18]

雍正看了他的奏章，在字裏行間即批寫了：「此事只分百姓、熟番、生番，總各務生理，不容混雜為上策，少不清，諸事生矣！」顯然皇帝對民番事務、通事以及立碑分界等事的了解增多了，但沒有作進一步的具體指示。

雍正六年 (1728) 九月，臺灣總兵官王郡有專摺報告番情，談及高其倬已有命令到臺，勒石立碑事「通飭施行」；不過在王郡看來原住民「所懼者惟鎗與炮耳」，似乎偏重武力解決問題[19]。皇帝對此未置可否。

雍正七年 (1729) 正月，巡臺御史赫碩色、夏之芳上奏說：

六年十二月二十八日，鳳山縣長興莊管事邱仁山等領

---

18. 國立故宮博物院（編），《宮中檔雍正朝奏摺》，第 8 輯，頁 470–471。
19. 國立故宮博物院（編），《宮中檔雍正朝奏摺》，第 11 輯，頁 220–221。

本莊佃民越界侵入傀儡山開水灌田，致被傀儡生番潛
伏殺傷邱仁山等一十二人，復追入竹葉莊殺傷佃民張
子仁等二人。

赫碩色等認為這次殺人事件是「愚民貪開水利，擅入番
界被殺」，雍正則在他的奏章上批了：「自然過在內地佃民也，
此皆地方官平素不實力嚴察之所致，即爾等亦難辭疏忽之
咎。」並再次強調：「畫清界限，令熟番、生番、百姓各安生
理，不相互為侵擾，則可保相安無事。」[20]

同年二月，赫碩色又奏稱鳳山縣內生熟番互鬥殺人，並
把責任歸咎於地方官員「溺職」。皇帝也以為「此等劣員萬不
可姑容」[21]。

同年四月福建陸路提督石雲倬也奏報鳳山縣番亂，以及
官方出兵征剿事，雍正硃批說：「此皆內地頑民越界生事之所
致，今如此剿殺無知，朕心實為憫惻。但已勢處不得矣，亦
無可奈何者。」顯然皇帝還是認為用兵剿殺不是上策[22]。同時
臺灣總兵官王郡也上奏稱：

山豬毛等逃竄之野番，臣等會委守備柯連英、署鳳山
縣知縣彭之雲，著令北葉番傳諭招撫，業於四月初四
日山豬毛等土官羅雷三腳塵等，率各野番男婦老幼六
十餘人齊至山口跪伏，咸稱「小番們不知王法，今見

20.國立故宮博物院（編），《宮中檔雍正朝奏摺》，第 12 輯，頁 216。

21.國立故宮博物院（編），《宮中檔雍正朝奏摺》，第 12 輯，頁 690。

22.國立故宮博物院（編），《宮中檔雍正朝奏摺》，第 13 輯，頁 810–812。

大兵來剿，心裏都怕了，乞准小番們照舊回社居住，
以後斷不敢作歹了」等語。隨教導面諭：「嗣後務需守
法，如有作歹之番，自己細綁解出，倘敢不遵，我大
兵再來征剿，就不許爾等在社居住了。」眾番俱各領
諾。

　　皇帝並沒有因軍事勝利而高興，更沒有對王郡說嘉獎的
話，仍強調：「畫清疆界，令各安業，不令內地人侵擾欺凌，
可保無此等事也。」[23]

　　巡臺御史赫碩色在任滿離臺前，還一再向皇帝上奏：番
社裏「恐漢人在內，為之教習，若今不為嚴禁，將來番民合
一，潛匿深山，關係地方不淺」。所以他也主張「畫定界址，
革逐生番社內通事，如有擅入番界，並販賣違禁物件者，則
置重典。地方官縱容失察者，亦加倍治罪」。皇帝對他的說法
很贊同，認為是「第一妙策」[24]。

　　臺海兩岸的官員在多次皇帝的批示文字中，當然看出了
雍正的心意。同年五月初，福建總督高其倬在續報鳳山生番
有關事務後，強調得寫了：「至設防立界各事，臣現一面行令
該鎮道詳細料理，務期妥協。」十月十五日，臺灣總兵官王郡
更具體報告劃界情形：

（臣等）減從裹糧，前往鳳山縣屬生番交界處所，親履
躡勘，自縣南之枋蔡口起以至縣北之卓佳庄止，袤延

23.國立故宮博物院（編），《宮中檔雍正朝奏摺》，第12，頁825–827。
24.國立故宮博物院（編），《宮中檔雍正朝奏摺》，第17輯，頁546–547。

> 壹百伍十餘里，傳集各鄉保民、番人等，相度形勢，
> 或離山貳拾里，或拾餘里，查照原立石碣，督令栽插
> 莿桐、莿竹，照品字形植種叁株，隨其灣曲壹貳十步，
> 接連栽種，畫清界址，併飭令界外之零星散屋，遷入
> 大庄，使汛防鄉保，嚴為巡察，務使內地人民，不得
> 侵擾欺凌，仍不時稽查，以杜姦弊。㉕

皇帝看了批道：「好！」顯然滿意他的作法。

　　劃界立碑之後，表面上番漢問題是獲得暫時解決。在整
個雍正八年一年中，只發生了一次殺人事件，據新任巡臺御
史奚德慎的報告稱：

> 臺灣道劉藩長貌視功令，故違定例，藉採辦軍工船料
> 名色，標發諭單，委用通事，率同匠夥，直出界外，
> 採取木料，聞所用鹽布等物交結番眾，以借路徑，而
> 狡獪通事劉琦、黃炳、匠頭詹福生等，利慾薰心，許
> 而不與，更倚藉公差，抽藤吊鹿，肆行騷擾，致番忿
> 恨，積成殺機，是以鋸匠陳勳等八人出界，到力力溪
> 地方，陳勳被番殺死，餘眾逃回。㉖

　　此次事件因錯在漢人，問題不太嚴重，地方官也就未深
入追究，終於不了了之。一般說來，這段期間臺灣的番亂算
是平靜多了，難怪希德慎也上書說：「四縣民番，蒸蒸向善，

<hr>

25.國立故宮博物院（編），《宮中檔雍正朝奏摺》，第 14 輯，頁 701–702。
26.國立故宮博物院（編），《宮中檔雍正朝奏摺》，第 17 輯，頁 548。

莫不感皇化而凜天威，地方安寧，兵民和輯。」

　　然而事實並非如此樂觀，雍正九年 (1731) 冬天，大甲西番社又發生了事故，這次事故比以往的嚴重，不但動亂的時間長達半年以上，動亂的地區也分布在臺灣南北兩地，而鬧事的又不單是原住民，內地渡海來的人也參加了，同時事變的性質更滲雜政治的成分，情形可謂相當複雜。現在就根據當時官員們向皇帝報告的內容，摘要分述如下：

㈠雍正九年十二月底，彰化縣轄下的大甲西社，聯合毘連的沙轆、牛罵兩社，一同起事，動員人數約千餘人，把淡水同知駐劄沙轆的「處所圍燒房屋，殺死幕賓、家人、衙役人等」，同知張弘章「單身逃至彰化縣治」，成為當時少見的原住民抗官事件。事變的原因據巡臺御史希德慎說是「張弘章秉性躁率，激變番民」。福建巡撫趙國麟也說張弘章「平日不能撫馭，事發竟自奔逃」，是個「庸懦無能之員」。另外，有土官講：「張太爺起造衙門，撥番上山取木料，每條木要一百多名。又撥番婆駛車，番婆不肯，通事就拿籐條重打，十分受不得苦，故此作歹。」顯然這次事件是官方理政不當而造成的。

㈡大甲西社聯合起事後，官方隨即派北路營兵前往堵截。彰化知縣也請總兵官撥調官兵來增援，後來甚至還從澎湖調來水師參加鎮壓。官兵人數愈來愈多，火力也很強大，原住民當然不是敵手，或潛入深山，或俯首就擒。到雍正十年 (1732) 四月底「北路各社脅從之番眾，已經歸化，而大甲西之頑番亦來求誠」。臺灣北部的番亂似已平定。

㈢在大甲西社反抗官府不久之後，臺灣南部的鳳山縣內也發

生焚燒各處營房，搶奪兵器的「匪類竊發」事件，崗山汛地與萬丹巡司衙署也難逃焚燒。主事者不是原住民，所以稱他們為「匪類」，但動亂畢竟是因北部番變而起，這是事實，更值得人注意的是北路本來已大致平靜，但到雍正十年閏五月初又有原住民數百人入彰化縣治，放火焚燒房屋一百多間，可見南北動亂是互相響應的。

㈣南部鳳山一帶的燒殺行動，證實是由內地漢人或在臺灣生長的漢人所策動，其中首領人物還有朱一貴事件中的「逸犯」商大慨（一作概）等。他在旗幟上清楚寫明是「大明左都督」，他的族弟商迺、商光、商慾都參加了。另外吳福生、蕭田等人也是領袖，分別豎起「大明」字樣的旗幟以為號召。南部動亂顯然比北部彰化地區嚴重，官方不僅調動了臺灣澎湖的兵丁來征討，並且也有福建銅山、金門的兵丁來增援，規模堪稱浩大。

㈤由於官兵勢大，武器也比反清人士的精良，蕭田、商大慨等後來都或死或擒、或被砍頭示眾，臺灣島內又得到一時的平靜。現在史料裏還留下一些首領人物被捕後審問的口供，也許值得一看：

吳福生的口供是：

> 小的是臺灣生長，今年三十八歲。老婆死了，生兩個兒子，長名愿，次名咏。因去年練總要稟小的交結匪類，隨起意和楊泰、林好、許籌說大家來反，與林好約二月十八日到小的家拜盟。林好轉招吳慎、許籌、楊泰同結拜兄弟。小的為大哥、林好為二哥、吳慎為

三哥、楊泰為四哥、許籌為五哥。林好就請軍師做劄
付黃、青、白三色，中協是黃、左協是青、右協是白。
小的為首大將軍、楊泰是副將軍、許籌、吳慎、林好
是國公。許籌、楊泰為右協，吳慎、林好為左協，著
軍師做了劄，付各去分散。軍師名叫陳倡，三十多歲，
長臉下巴尖些，身中鬚微。二十九夜，燒崗山汛。那
夜，旗五桿，小的一桿是長泰白布三角旗，旗上寫「大
明」二字，燒了崗山汛。三十早燒舊社汛。是日午又
去猴洞。初一早，燒了石井，奪了軍器。初二夜，同
林好去會烏眼賽。初三早就有十多桿旗，四五百人要
搶布店，走回蕭田房後劄在鳳彈山頂。初五日，再去
埤頭打仗，遇王大老爺追捕，輸陣敗走。初八日，只
剩二桿，四十多人，回濁水溪。小的把兩個兒子交吳
滿，往山逃走。小的即由山邊走去北路加冬張壯家。
四月二十一日，張壯叫小的改名蔡受，領去楊放家，
直至斗六門張裕鋤草，至本月（案：為雍正十年閏五月）
初三晚被拿解訊。

另外洪旭也有口供稱：

正月尾，烏眼賽叫黃恩和小的說：他要民變搶富家，
要請小的記帳。三月初，烏眼賽又說叫小的和他掌事，
他人已招便了，崗山各處都是好兄弟。又說六十年我
還做過將軍（案：指朱一貴事件），爾若不從，我也是要
做的。三月十五日，黃恩又來叫小的去，烏眼賽就拿

一張劄付給小的，劄上寫「大明招討左將軍」，是紙做
的。烏眼賽是請小的做軍師。初三早，豎了旗即去埤
頭和官兵廝殺，搶奪布店，為首的是吳福生和烏眼賽。
初五午輸陣，小的將帶的劄付燒了，至初一日走到虎
尾溪，被營兵拿解是實。

後來臺灣府知府又把烏眼賽、楊泰、許籌等人「對質，
一一供吐相符」。至此臺灣南路民變告一段落。

㈥由於這次臺灣民番事變的嚴重，向皇帝報告的臺海兩岸官
員很多，官階高而報告多的人就有：

福建總督劉世明	福建巡撫趙國麟
福州將軍阿爾賽	福州將軍海關監督準泰
福建觀風整俗使劉師恕	廈門水師提督許良彬
廣東總督郝玉麟	廣東提督張溥
臺灣知府王士任	巡臺御史希德慎、覺羅栢修等
臺灣總兵官王郡、呂瑞麟。[27]	

大甲西等社以及吳福生等人的這次變亂，雖不能比康熙
時的朱一貴事件與乾隆時的林爽文事件，但在雍正一朝，確
實算是大事件了，而且事後並未「民番安謐」，且常有「各番
復肆焚掠」的發生。南路更有人在田間插旗，上書「大明朱
四太子」字樣，情況也不平靜。這些事可能使雍正的想法有
些改變，「畫界立碑」顯然不能真正解決問題，所以他在不少

27.國立故宮博物院（編），《宮中檔雍正朝奏摺》，第 18 輯，頁 285–286、307、
　344、352、356、400、434、469、500、549、558、569、603、607、608–609、
　626、652、693、698、708、824、850–852、900 及 914 等。

官員的奏報上有了積極強硬的反應。例如雍正十年九月十八日郝玉麟在密奏中說臺灣變故的「渠魁務必窮搜正法，無使漏網」、「尤不可遽撤大兵，務使眾番心服凜慴」等文字旁邊，用硃筆畫濃圈，以示同意，並且在該報告末尾處寫了「深慰朕懷」四個字，皇帝心意可謂畢宣紙上了[28]。

　　諸羅北門外有人豎旗寫有「朱四太子」字樣，雍正十一年 (1733) 五月福州將軍阿爾賽上奏提到此事，皇帝批了：

　　　凡如此等匪案，若少涉婦寺之仁，一被愚瞞，則為害不可勝言![29]

　　郝玉麟在奏報同一事件時，皇帝也批了如下的文字：

　　　明係一二無賴匪類之所為，當差委能員多方設法緝捕，務獲得造旗之人，審實於廣眾通衢，置之極典，俾匪類知所儆畏可也。[30]

　　甚至到雍正十二年 (1734) 十月二十五日福州將軍準泰喜報臺灣土番首領二十二人渡海到福州「叩祝皇上聖壽無疆」時，皇帝仍在他的奏報上批寫：

　　　豈可以目前之景而必定其永永輸誠向化也。總在內外

28.國立故宮博物院（編），《宮中檔雍正朝奏摺》，第 22 輯，頁 700。
29.國立故宮博物院（編），《宮中檔雍正朝奏摺》，第 23 輯，頁 20。
30.國立故宮博物院（編），《宮中檔雍正朝奏摺》，第 22 輯，頁 698。

兩地文武撫馭得住，實心任事，便不輸誠向化，何礙之有？[31]

皇帝對臺地一時的平靜不能安心，他隱約透露了高壓手段似乎有效。同時對一些官員的不能盡責表示不滿。他對臺灣官員的不滿也是有原因的，因為他從兩岸官員密奏中獲得不少有關的消息。例如有人概括的說：臺灣「廳員撫字無方」，或是「巡方官撫綏無術，激成變禍」。也有人指名道姓的說淡水同知張弘章「不能撫馭，事覺後竟自奔跑」。鳳山知縣熊琴對「事件並不深究，掩飾矇混」。至於臺灣道臺倪象愷則被批為他的「親戚民壯，擅殺熟番，致番人唧怨」，他本人與縣官「顯有通同捏飾情弊」等等，總之都是一些不稱職、「有失官箴」的官員。

也許正是這層原因，在島上局勢稍稍穩定後，皇帝與福建的高官們商量任命新人來臺服務，包括臺灣道、臺灣總兵官、彰化、諸羅知縣等。臺灣原有官員不是內調大陸，就是被解任處分。臺灣官場一時有了一番新氣象。

除此以外，為了根絕亂源，皇帝在雍正十一年二月與福建等地官員商討以下的一些問題：

㈠內地人民赴臺攜帶家眷的事。康熙時代不許攜眷，雍正即位後改變政策，允准攜眷，但「奸民必有乘機攜帶親族人等之弊」。因而福建總督郝玉麟建議「凡在臺客民，止許搬取內地妻子以繫身心，其餘概不准攜帶」。皇帝似乎不反對，批寫「九卿詳議具奏」[32]。

31. 國立故宮博物院（編），《宮中檔雍正朝奏摺》，第23輯，頁677。

㈡清查臺灣流民戶口的事。據巡臺御史覺羅栢修上奏稱:「臺
　灣孤懸海外，五方雜處，土著之民少而流寓之人多。蓋土
　著者知有室家產業為重，自不敢妄作匪為輕身試法。至流
　寓之人，非係迫於飢寒，即屬犯罪脫逃，單身獨旅，寄寓
　臺灣，居無定處，出無定方，往往不安本分，呼朋引類，
　嘯聚為奸。」常是地區動亂的源頭。栢修認為「欲辨良頑之
　分，請立認保出結之法」，特別是無家室的內地人要與雇主
　或鄰舍「認保結狀」，以便官方稽查。皇帝覺得重要，乃命
　令「該部議奏」，命令有關部院商議回奏[33]。

㈢臺灣修造軍工船隻的事。臺灣在海外，與大陸交通全靠船
　隻，早年由福州修造，後來歸臺灣各縣分修。雍正八年因
　近山砍伐木材已盡，乃「遷移生番界外」設廠，以致引起
　番漢衝突日多。覺羅栢修指出: 內地人入山，「有烏合之
　眾，難免假公濟私，騷擾地方，且奸宄不法之徒，不無勾
　通作弊，交易違禁物件，現今內山竟有刀槍等物，豈無由
　來」。同時臺灣所產木料不適合作桅舵，而鐵釘油蔴無不出
　自內地，再運載來臺。因此他以為「嗣後軍工船隻，仍照
　從前舊例，或在廈門廠，或仍在福廠一體按期修造，似為
　妥便。……如此則軍工不致有悞，而匠役無得越界滋擾，
　自無戕殺命案，文武員弁可以一意防閑，民自為民，番自
　為番，地方得永寧謐矣!」皇帝對他的建議也命令有關部院
　衙門「議奏」[34]。不過，這件事後來因舊船已經破損，回

32.國立故宮博物院（編），《宮中檔雍正朝奏摺》，第 21 輯，頁 158。
33.國立故宮博物院（編），《宮中檔雍正朝奏摺》，第 21 輯，頁 205–206。
34.國立故宮博物院（編），《宮中檔雍正朝奏摺》，第 21 輯，頁 203–204。

閩怕被洪濤怒浪衝擊，加上又需派兵丁近千人隨行保護，會影響島上安全，乃決定仍在臺灣修造[35]。

雍正除了改制行政區防內地人肇事，以及增加軍隊以防範原住民再生事端以外，他在經濟生活與教育感化政策上也做了一些工作。從雍正四年開始同意官員頒布鹽制，對熟番曬鹽，不予課稅，這可以說是一種優待。同時又推行減免番課，豁免番婦口餉，並把課米改為課穀，而以一石折價銀三錢六分，以減少負擔。皇帝對原住民的重視，由此可見一斑。

更重要的是在教育方面的措施。大甲西社亂後，雍正十年在臺灣府添設教授一員、訓導一員。第二年又在臺灣、鳳山、諸羅、彰化四縣各添教諭一人、訓導一人。尤其在「土番社學」方面，臺灣道張嗣昌於同年呈請「以教番童」的社師，結果在臺灣縣的新港社口、新港社內、隙仔口、卓猴社、大傑嶺各設社學一所。在鳳山縣的力力社、茄藤社、放索社、阿猴社、上淡水社、下淡水社、搭樓社、武洛社也各設一處社學。諸羅的「土番社學」則分別在打貓後莊、斗六門莊、目加溜灣、蕭壠社、麻豆社、諸羅山莊、打貓社、哆囉嘓社、大武壠頭社、大武壠二社、他里霧社。彰化縣的「土番社學」則是半線社、馬芝遴社、東螺社、西螺社、貓兒干社、大肚社、大突社、二林社、眉裏社、大武郡社、南社、阿束社、感恩社、南北投社、柴坑仔社、岸裏社、貓羅社。淡水的「土番社學」一在淡水社、一在南崁社、一在竹塹社、一在後壠社、一在蓬山社、一在大甲東社[36]。

35.國立故宮博物院（編），《宮中檔雍正朝奏摺》，第 23 輯，頁 68–70。

36.劉良璧，《重修臺灣府志‧卷 11‧學校》，收入：《臺灣文獻叢刊》（臺北：臺灣

　　大甲西社抗官事件平息後，清廷同意把為首的幾個重要
番社改名，如大甲西社易名為德化社、牛罵社易名為感恩社、
沙轆社改為遷善社、貓盂社改稱興隆社等，一方面希望他們
感恩懷德，傾向清廷；再則也是進一步向臺灣原住民深植漢
人文化。

　　就清朝政府而言，雍正年間對臺灣原住民的教育政策應
該是成功的，當時任職臺灣高官的尹士俍，有一些記述，正
足以證明變化的情形：

> 各社遵設義學，延師教訓番童，講明經禮義，課讀詩
> 書，各縣訓導督導其事，按季考驗，以作獎勵，幾同
> 凡民俊秀。從前各社中有習紅毛字者，以鵝筆蘸墨，
> 由左而右橫書，謂之「教冊」，社中出入簿籍，皆經其
> 手，今則簿籍皆用漢字。每至一社，番童各執所讀之
> 經書，背誦以邀賞。❸⓻

　　尹士俍是山東濟寧人，雍正七年任臺灣海防同知，十一
年升臺灣府知府，十三年 (1735) 升分巡臺灣臺灣道。他在臺
灣服務多年，歷任高官，著有《臺灣志略》，其親身觀察應該
是可靠的。雍正年間，漢人文化在臺灣原住民中，顯著的被
普遍接受了，原住民的文化水平也大大的提高了。劉良璧的
《重修臺灣府志》中還記載了一件事，尤足以說明當時番社

銀行，1958）。
37.請參看：尹士俍，《臺灣志略》及劉良璧，《重修臺灣府志・卷13・職官》等
　處。

漢化的深度。該志《卷 17・人物》篇留下這樣一段文字：

> 番婦大南蠻，諸羅目加溜灣社番大治賦妻，生一男，大治賦死，婦年二十；願變番俗，不更適人，自耕以撫其男，至五十六歲。知縣陸鶴為請旌獎。[38]

　　陸鶴是浙江海鹽人，雍正十一年任諸羅縣知縣，兩年後以父母喪離任，他任職臺灣時正是雍正末年，當然這件番婦列女事可以視為雍正在臺移植漢文化的結果。

　　康熙時代據福建總督覺羅滿保奏稱臺灣熟番共有四十六社，乾隆六年 (1741) 編成的《臺灣府志》則說：「番社大小八十九社。」又「生番歸化共六十一社」[39]。顯見數量增多，康乾之際的差異，正是雍正時期在這方面開闢迅速情形的實況，也是雍正一朝治理臺灣原住民實效的一項證明。

　　綜合以上所述，我們不難看出：雍正執政的十三年時間中，臺灣各地仍有不少大小動亂，有原住民的反抗漢人漢官，也有內地入臺人民引發的事故，包括反清復明的大政治事變。原住民的反抗多因自身權益受侵、官員、通事人等的欺凌或是被內地奸民與反清人士的煽動等而起。內地入臺漢人的騷亂則多與迫於飢寒、原係逃犯或心懷反清復明思想等因素有關。此外在臺理事的官員對當時島上不安也要負上責任，因為有些事件確實是他們處事不公、辦事不力、掩飾矇混、擅作威福等作為所致。雍正對這些禍源的處治顯然方式不同，

38.劉良璧，《重修臺灣府志・卷 17・人物・列女》。

39.劉良璧，《重修臺灣府志・卷 8・陸餉》。

輕重有別。對不稱職的官吏不是調回內地，就是解任，甚至嚴懲。對原住民則先予安撫，繼而立界封山，如不見效，最後則訴諸武力，徹底平服。對內地入臺奸民多不姑息，予以打擊。尤其那些豎旗反清的造反分子，絕不讓他們存在，這是維護臺灣治安、維護大清政權必須採用的手段。

　　若從另外一個角度看，雍正比他父親康熙更有心治理臺灣並發展臺灣事務。臺灣內附大清之後，康熙幾乎是「為防臺而治臺」，觀念是消極的。雍正不作如是想，他有「中外一體」的宏圖，即從內地與邊疆一體的政策上著手，希望臺海邊疆能產生拱衛大陸的作用，用心可謂深遠。他利用祕密奏摺制度，了解臺灣各方面的實情，進而指揮閩臺兩地高官擬定政策，推行政令，安定社會，發展經濟，深層漢化，用務實的主張，有效統治臺灣。

　　還有我認為雍正個人的「華夷」思想可能與他治理臺灣原住民的政策有些關係。他曾經說過「自中國一統之世，幅員不能廣遠，其中有不向化者，則斥之為夷狄，如三代以上之苗、荊楚、獫狁，即今之湖南、湖北、山西之地，在今日而目之為狄夷可乎」、「夷狄而中國也，則中國之」❹。他對臺灣原住民一直要以封山立界，不想動武來治理，也想以教化來使原住民「中國之」；但後來變亂擴大，加上反清勢力加入，雍正不得不以大兵「凜懾番心」。他的改變是可以理解的，因為保衛領土主權是高於一切的。

民國一百零二年 (2013) 二月

於加拿大溫哥華傍釋樓

40.《大義覺迷錄》，頁 4–5、22 等處，收入:《清史資料》，第 4 輯 (北京: 中華書局，1983)。

族譜學論集

陳捷先／著

　　自古以來，中國就非常重視家族，《堯典》、《周禮》中已對維繫家族精神提出了一些主張。秦漢以後，因歷代世變的影響，中國族譜隨之有了精進發展，特別是在唐宋時期考試制度的嚴格實行與新儒學的建立，中國族譜學有了新內容與新體例，並且漸次傳播到了韓國、日本、琉球、越南等東亞文化圈的國家。清代更是中國族譜學在廣度與深度上有著更新發展的時代，值得探討研究。

　　本書為作者多年來對中國，乃至韓國、琉球族譜深入研究的成果，書中並收集了許多散失在海外的古中國族譜資料，對中國及東亞的譜學研究深具影響，亦希冀在闡揚倫理、安定社會等方面有所貢獻。